最強の組み合わせ術

テクニカル分析

国際テクニカルアナリスト連盟
国際検定テクニカルアナリスト
福永博之

日本経済新聞出版

はじめに

皆さん、こんにちは。数あるテクニカル分析の書籍の中から、本書を手に取っていただき誠にありがとうございます。本書は、テクニカル分析に興味や知識がある人すべてに共通するテーマである、

・売買タイミングの精度を上げること

・損失の発生や拡大につながる「ダマシ」を避けること

に特化しています。

幅広い投資家の方に読んでいただくことを想定し、基礎的な部分もある程度説明しながら、実践的な投資手法を紹介しています。

類書にない最大の特徴が、**「テクニカル指標を組み合わせて活用する」**ことに重きを置いた点です。テクニカル指標にはそれぞれ**強みと弱み**があります。たとえば、移動平均線に代表されるトレンド系指標の強みは株価の方向を教えてくれることですが、売買判断の示唆が遅れるという弱みを持ちます。ＲＳＩなどオシレーター系指標であれば、売買タイミングをピンポイントで示唆する強みがある一方、上昇や下落局面が長引くと売買シグナルが頻繁に点灯するなどの弱みがあります。

テクニカル分析の場合、このように**あるひとつの指標に頼ったのでは売買判断にも限界が出てしまう**のです。

組み合わせの基本形 ＝ トレンド系 × オシレーター系 ＋ α

	トレンド系指標	オシレーター系指標	＋α 勢いが知りたいときに利用
例	・移動平均線 ・ボリンジャーバンド	・RSI　・MACD ・ストキャスティクス	・モメンタム
強み	・株価の方向を教えてくれる	・売買タイミングを教えてくれる（発生のタイミングは各指標で若干異なる）	・上昇や下落の勢いを教えてくれる
弱み	・トレンド転換を待つと、売買タイミングの判断が遅れることも	・トレンドの発生時に売買シグナルの「ダマシ」が多くなる	・トレンドと売買タイミングをはかることには向いていない

それぞれの弱点を補うことができれば、「ダマシ」の回避につながる

だからこそ、「組み合わせ」が重要です。指標の特性を理解し、たとえばトレンド系とオシレーター系の指標を組み合わせ、弱点を補い合うことで「ダマシ」の回避につながるでしょう。

本書では、**トレードスタイルや大型株、中小型株など規模別の組み合わせ術**にも言及しており、投資の中上級者の方にも満足していただけると考えています。

皆さんが、本書を通じてご自身の最強の組み合わせ術を発見し、思い通りの成果をあげられることを祈念しております。

2018年5月

福永博之

テクニカル分析　最強の組み合わせ術　目次

第1章 なぜテクニカル分析で成功確率が上がるのか

第2章 成功確率が上がる！トレンド系指標の使い方

第3章 成功確率が上がる！オシレーター系指標の使い方

第4章 トレンド系とオシレーター系。2つの指標を組み合わせて使う効用

第5章 トレンド系指標とオシレーター系指標を実際に組み合わせて検証

第6章

トレードスタイルごとの最適な組み合わせ術

第7章 大型株、中型株、小型株に最適な組み合わせ術

装幀◎鈴木大輔・仲條世菜（ソウルデザイン）
本文設計・DTP◎ホリウチミホ（nixinc）

第1章

なぜテクニカル分析で成功確率が上がるのか

TECHNICAL ANALYSIS

01 テクニカル分析の3つのポイント

客観的で再現性がある手法

なぜテクニカル分析が株式投資に有効な手法であるのか。その主な理由は次の3つです。

- **客観性がある**
- **再現性がある**
- **その結果、感情が入らず常に同じ状況で判断できる**

これらの要素は、株式投資を行う上でとても重要なポイントです。投資では、感情的になったり、心理的なバイアスがかかって合理的な判断が下せなくなったりすることが往々にしてあるからです。

テクニカル分析を活用することで、冷静な判断のもと、投資の成功確率が上がると考えられるのです。

［1-1］売買タイミングにもいろいろな考え方がある

基本的なテクニカル分析の本にありがちなのはこれだけ！

買い	新規の買い
売り	返済売り

実は実際の売買タイミングにはバリエーションがある！

例

買い	新規の買い	押し目買い	打診買い または 返済買い（信用取引の買い戻し）	追随買い
売り	返済売り	戻り売り	カラ売り （信用取引の新規売り）	ロスカット

なぜ「ダマシ」が発生してしまうのか？

ただ、テクニカル分析を漫然と使っているだけで成功が約束されているわけではありません。すべての投資家がテクニカル分析を使って億万長者になれるかというとそうではないからです。

そこで重要になるのが、**「それぞれのテクニカル指標の性格を理解して活用する」**ということです。

テクニカル分析に使われる指標を大きく分類すると、

- **株価の方向を教えてくれるトレンド系**
- **売買タイミングを教えてくれるオシレーター系**
- **上昇や下落の勢いを教えてくれるモメンタム系**

などがあり、それぞれ見方や利用する場面がありま す。

テクニカル指標は見た目がシンプルなことから、誰でもすぐに活用できることが利点ですが、実は

使ってはいけない場面、あるいは、それぞれ単体では判断の難しい場面があるのです。

というのも、**ひと口に売買タイミングといっても、そのタイミングにはさまざまな種類がある**からです。たとえば、買いにも「新規の買い」のほか、「押し目買い」「打診買い」「返済買い」「追随買い」などいろいろなパターンがあります。売りも同様です。「返済売り」「戻り売り」「カラ売り」「ロスカット」などが挙げられます。

ところが、多くのテクニカル指標の解説書には、売りや買いのシグナルについて書かれていても、どのシグナルが「押し目買い」で、どのシグナルが「ロスカット」を示唆しているのかは記述されていません。

一般的には、「新規の買い」や「返済売り」について書かれていることがほとんどですが、実践では、常にそうした単純な場面ばかりではないのです。そのため、「このシグナルは『新規の買い』を示唆しているわけではないのに」という場面で買ってしまい、チャート上では買いシグナルが出ているにもかかわらず株価が上昇せず、損失の発生や拡大につながることもしばしばです。

こうした**売買シグナルと値動きの非連動**は一般的に**「ダマシ」**と呼んで片づけられています。

しかし、売買シグナルについて詳しく見てみると、いわゆる「ダマシ」にも、テクニカル分析に関するちょっとした知識があれば避けられる「ダマシ」と、知識があっても避けられない「ダマシ」の2種類があることがわかります。

この**避けることができる「ダマシ」を回避できれば、成功の確率を上げることにつながる**のです。

トレンド判断、売買タイミング、時間軸

そこで、まず皆さんにお伝えしたいのが、テクニカル指標を売買に活かす上でもっとも重要な3つのポイ

ントです。

①トレンドを判断する（トレンド系の指標）
②売買タイミングを判断する（オシレーター系の指標）
③時間軸を捉える（日足、週足、月足）

これまでの一般的なテクニカル分析は、トレンド系のテクニカル指標はこう使う、オシレーター系のテクニカル指標はこう使うと分けて考えるものがほとんどです。

しかし、これを分けて考えることがそもそも失敗の原因です。

これら3つの見方や特性を覚えて、組み合わせて活用することで、お互いの弱点を補うことができるようになり、「ダマシ」の回避が可能になります。

３つの重要なポイントを検証していきましょう。

02

［ポイント①］トレンドを判断する（トレンド系の指標）

場当たり的な売買ではうまくいかない

「業績のいい企業の株を買ったのに、下落してしまった」。こう話す投資家に詳しく話をうかがうと、皆さん、業績発表などのファンダメンタルズ分析を参考に売買をしていて、テクニカル分析を利用していないことが多いのです。

テクニカル分析のトレンド系指標を用いることで、**トレンド（株価の方向）の判断**が可能になります。たとえば、業績がよくてもテクニカル分析で下降トレンドとされる銘柄は株価の下落が続く可能性があるものです。こうした銘柄を買っても、逆に損失が拡大するのは自明の理です。業績と連動したり、しなかったりする株価の方向を探るトレンド分析が重要というわけです。

具体的な例を挙げて説明しましょう。よく引き合いに出されるのが、**「織り込み済み」**のケースです。株価はすでに天井をつけており、その後に好決算を発表しても、高値を更新できないばかりか、下落が続いてしまう場合です。

２０１８年1月の実例で検証します。銘柄は工作機械などに搭載されるコンピューター数値制御（ＣＮＣ）装置で世界トップシェアを誇る、ファナック（６９５４）です。

［1-2］上方修正はすでに織り込み済みだった！

ファナック（6954）の日足チャート

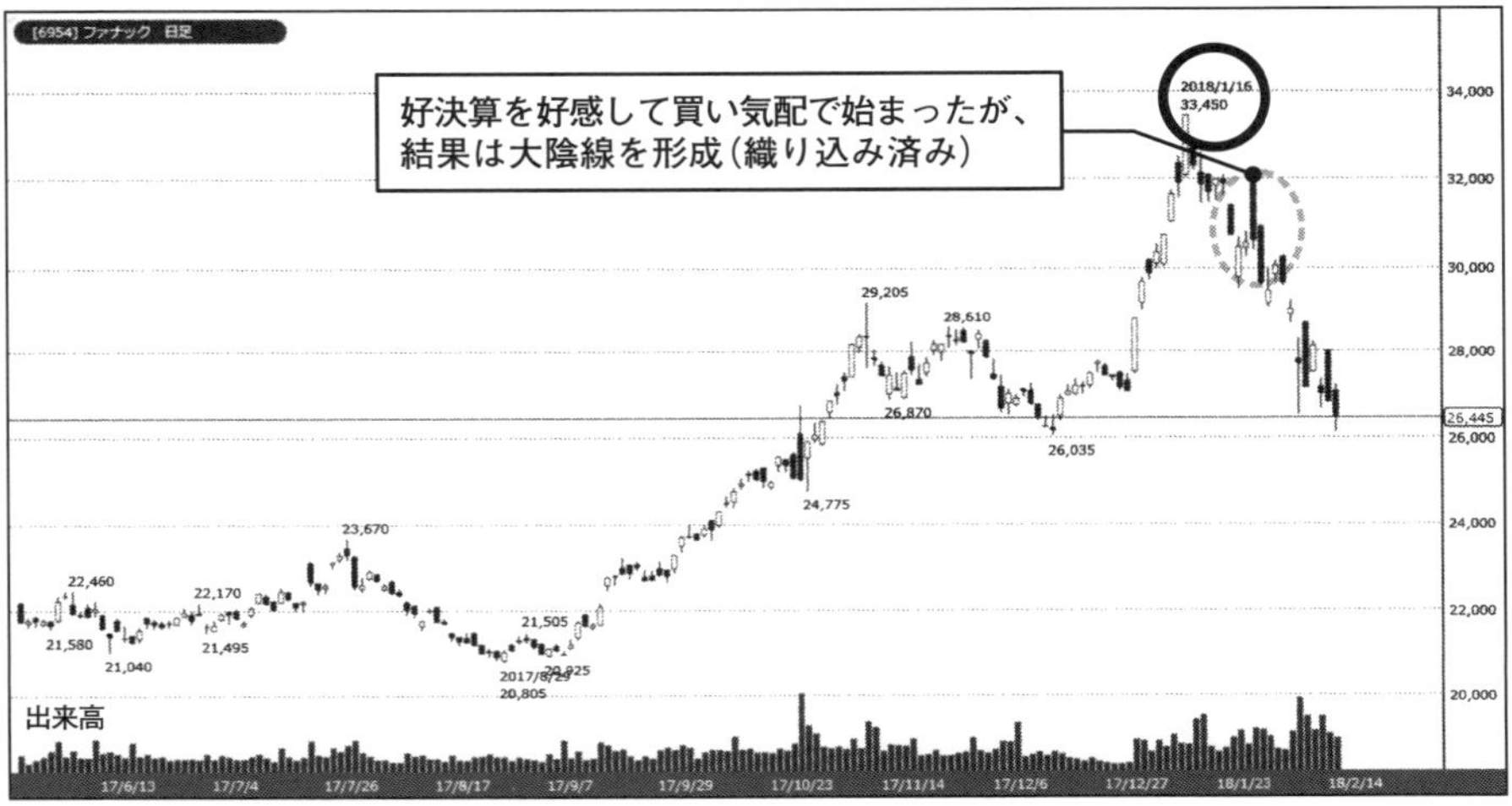

ファナックは同年1月26日の取引終了後に業績の発表を行いました。結果は予想数字の上方修正。この年度では、２０１７年７月、10月に続いて３度目の上方修正でした。

売上高予想を従来の６９３０億円から７１６０億円へ修正したほか、営業利益予想を２０９１億円から２２４９億円、当期利益予想も１６４９億円から１８０２億円に見直しており、文句なしの好決算といえるでしょう。

一部の報道では、営業利益予想はアナリストのコンセンサス予測平均値２１４６億円を上回る結果とも事前に伝えられていました。株価は案の定、買い気配で始まり、その日の高値で取引がスタートしましたが、**結果は大陰線を形成**し、この決算を材料に買った投資家は、**高値づかみ**となったばかりか、その後の下落で損失を拡大させてしまったと思われます。

ここでの注目ポイントが、前述のトレンド判断です。チャート［１－２］を見るとわかるように、１月16日（実線のマル囲み部分）ではすでに高値をつ

［1-3］ほぼ同じ予想PERだが①上がらないトヨタ自動車（7203）

2018年3月期予想PER12.55倍（2017年7月14日終値現在）

けており、**トレンドがここで変わってしまっている**可能性があります。

そもそも**トレンドの判断ができない中で株を買うということは、どの方面に向かっているかわからない電車に乗っているようなもの**です。行き当たりばったりの売買判断になっているか、さもなければいつか上がるだろうという漠然とした期待で株を持つことになってしまいます。これでは継続した利益は期待できないでしょう。

トレンド系指標で値動きを判断

ファンダメンタルズ分析の有効な指標のひとつにＰＥＲ（株価収益率）があります。投資経験の長い投資家であれば、ＰＥＲが低い割安株が必ず上昇するものでないことは十分ご存じのはずです。

たとえばトヨタ自動車（７２０３）と前田建設工業（１８２４）を業績面で比較してみましょう。トヨタ自動車はいわずと知れた「世界のトヨタ」。これに対して、前田建設工業は知名度という点ではト

[1-4]ほぼ同じ予想PERだが②右肩上がりの前田建設工業（1824）

2018年3月期予想PER13.02倍（2017年7月14日終値現在）

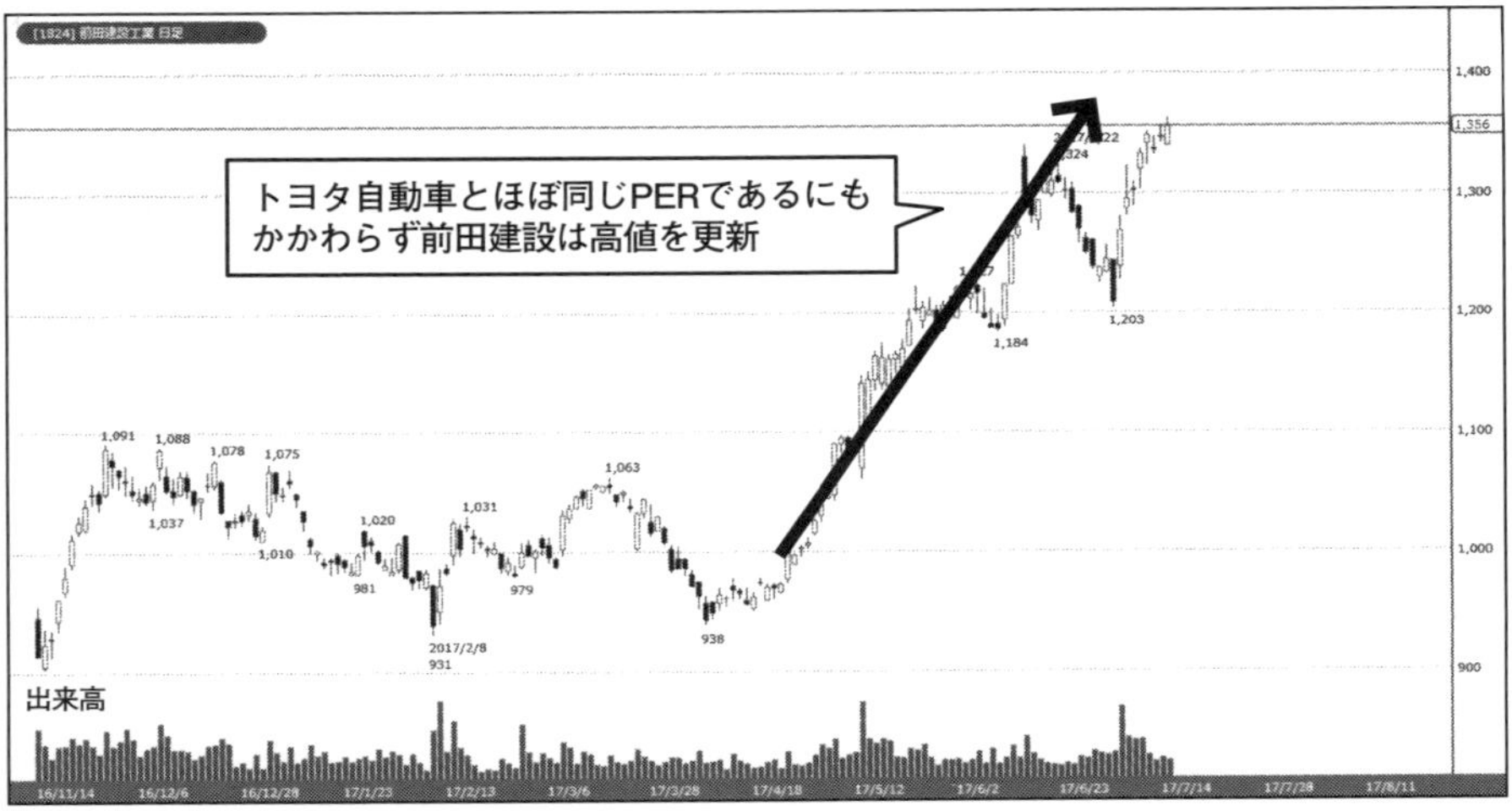

ヨタに見劣りするものの、実はゼネコン準大手の雄ともいうべき存在。堅実経営や財務の健全性などに定評があります。2つの銘柄の**予想PERはほぼ同じ**約13倍で割安と考えられます。では、**株価の動きはどうでしょうか。**

前田建設工業（1824）［1-4］は高値を更新、一方、トヨタ自動車（7203）［1-3］は大幅に下落した後、一定のレンジ内での値動きになっているのがわかります。こうしてほぼ同じ予想PERの2社のチャートを比較してみると、トヨタ自動車は超がつく優良企業で自動運転などの夢があるものの、実際の株価は下落した後、動いていないのに対し、前田建設工業は右肩上がりで推移しており、どちらを保有していればよかったのかがよくわかります。

このようにトレンド分析を通じて値動きをチェックすることで、PERが同じだった場合でもどちらを選べばいいかがわかり、結果的にパフォーマンスの向上につながるのです。

03 ［ポイント②］売買タイミングを判断する（オシレーター系の指標）

売買タイミングとは何を指すのか

２つ目の重要なポイントは売買タイミングです。テクニカル分析では、売買タイミングはピンポイントで決まるものです。しかし、残念ながら人によってタイミングの判断がずれてしまうケースがよく見られます。売買タイミングが正しく捉えられていないと言い換えることもできるでしょう。なぜそんなことが起きるのでしょうか。

ここで考えたいのは、「売買タイミングとは何を指すのか」ということです。

簡単には、買いタイミングと売りタイミングに分けられます。

・買いタイミングが発生した後、株価が上昇する
・売りタイミングが発生した後、株価が下落する

これが売買タイミングを正しく捉えたパターンです。

それに反して、買った後に下落すれば、損失が発生・拡大します。売りのほうも同様で、売った後に株価

[1-5]売買シグナルだけに頼ってはダメ
しまむら(8227)の日足とRSI

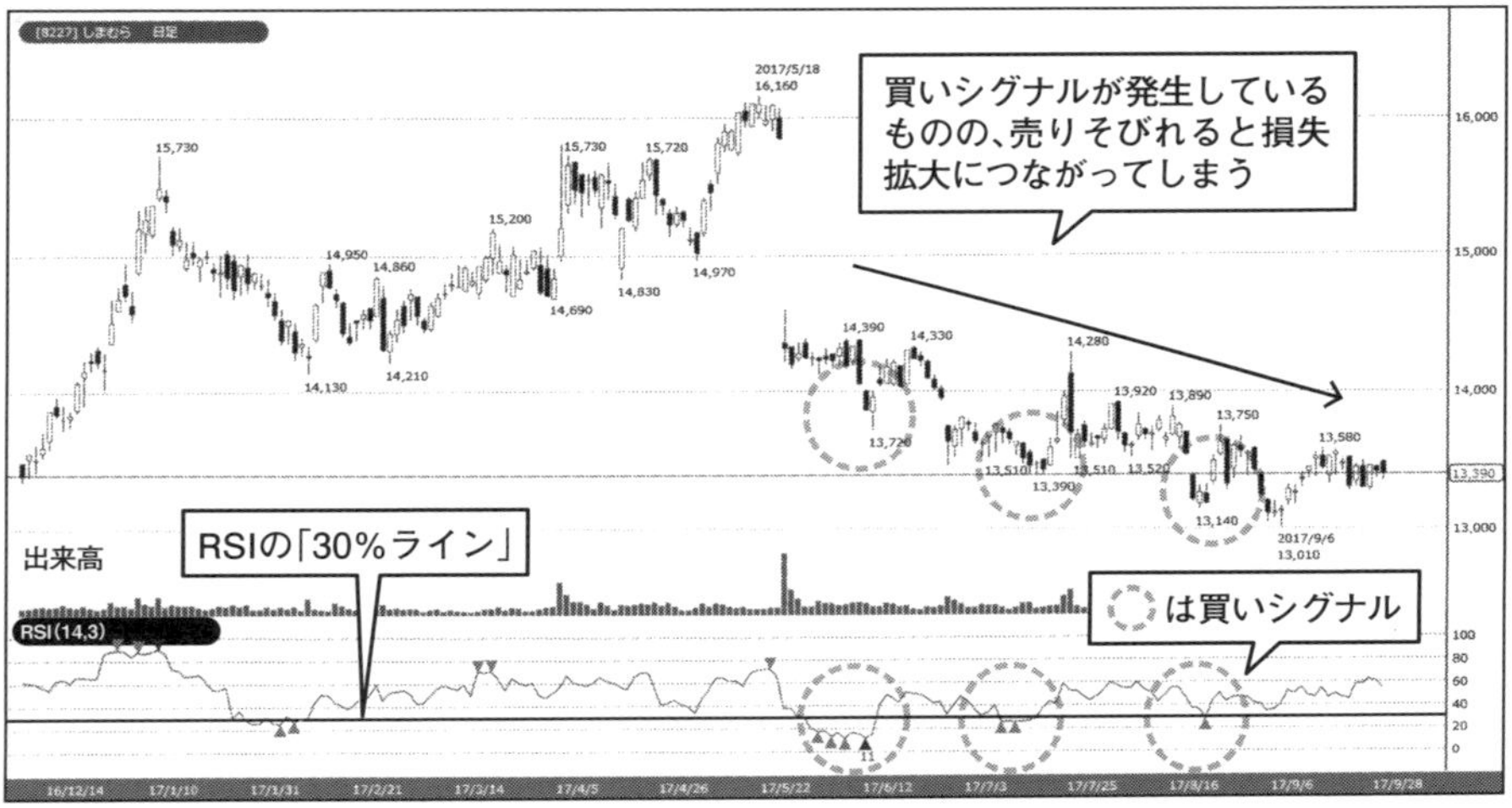

が上昇すれば、利益を伸ばすことができず、信用取引で売り建てを行っていたら、損失拡大につながることにもなりかねません。

「テクニカル指標で表れた売買タイミングを捉えて取引をしたのに、なぜかうまくいかない……」。これでは、指標に点灯した売買のシグナル自体が信頼できなくなり、テクニカル分析への不信感につながってしまうでしょう。

売買タイミングだけにとらわれてはいけない

ここで、衣料品小売のしまむら（8227）を例に検証してみます。

しまむら（8227）のチャート［1－5］では、下段のところに買われ過ぎ（売りタイミング）や売られ過ぎ（買いタイミング）のシグナルを発して売買タイミングを教えてくれるオシレーター系のテクニカル指標、RSIを表示しています。詳しくは後述しますが、RSIは売られ過ぎとなる30%を下回っており、買いのタイミングを示唆しています。

ただ、ここで買うことができても、その後に売りそびれるとさらに下落が続き、損失拡大につながることがわかります。このように一般的に知られている売買タイミングで教科書通りに実践しても、実際には「何か」を見落としているため効果が半減するばかりか、逆効果になることもあるのです。

この事例で**「見落としてしまっていること」**が**「トレンド（株価の方向）」**です。

個人投資家には、トレンドと反対の売買行動をとる「逆張り」を好む人が多いため、下落途中で買う人が多いと見られます。短期的に値幅を取ろうと考えて買っても、売りどきを見逃してしまうとそのことが強く記憶に残り、もう一度自分の売りたい株価まで戻ってくるのではないかと考え、ロスカット（損切り）ができずに大きな損失につながることが多くあるのです。

このように売りどきを見逃し、それが原因で次の行動に移ることができなくなることを行動ファイナンスでは「アンカリング効果」と呼んでいます。アンカーとは錨《いかり》のことで、先に与えられた数字（ここでは自分が売りたいと思った株価）が基準となり、判断（ここではロスカット）に影響を及ぼすことを意味します。

どんな投資家でも少なからずこうした影響を受けています。それだけに、客観的に売買判断ができるテクニカル分析は、買いどき・売りどきのタイミングをはかる上で重要なものといえるのです。

04 ［ポイント③］時間軸を捉える（日足、週足、月足）

押さえるべきは日足、週足、月足

テクニカル分析を用いる上で、３つ目の重要なポイントは時間軸の捉え方です。

時間軸とは「日足、週足、月足」などの期間のことをいいます。短いものでは分足がありますが、分足にも「1〜5分、10分、30分、60分、2〜8時間」などがあり、数えればきりがないくらいの時間軸でテクニカルチャートを表示することができます。

パソコンやネット環境の普及もあって、最近ではさまざまな時間軸のテクニカルチャートをリアルタイムで見ることができるようになりました。しかし、無限に範囲が広がるため、とてもすべてをリアルタイムで確認することはできません（ＡＩなら可能かもしれませんが、少なくとも人間にはムリでしょう）。

そこで重要になるのが日足や週足、月足といった基本的な期間です。株式投資の損益は終値で評価されることが多いため、これらの期間の終値を確認することで投資家の損益状況がわかります。また、日中の激しい値動きに惑わされることなくトレンドや売買タイミングをはかることもできると考えられます。

ただ、日足、週足、月足といっても、３つの時間軸をすべて確認している人はほとんどいないのではないでしょうか。では、どの時間軸を見ればいいのか。

［1-6］日足チャートは上昇トレンド
前田建設工業（1824）

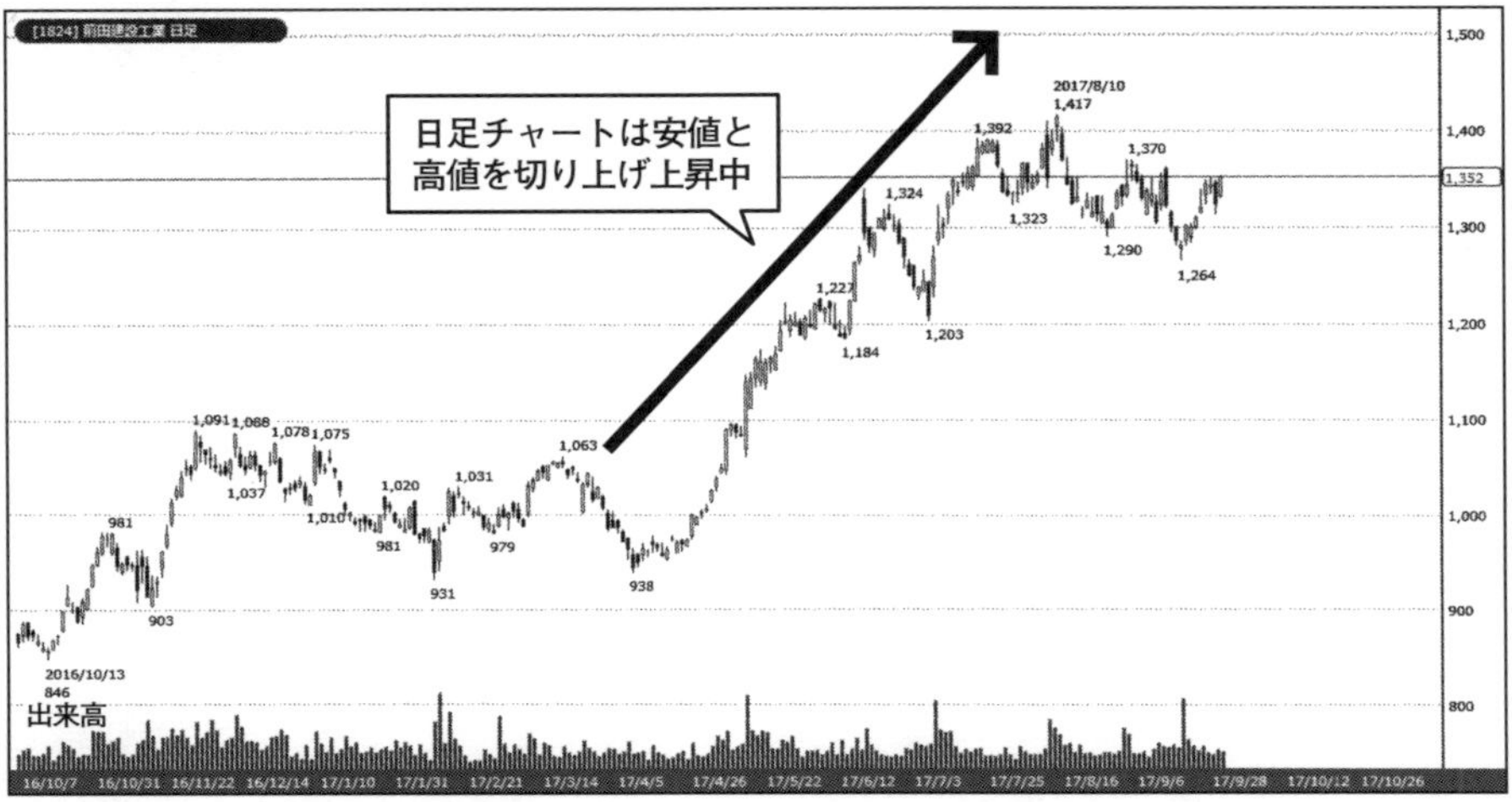

実はここにも成功に近づくための重要なヒントが隠されているのです。

実際のチャートで検証

というのも、**どの時間軸を見るかによって売買タイミングがまったく変わってくる**からです。

同じ銘柄の異なる時間軸のチャートを見て検証してみましょう。

例 日足、週足、月足すべてが上昇トレンドのチャート

まずは前田建設工業（1824）のチャートです。

この銘柄を見ると、日足［1－6］は右肩上がり、週足［1－7］も右肩上がり、月足［1－8］も右肩上がりで、**すべての期間において株価が上昇トレンドを形成**しているのがわかります。

［1-7］週足チャートも上昇トレンド

前田建設工業（1824）

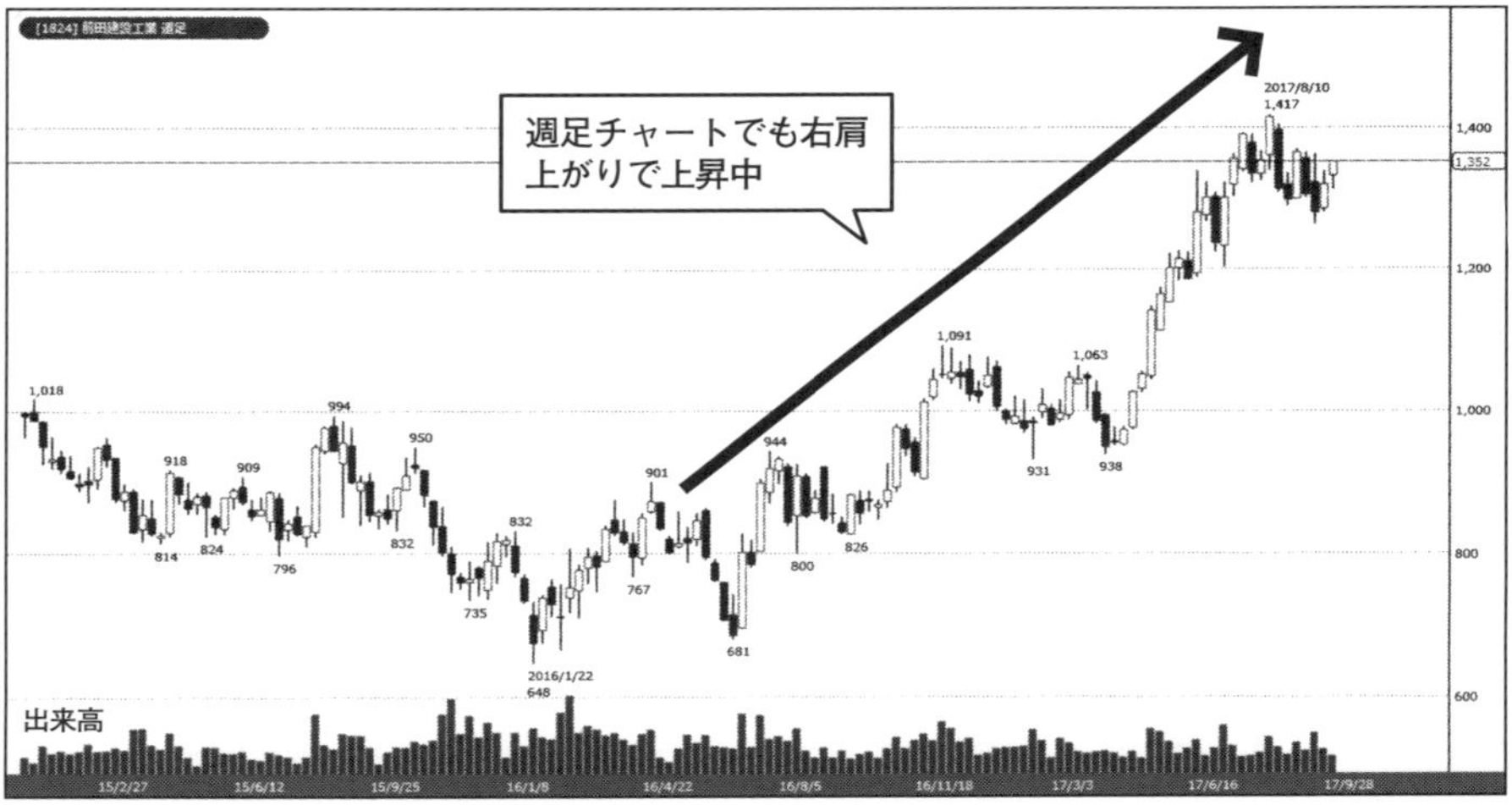

［1-8］さらに月足チャートも上昇トレンド

前田建設工業（1824）

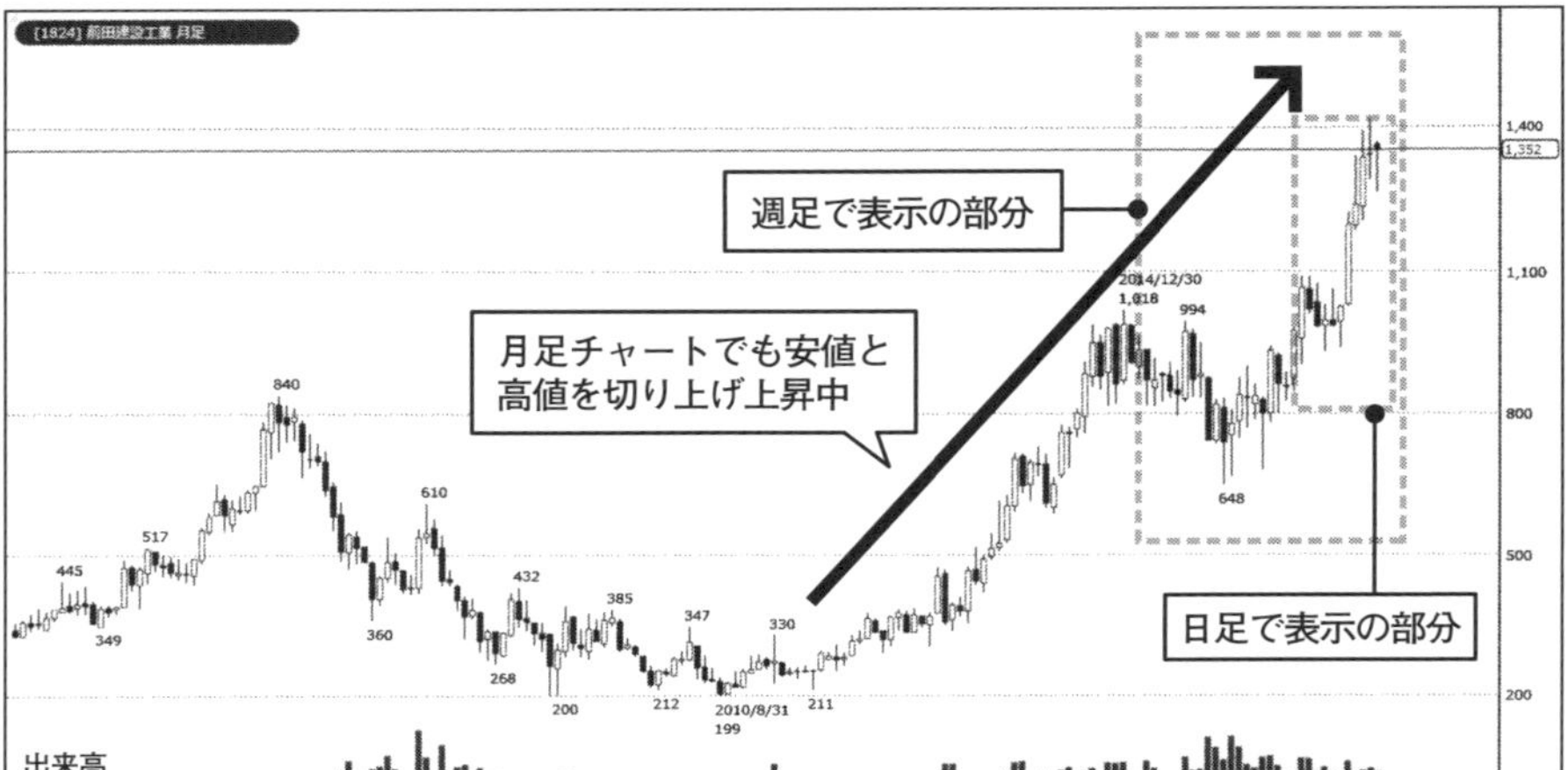

［1-9］日足チャートは右肩上がり

パナソニック（6752）

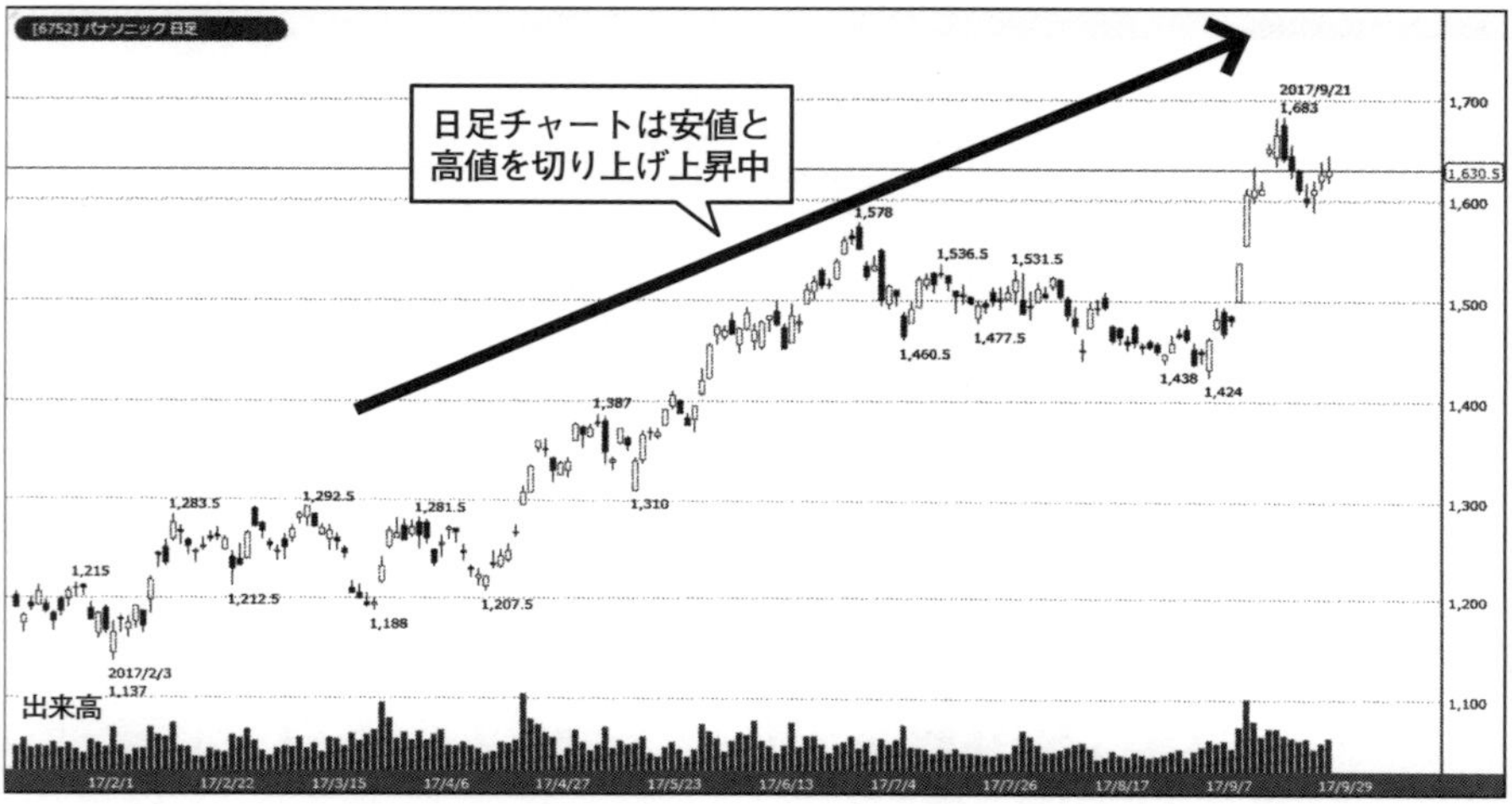

例 日足、週足、月足のトレンドが異なるチャート

続いては電機大手のパナソニック（6752）です。

パナソニック（6752）のチャートを見ると、日足チャート［1－9］は右肩上がりとなっており、前田建設工業（1824）の日足チャートと大きな違いはないように見えます。

週足［1－10］を見るとどうでしょう。株価は上昇しているものの、過去の高値に届いておらず、戻りの途中と考えられます。

さらに月足［1－11］を見ると、大きな下落と反発を繰り返しながら2012年11月に376円の安値をつけた後1853・5円まで価格を戻したものの、戻し切れずに一旦下落。高値から見ると1000円以上値下がりしています。

最初に**日足のチャートを見たときと、週足、月足の各チャートを確認した後では印象が大きく異なります。**

［1-10］週足チャートでは戻りの途中

パナソニック（6752）

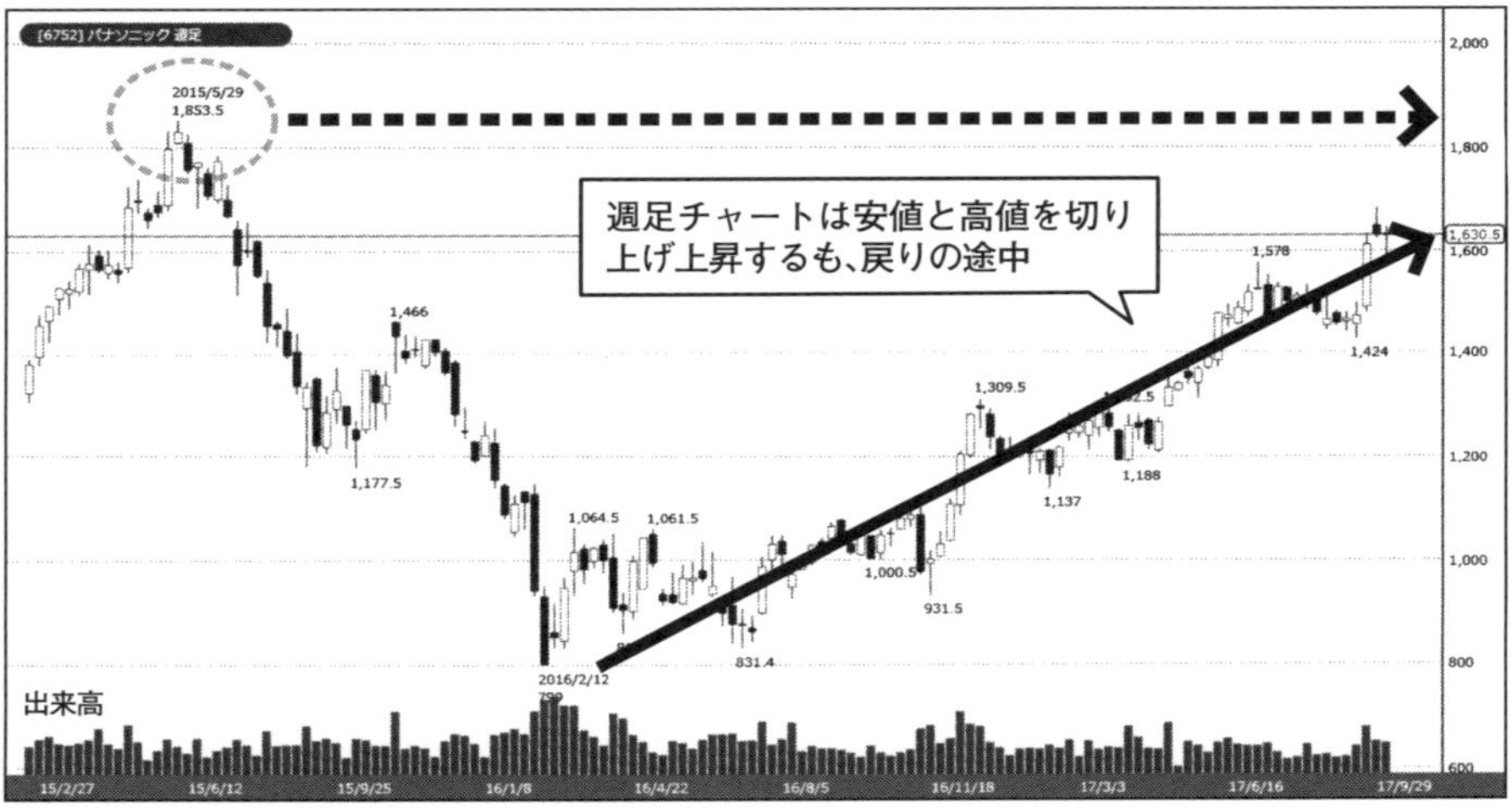

［1-11］月足チャートでは下落と反発の繰り返し

パナソニック（6752）

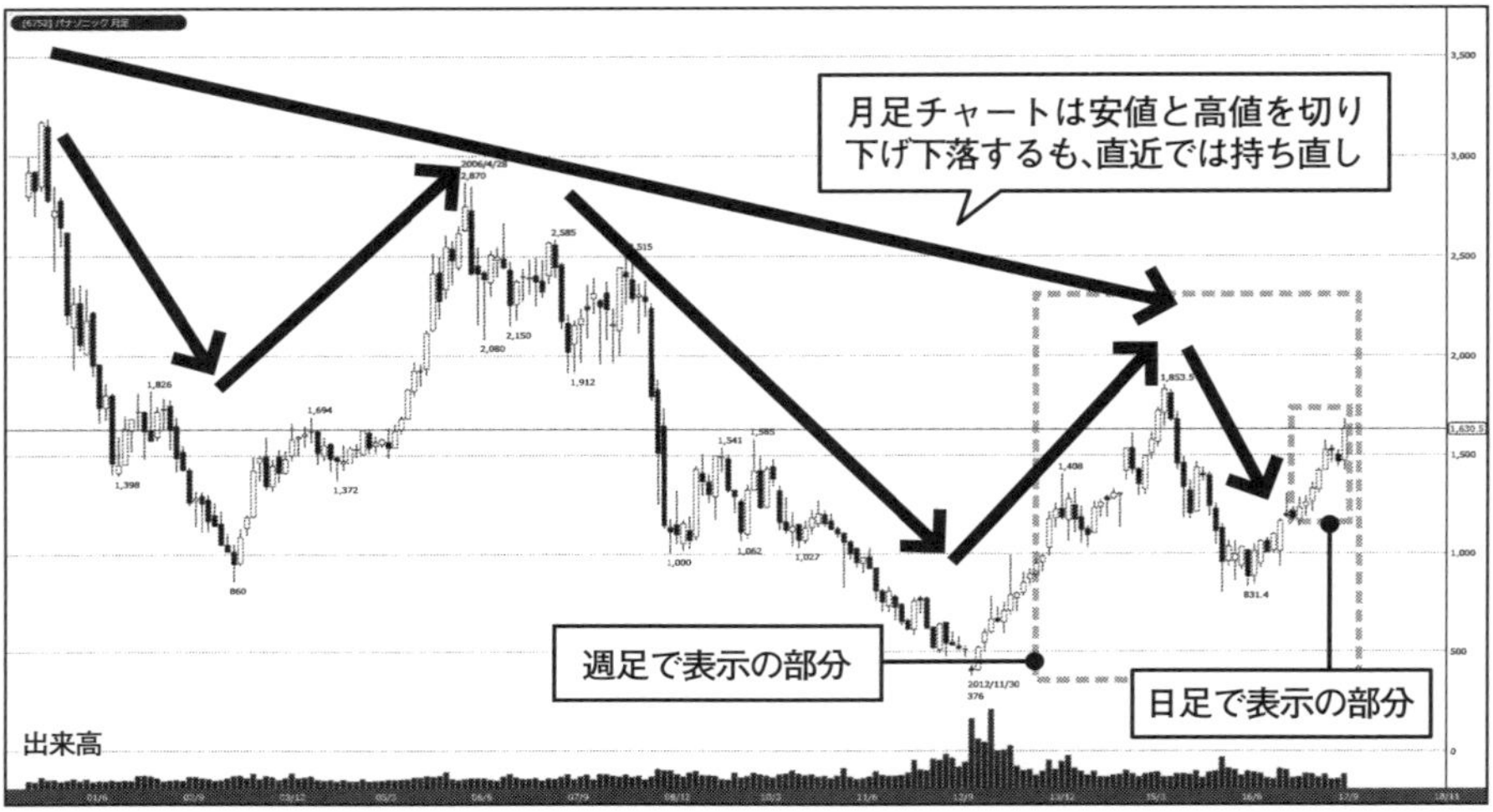

どの時間軸を見るかで売買タイミングはまったく異なる

では、各チャートによって売買判断はどのように変わるでしょうか。

この銘柄を保有している場合、日足では上昇トレンドが継続しているため、そのまま持ち続けようとの気持ちが強まるかもしれません。これに対して週足や月足を見ると、下落相場で一時的に値を戻したところで売る、いわゆる「戻り売り」のタイミングが出てくると考えるでしょう。つまり、異なる期間も同時にチェックしている人であれば、どこかで利益確定する必要がありそうだ、と思いつくのではないでしょうか。

同じ表示期間の銘柄を2つ比較してみましたが、**日足の形はほとんど同じでも、期間を変えてみると、株価のトレンドが異なる**ことがおわかりいただけたでしょう。

こうした時間軸の捉え方がうまくできていないと、「買ったら下がる、売ったら上がる」といった状況をつくり出し、パフォーマンスの悪さにつながってしまうのです。

05 なぜ売買シグナルと結果が異なってしまうのか

重要なポイントが見落とされている

テクニカル指標を解説書に記されている通りに使っているにもかかわらず、なぜ結果が思い通りにならないのでしょうか。テクニカル分析の解説書には成功事例がたくさん並んでいるのに、なぜ成功するときもあれば失敗するときもあるのでしょうか。

それは、当たり前のことではありますが、テクニカル指標は万能ではないためです。誤解しないでほしいのですが、テクニカル指標が使えないからということではありません。より正確にいえば、**「それぞれのテクニカル指標には得手不得手がある」**のです。

発生した売買シグナルと結果が異なる場面では、テクニカル指標の特徴を活かした使い方がなされていないか、あるいはRSIなどが示唆する売買判断に重要な、補足しなければならない情報をそもそも活用していないのかもしれません。

［1-12］どれが押し目買い？　どれがリバウンド狙いの買い？

大日本住友製薬（4506）の日足チャート

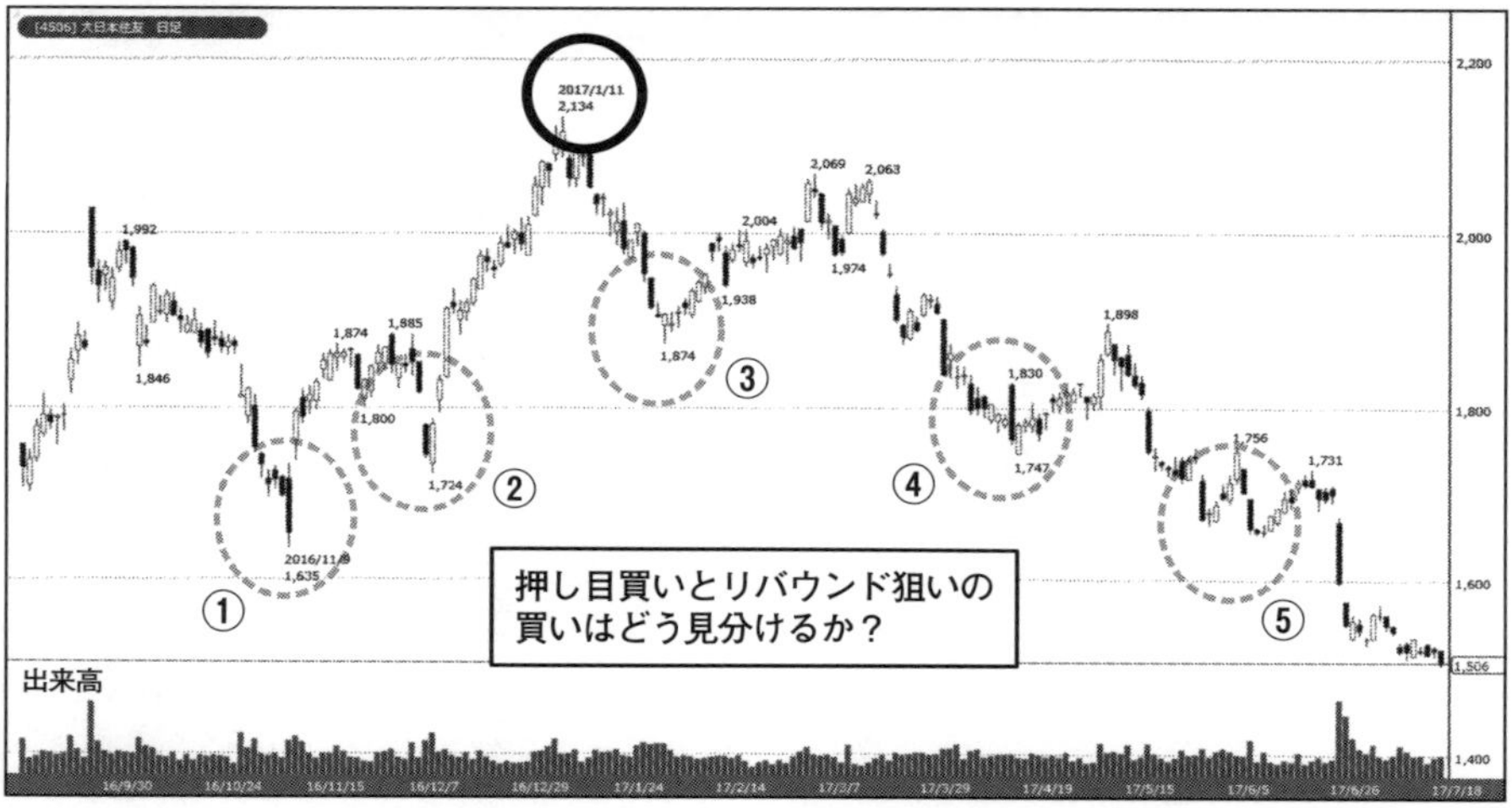

押し目買いと リバウンド狙いの買いで検証

わかりやすい例で説明しましょう。「押し目買い」と「リバウンド狙いの買い」の違いです。

同じ買いでも、押し目買いとリバウンド狙いの買いは、**売買時の判断がまったく異なる**ものです。

押し目買いは「株価が右肩上がりの局面で行う買い」。その後の株価上昇が期待できる場合に注文を入れる買いといえます。

一方、リバウンド狙いの買いは「下落場面での一時的な反発に伴う値上がり益を得ようとする買い」です。

それを踏まえた上で、チャート［1－12］を見てください。住友化学傘下の医薬品メーカー、大日本住友製薬（4506）のローソク足です。

このチャートでは2017年1月11日につけた2134円が高値です。①～⑤は買いのタイミング。この①～⑤を押し目買いとリバウンド狙いの買いとに分けてみてください。

解答です。

押し目買い……①、②、③
リバウンド狙いの買い……④、⑤

押し目買いとリバウンド狙いの買いが、そもそもどういった性格のものかおわかりであれば、比較的容易に解答できたでしょう。

しかし、実は、この問いは正解にたどり着くことを目的としたものではありません。それ以上に大事なポイントがあります。このチャートには解答にたどり着くための判断材料になる「あるもの」が足りないのです。それはいったい何か。そう、**移動平均線**です。

判断材料となる重要な要素が欠けていることに気づけるかどうかが、実はこの問題のポイントです。そこに気づくことができた人はテクニカル分析をうまく活用できている人でしょう。気づけなかったとすれば失敗の落とし穴に何度も落ちてしまいます。

このローソク足チャートをチェックして、トレンドを教えてくれるテクニカル指標が欠けていることに気づいていなければ、たとえ正解しても、それはあくまで偶然であり、「再現性がある」というテクニカル分析のメリットを享受することはできません。必要なテクニカル指標に気づかないまま場当たり的な売買をしたのでは、継続して成果を上げることは難しいはずです。

ただ、気づかなかったからといって心配することはありません。最初は気づかなくても、これから注意して見るようになれば、着実にステップアップにつながるでしょう。

［1-13］移動平均線でトレンドが見えてくる！

大日本住友製薬（4506）の日足と移動平均線（5日、25日、75日）

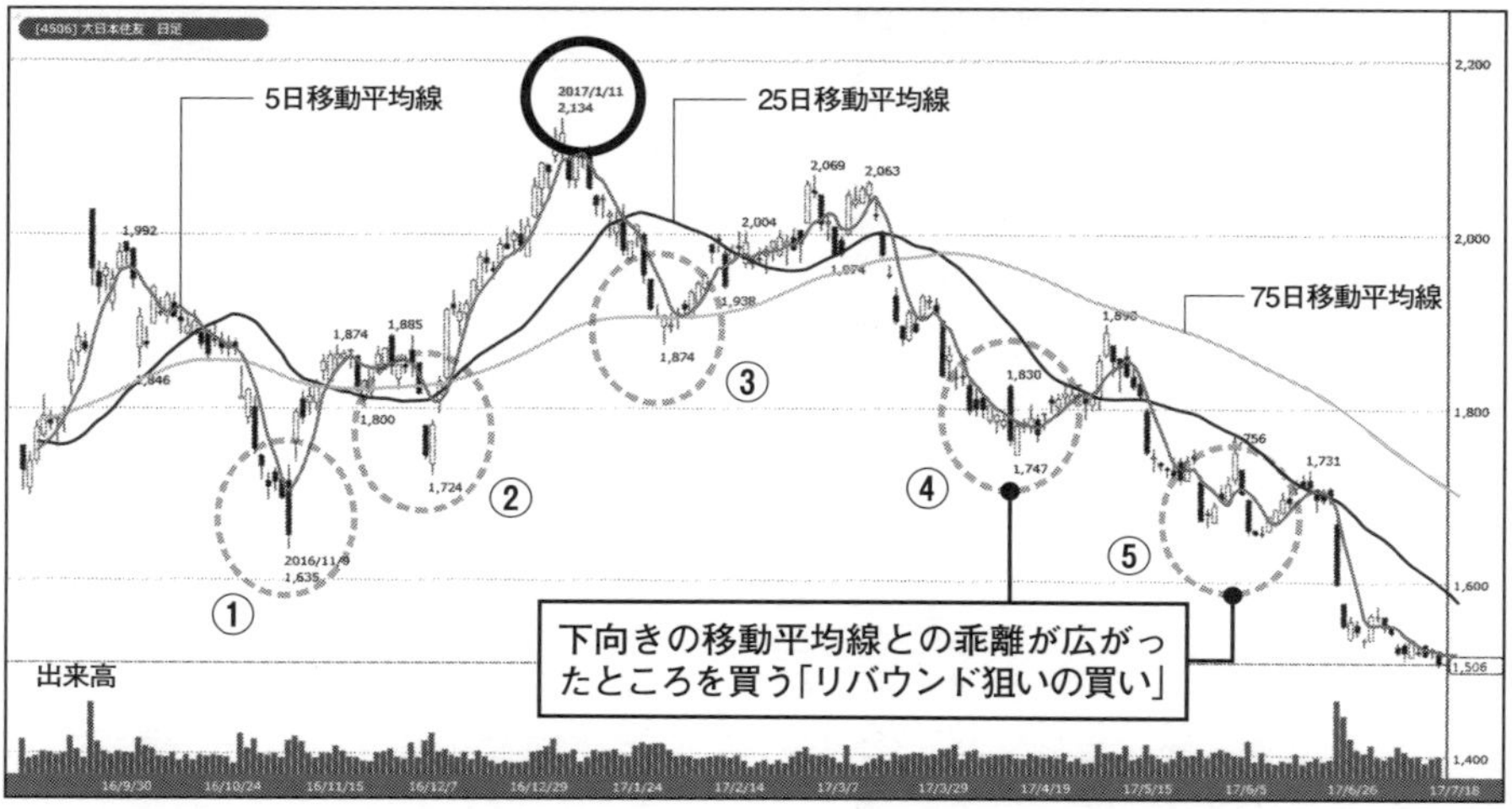

移動平均線の向きと株価の位置が売買判断のカギ

それでは、実際にローソク足と移動平均線を組み合わせたチャート［1－13］を確認していきましょう。

押し目買いとリバウンド狙いの買いをさらに細かく定義すれば、押し目買いは**「上昇トレンドの中で、上向きの移動平均線との上方乖離が縮まって反発したところを買う」**ことをいいます。一方、リバウンド狙いの買いは、**「下降トレンドの中で、下向きの移動平均線との下方乖離が広がって反発したところを買う」**ことです。

つまり、押し目買いやリバウンド狙いの買いを行うときに絶対的に不可欠なテクニカル指標が移動平均線といえるのです。トレンド系の指標をチェックせず上昇トレンドや下降トレンドがはっきりしない中で、押し目やリバウンドを狙える、と判断して買いを入れるのは危険です。

ちなみに、押し目買いの場合には、買った後売り

[1-14] 200日移動平均線の追加でさらに見えてくるもの

大日本住友製薬（4506）の日足と移動平均線（25日、75日、200日）

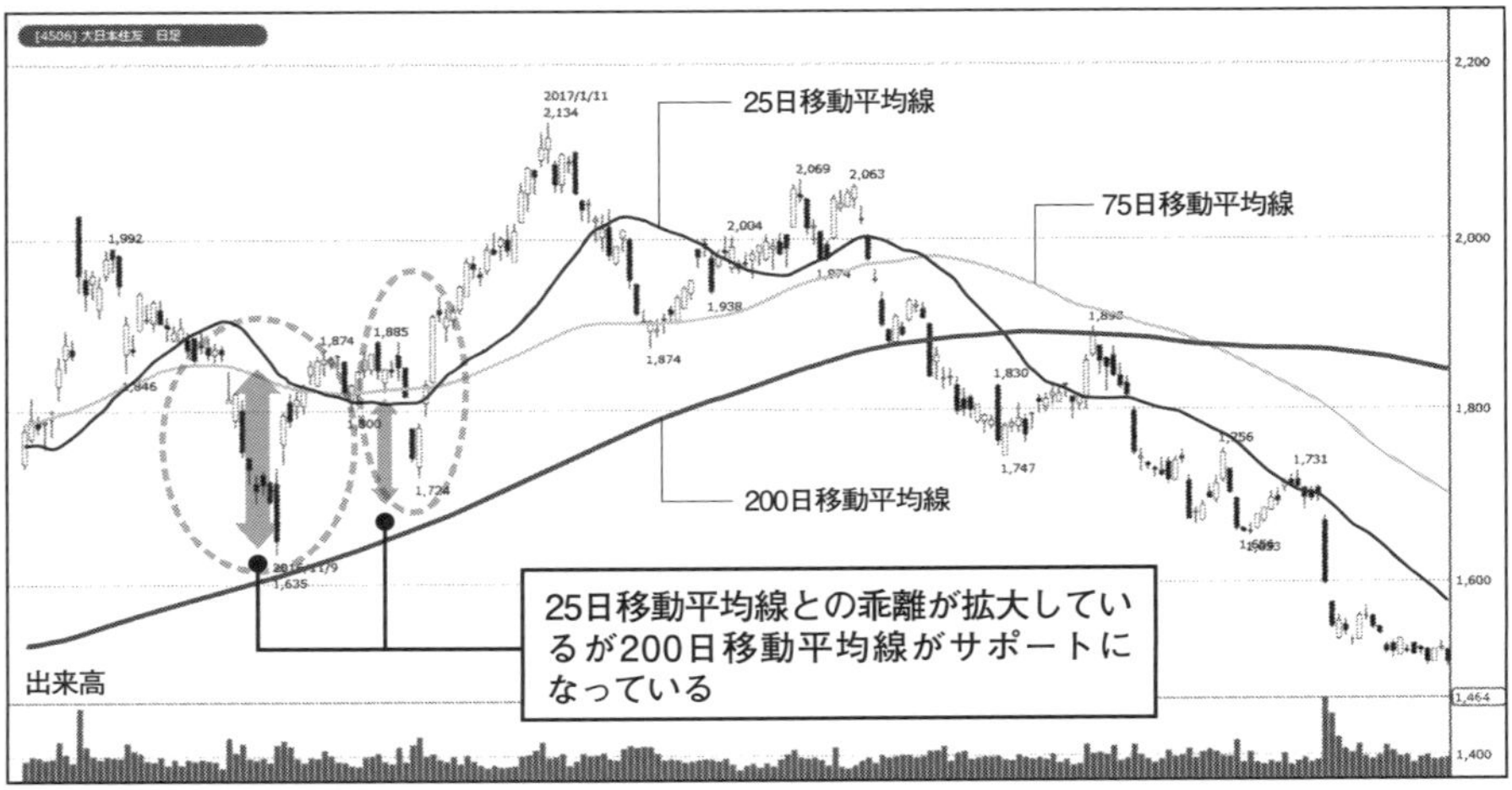

そびれても株価の上昇が期待できますが、リバウンド狙いの買いの場合は、売りそびれたら損失が拡大する可能性が高いといえます。

[1－13]のチャートを見て、少しでも疑問を感じたとすれば、トレンドの判断にかなり長けている方でしょう。

それは、①、②を「押し目買い」と判断するには、移動平均線を割り込みすぎていると考えられるからです。そう思われた方はひょっとすると本書を必要としないかもしれません。

3本、あるいは4本の線を表示する

では、チャート[1－14]を見てください。

同じく大日本住友製薬（４５０６）の日足ベースのローソク足ですが、前のチャートと何が変わったのでしょうか？

そうです。５日移動平均線を消して、２００日移動平均線を追加しています。

２００日移動平均線は日足ベースでトレンドを確

認するときの長期の指標です。チャートを見ると、上向きの200日移動平均線に近づいたところで株価が反発しており、**押し目買いのタイミングがピタリと合致**しているのがわかります。

移動平均線は一般的に5日、25日の2本を表示していることが多いのですが、実際の売買に活用するのであれば、**5日、25日、75日と最低でも3本**、できればここで示したように**200日も含めた4本と数を増やしていきます。**こうして短期から中長期までのトレンドを把握するのが失敗を防ぐコツです。

06 オシレーター系指標を使うときの注意点

オシレーター系は「ダマシ」にあいやすい

オシレーター系のテクニカル指標にはRSIやストキャスティクス、MACD（マックディー）、モメンタムなどたくさんの種類があり、特徴や使い方にそれぞれ違いがあります。

例に挙げたのはいずれも有名なテクニカル指標ですが、**それぞれの特徴を知らないと、実際に売買するときの判断やその結果から導き出されるパフォーマンスに大きな違いが出てきます。**このあたりは、以降で詳しく解説するので今はすぐに思いつかなくても問題ありません。ただ、そうした違いを知らないで使っていると結果が異なることはしっかり頭に入れておいてください。

そこで少しだけ、オシレーター系のテクニカル指標について検証しておきましょう。

［1－15］を見てください。同じく大日本住友製薬（4506）で、下段に表示したのが**RSI**です。

RSIはある一定期間の変動幅に対する上昇幅の割合を示すテクニカル指標で、売買タイミングを教えてくれるものです。70％以上だと上昇する力がピークに近づいているとして「買われ過ぎ」（売り）、30％以下は下落の力がピークに近づいているとして「売られ過ぎ」（買い）と判断します。

したがって利用する際には30％を下回った後、株価が上昇し始めたら買い、70％を上回った後、株価が低

[1-15]オシレーター系指標は売買タイミングの判断に役立つが……
大日本住友製薬(4506)の日足とRSI

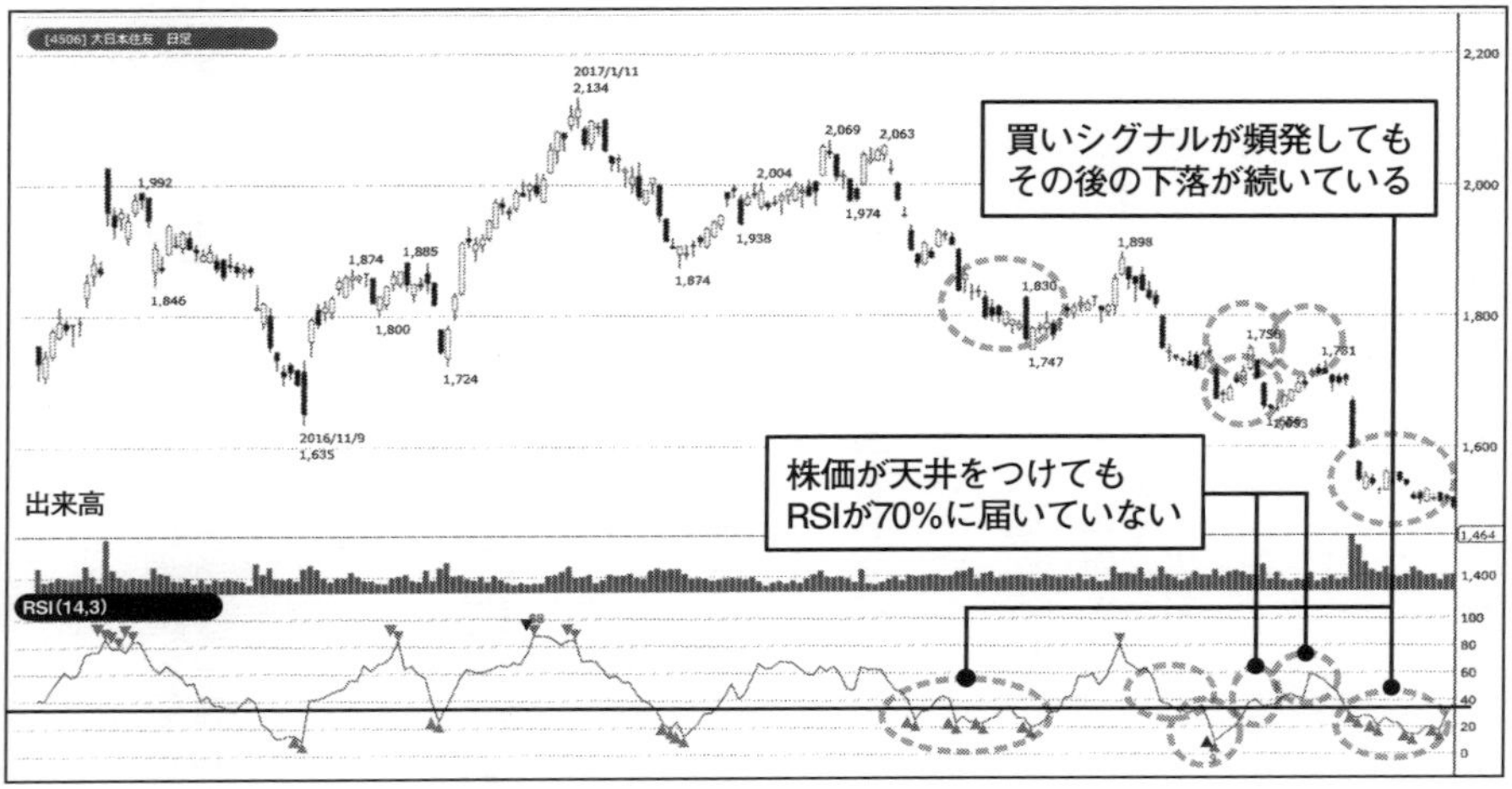

下し始めたら売りと判断します。ただ、実はここにも注意すべき点が潜んでいます。

　買いシグナルが発生したタイミングで買っても、その後買いシグナルが発生したまま、株価下落が続いている場面があることです。そうかと思えば、株価は天井をつけているのに、買われ過ぎとなる水準の70%に到達しないといった局面もあります。いずれも**「ダマシ」**です。

　単純な使い方だけを覚えるのではなく、指標の特徴を理解した上で使っていくようにすると、徐々に「ダマシ」かそうでないかの判断ができるようになります。「ダマシ」がどの場面でどのようにして表れるのかがわかるようになれば、パフォーマンスの向上にもつながるはずです。

　オシレーター系のテクニカル指標においても、トレンド系の指標と同様、別の指標を併せてチェックする必要があるということです。

第2章

成功確率が上がる！トレンド系指標の使い方

TECHNICAL ANALYSIS

01 指標が持つ強みと弱み

テクニカル指標を組み合わせて使うことで成功確率を上げる――これが本書の主旨です。そのためにはまず、**トレンド系、オシレーター系、それぞれのテクニカル指標の強みと弱みをしっかり把握しておく**必要があります。

同じテクニカル指標を使うにしても、こういうときには有効だが、こういうときには有効ではないといったことを頭に入れて活用することで、「ダマシ」を回避し、精度を上げることにつながるのです。彫刻を造る際、削るという作業はひとつでも、鑿《のみ》や彫刻刀など道具の使い分けが必要になるのと同じことです。

株式相場がどういう局面なのか、あるいは、どういう情報を得たいかによってテクニカル指標も使い分けが必要です。**その結果、どの指標とどの指標を組み合わせれば成功確率が上がるかが見えてきます。**

本章と次章では、トレンド系、オシレーター系それぞれのテクニカル指標の特徴、成り立ちや考え方を実際のチャートと共に紹介していきます。

では、トレンド系指標から始めていきましょう。

02

移動平均線とMACDを押さえる

テクニカル指標にはさまざまな種類があります。本章では、その中でも**「よく知られている、わかりやすい、一般的」な指標**を中心に解説していきます。具体的には**移動平均線とMACD**です。一般的な指標に絞る理由は［２－１］の通りです。これら５つの要素は、トレンド分析や売買判断を行う際にテクニカル指標を繰り返し使う中でもっとも重要なことです。

たとえば、移動平均線には、誰でも簡単に見ることができる上、判断が簡単といった強みがあります。再現性があり、指標の成り立ちもシンプル。パラメーターを変更することで「最適化」も可能です（最適化とは、相場の状況、値動きのスピードなどの変化に応じて、指標の期間などを変更して、トレンド転換のタイミングなどに合わせることです）。

［2-1］一般的な指標に絞る理由とメリット（トレンド系指標）

	理由	そのメリット
1	誰でも見ることができる	見ている人が多く、汎用性が高い
2	判断がシンプルである	感情などが入りにくく、単純に判断できる
3	再現性がある	同じ条件下で利用すれば、同じ結果になる
4	指標の成り立ちがシンプルである	複雑な計算式を使わず、考え方がわかりやすい
5	パラメーターを変更することができる	銘柄や局面ごとに最適化できる

03 売買タイミングはトレンド分析の副産物

トレンドの判断があって初めて有効に機能

移動平均線は皆さんご存じの通り、**一定の期間の終値を平均化**したものです。25日移動平均線であれば、25日間の終値の平均値。その株を購入した人の買い値（売却した人の売り値）の平均値でもあります。

初心者向けの書籍の場合、トレンドをつかむトレンド分析の説明に関してはごく簡単に書かれている反面、移動平均線の交差で売買タイミングを示す「ゴールデンクロス」や「デッドクロス」には多くのページが割かれているのが一般的です。

トレンド分析よりも売買タイミングに重点を置いて説明していること自体は間違いではありませんが、気をつけないと「ダマシ」にあいやすい使い方になってしまいます。

理由は簡単で、**トレンドの判断と売買タイミングが合致してこそ、ゴールデンクロスやデッドクロスのシグナルが機能を発揮する**からです。

ゴールデンクロスやデッドクロスのもとになった「グランビルの法則」を考案したのはジョセフ・E・グランビルという米国のチャーチストです。

グランビルは、長期のトレンドを示す200日移動平均線を用いて、**移動平均線のトレンドと株価の位置**

［2-2］移動平均線を使う場合の重要ポイント

売買タイミングはトレンドの判断があって初めて
有効に機能する！

トレンド＋売買タイミング	売買タイミングのみ
＝	＝
◎ 勝利の方程式!!	△ ダマシが多くなる

関係から売買タイミングをはかることを考えました。

しかし、グランビルの意に反して、ある時期から1本の移動平均線と株価の関係だけで判断するのはトレンド転換の判断の遅れにつながり、パフォーマンスが悪くなるとして、２００日移動平均線よりも期間の短い5日移動平均線や25日移動平均線などを使ってゴールデンクロスやデッドクロスを見極めるようになったのです。

その結果、一般の投資家が興味を持ちやすく、図での説明がしやすいゴールデンクロスやデッドクロスなどの売買タイミングに重点を置く傾向が強まるという弊害が生まれました。

売買タイミングはあくまでもトレンド分析の「副産物」であり、**移動平均線の向き（トレンド）の判断があって初めて、売買タイミングの判断も有効**になることを頭に入れておく必要があります。

では、移動平均線を使い売買に成功するためには、どのような活用法が最適なのでしょうか。

04 移動平均線を使うメリット

移動平均線の最適な活用法とは、グランビルが考えたように、移動平均線の向きに重点を置いて株価との位置関係からトレンドを判断することです。移動平均線は一定期間の終値の平均価格。移動平均線が上向きであれば、終値ベースの価格が上昇を続けていると考えることが可能です。一方、移動平均線が下を向いている場合には、終値ベースの価格が低下していて株価が下落基調にあると判断できます。

このように、**移動平均線が上下どちらを向いているかを知ることで、株価のトレンドを把握**することが可能になります。ここにトレンドを判断する際に移動平均線を使う大きなメリットがあります。トレンド判断ができれば、**日々の株価変動に一喜一憂せずに済みます。**

移動平均線の向きが変わらなければ、株価が上下に変動してもトレンドは変わっていないと判断できます。移動平均線が上向きならば上昇トレンドを維持していると考えられ、売りと買いのどちらかといえば買い。すでに保有している株式であれば「持続」と判断できるのです。

移動平均線が1種類だけならば、判断は非常にシンプルです。ただ、実際によく使われる移動平均線は1種類だけではありません。情報会社や証券会社が投資家向けに提供する分析ソフトなどでは、日足だともっとも短い期間で5日、その次が25日、さらに75日など3本の移動平均線が表示されるのが一般的です。そのほかにも、20日移動平均線、１００日移動平均線、２００日移動平均線なども使われることが多く、どの移動平均線を基準に判断をすればいいのか悩むところです。

05 どの移動平均線を選べばいいのか

投資スタンスに合致するものが大前提

基本的には、自分の投資スタンスに合わせて移動平均線を選ぶのがポイントです。たとえば、数日から1週間といった短い期間で売買を考えている投資家ならば、トレンドの判断には5日などの短期間の移動平均線が有効です。数週間や数カ月といった期間で投資を考えている人も、それぞれの考える投資期間に合致する移動平均線を選ぶのが望ましいでしょう。

こうした**投資期間の取捨選択も「最適化」**につながります。

5日移動平均線で見てみると

さて、実際の移動平均線を使って説明していきましょう。最初に見てほしいのが**5日移動平均線**です。これは、**短期のトレンド判断に有効**な指標です。5日移動平均線は土曜日と日曜日を考慮すると、ちょうど1週間の終値の平均価格を意味します。1週間の終値の平均価格が上向きなのか、下向きなのかで株価の方向を判断することができるというわけです。

［2-3］5日移動平均線で方向性を判断

トヨタ自動車（7203）の日足チャートと5日移動平均線

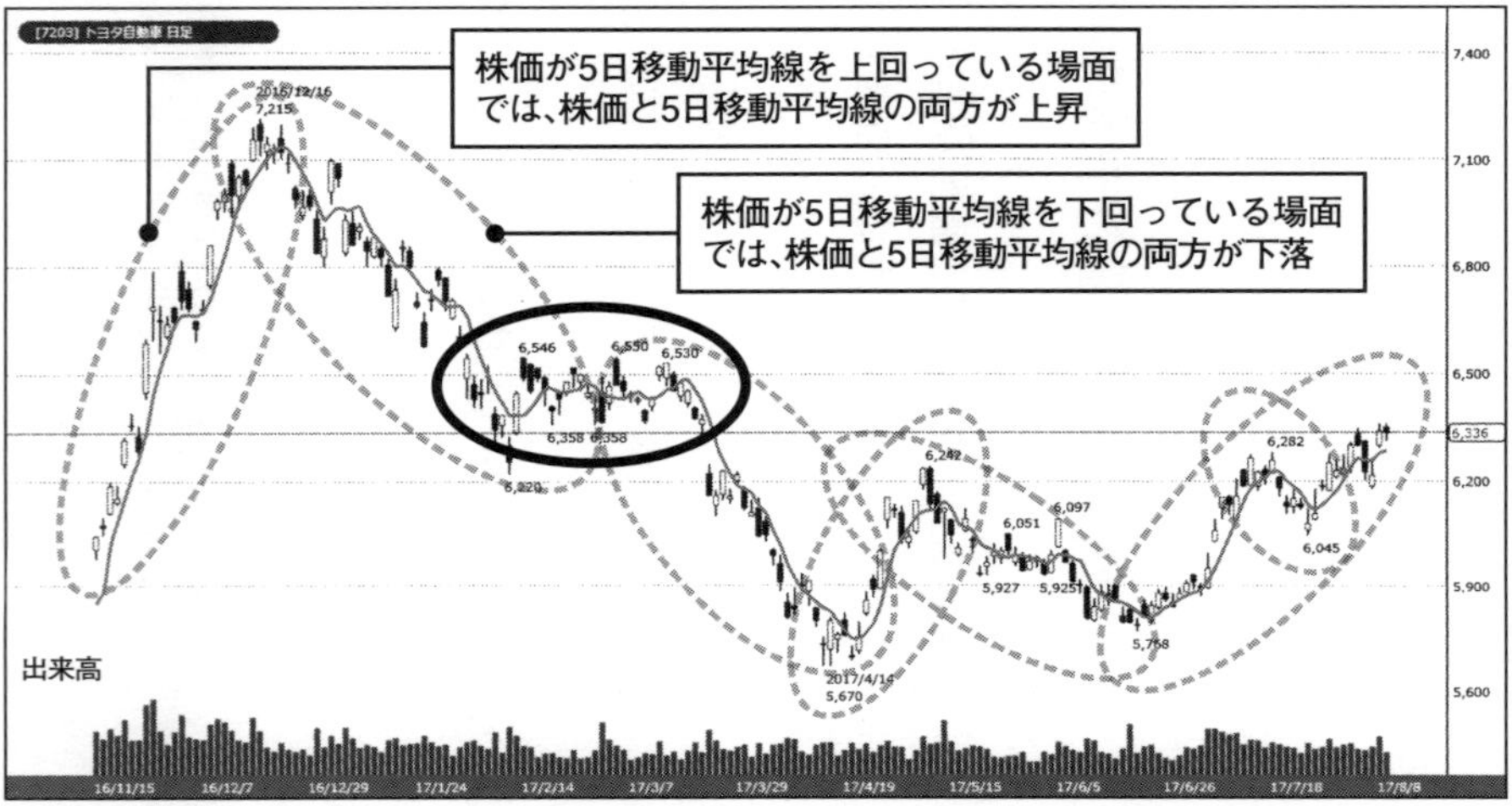

チャート［2－3］はトヨタ自動車（7203）のローソク足と5日移動平均線です。株価が5日移動平均線を上回っている局面では、5日移動平均線も上向きです。これに対して、5日移動平均線を下回っている場面では、5日移動平均線が上値の抵抗になっており、株価が押し返されているのがわかります。

さらに、株価が上昇途中で5日移動平均線を下回った局面では、5日移動平均線が下向きに変化しない限り、値上がりが続いています。逆に5日移動平均線が下向きの局面で株価が5日移動平均線を上回っても、5日移動平均線が下を向いたままだと株価は押し返されています。

このように、1週間単位の移動平均線を例に見た場合、**上昇局面では株価が反落しても5日移動平均線の向きに変化がなければ、上昇トレンドが続いている**との判断が可能です。

06 1本の移動平均線では判断が難しい局面

こうして見ると、短期的なトレンドを判断するのは比較的容易にできそうですが、一概にそうとも言い切れないのが難しいところです。

移動平均線が機能する場面で活用すれば良好なパフォーマンスを得ることができますが、100%同じ結果になるわけではありません。第1章でも説明したように、それは、**機能すると思われた局面で買ったにもかかわらず、予想通りに動かない**場面、いわゆる**「ダマシ」**があるからです。

そうした**予想通りに動かない場面の特徴を発見**し、その特徴から機能しない場面を探し出すことができれば、自ずと失敗が減り、高パフォーマンスに近づくことができるはずです。では、どのような場面で「ダマシ」に遭遇するリスクがあるのでしょう。

それがチャート［2－3］の太い黒マルで囲んだ部分です。この太い黒マルで囲んだ部分は株価が横ばいであると同時に、移動平均線も下向きになったり上向きになったりしています。**トレンド判断の難しい局面**です。

［2－4］は太い黒マル部分の拡大図です。

これを見るとわかるように、株価が5日移動平均線を上回ると同時に5日移動平均線が上向きに変わったところで伸び悩んでおり、その局面で買っても高値づかみになることが考えられます。

逆に株価が5日移動平均線を下回ると同時に、5日移動平均線が下向きに変化した後、処分しても、その

[2-4] 5日移動平均線だけでは方向が読み切れない局面

トヨタ自動車(7203)の日足チャートと5日移動平均線、[2-3]の黒マル部分を中心に拡大

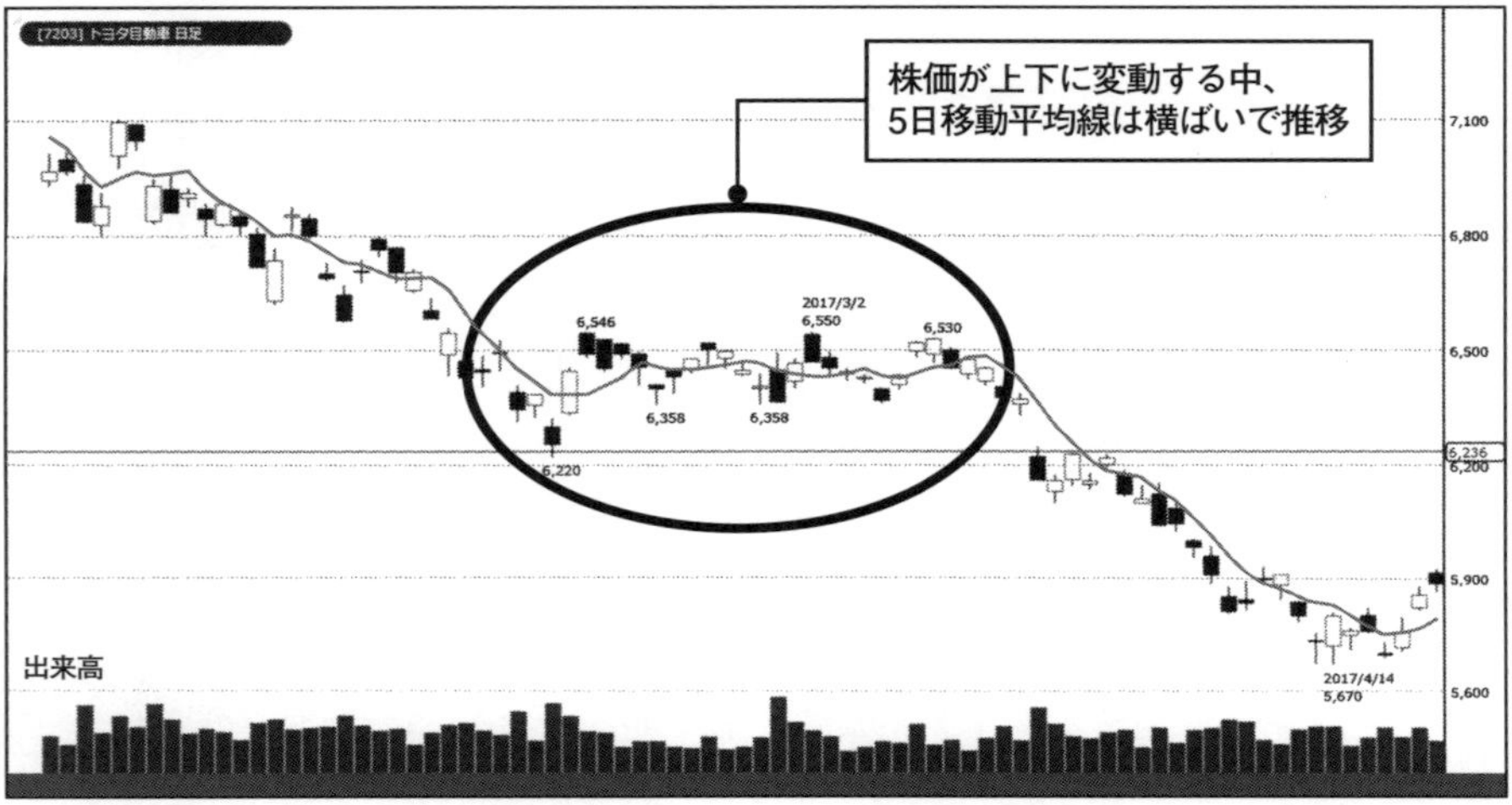

後は反発する展開となっています。

「買ったら下がる、売ったら上がる」という典型的な失敗のパターンです。

こうした局面では、**5日移動平均線だけを見て判断しても対応しきれない**ため、別の指標を併せて活用する必要があります。具体的には何を使えばよいのでしょうか。

複数の移動平均線を表示する

こうした局面での無駄な売買を減らし、パフォーマンスを上げるためには、**移動平均線を追加**して分析を行うのが賢明です。

期間の異なる移動平均線を複数表示していることの意味を考えたことがあるでしょうか。

複数の移動平均線を表示するのは、単にゴールデンクロスやデッドクロスのタイミングをはかるためだけではありません。異なる期間の移動平均線を複数表示し、**短い期間から長い期間の移動平均線がいずれも上向きであることを確認すれば、「株価が上**

昇トレンドにある」可能性が高まるからなのです。

かといって、いたずらにたくさんの移動平均線を表示すればよいというものではありません。５日移動平均線、25日移動平均線、75日移動平均線をデフォルトで表示しているケースが多いのは、「短期」「中期」「長期」の移動平均線を組み合わせて活用することで、トレンド分析の精度を高めようという狙いがあるためです。

25日（約1カ月）や75日（約3カ月）移動平均線の期間（パラメーター）を実際の営業日数に合わせてそれぞれ20日、60日などと「最適化」してももちろん問題ありません。実際に「25日線よりも20日線のほうが実態に即している」との指摘もあります。

こうしたパラメーターの変更にも、柔軟に対応したいものです。ただし、変更した後は常に、その期間をベースにした移動平均線でチェックする必要があります。そうでないと、結局、売買シグナルの発生タイミングにばらつきが出てしまうためです。

では、５日移動平均線に25日移動平均線を追加した日足チャートを次項で見てみましょう。

07 複数の移動平均線（5日、25日）を表示してわかること

見えなかったトレンドが見えてくる

25日移動平均線を追加しても、5日移動平均線と見方はまったく同じです。まずは5日移動平均線の向きでトレンドを判断します。その上で、5日移動平均線ではトレンドがはっきりしていなかった局面について、25日移動平均線も活用します。

同じくトヨタ自動車（7203）のチャート［2－5］で確認してみましょう。ローソク足と5日移動平均線、25日移動平均線です。太い黒マルで囲んだ部分は、**5日移動平均線だけでは方向が読み切れなかった局面ですが、25日移動平均線を加えたことでトレンドが見えてきました。**明らかに25日移動平均線が下向きで推移しているのがわかります。そうなると、買いは控える、あるいは利益確定を優先させるといった戦略が有効であるという結論にたどり着くわけです。

トレンド分析の際には、5日移動平均線だけでなく25日移動平均線も使ったほうが判断の精度が高まることがおわかりいただけたのではないかと思います。

このように複数の移動平均線を表示して活用することが、成功確率を上げる使い方です。

[2-5] 25日移動平均線の追加でトレンドが見えた！

トヨタ自動車(7203)の日足チャートと移動平均線(5日、25日)

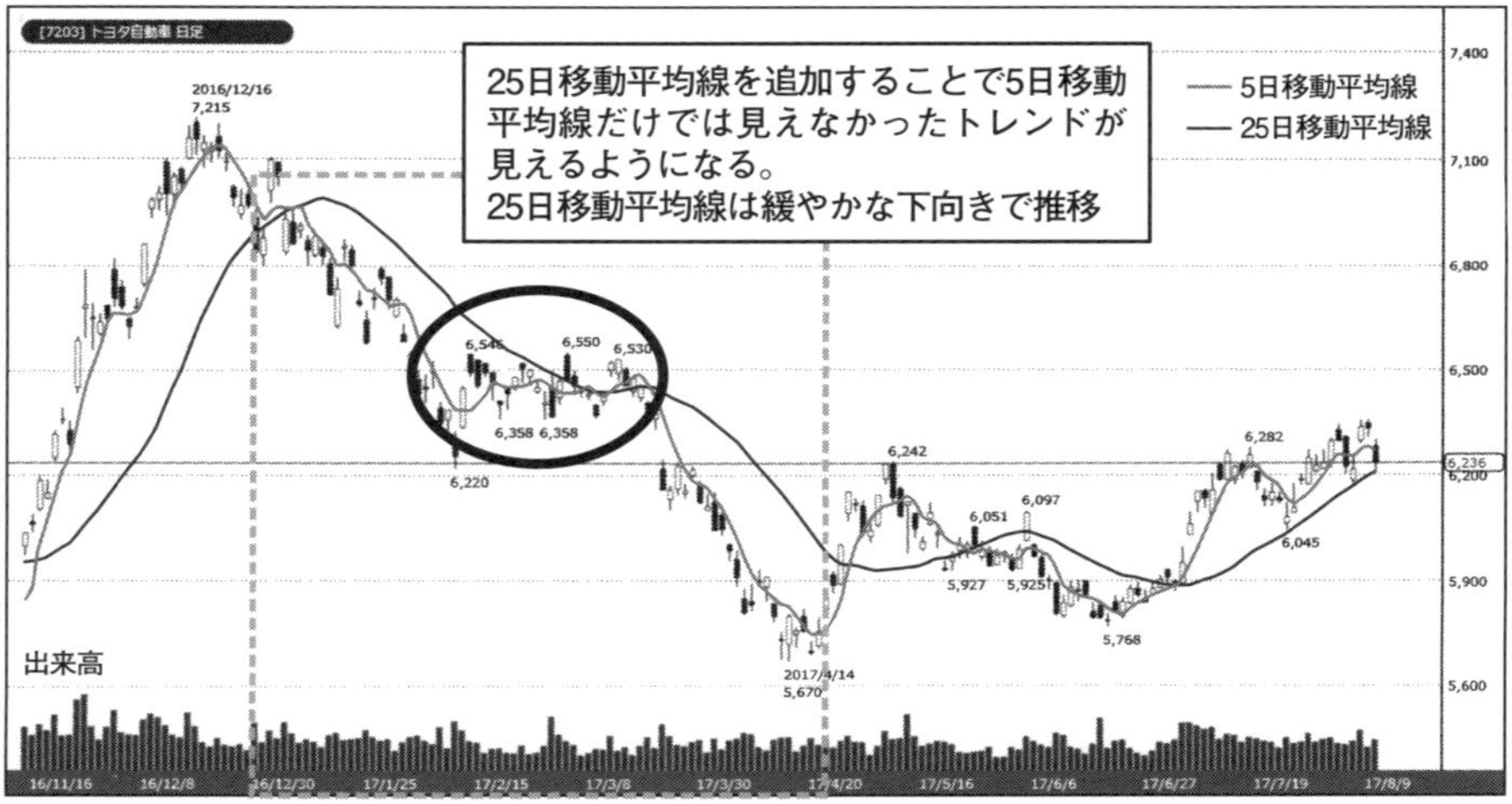

[2-6] 株価が横ばいで推移している局面

トヨタ自動車(7203)の日足チャートと移動平均線(5日、25日)、
[2-5]の四角い枠部分を中心に拡大

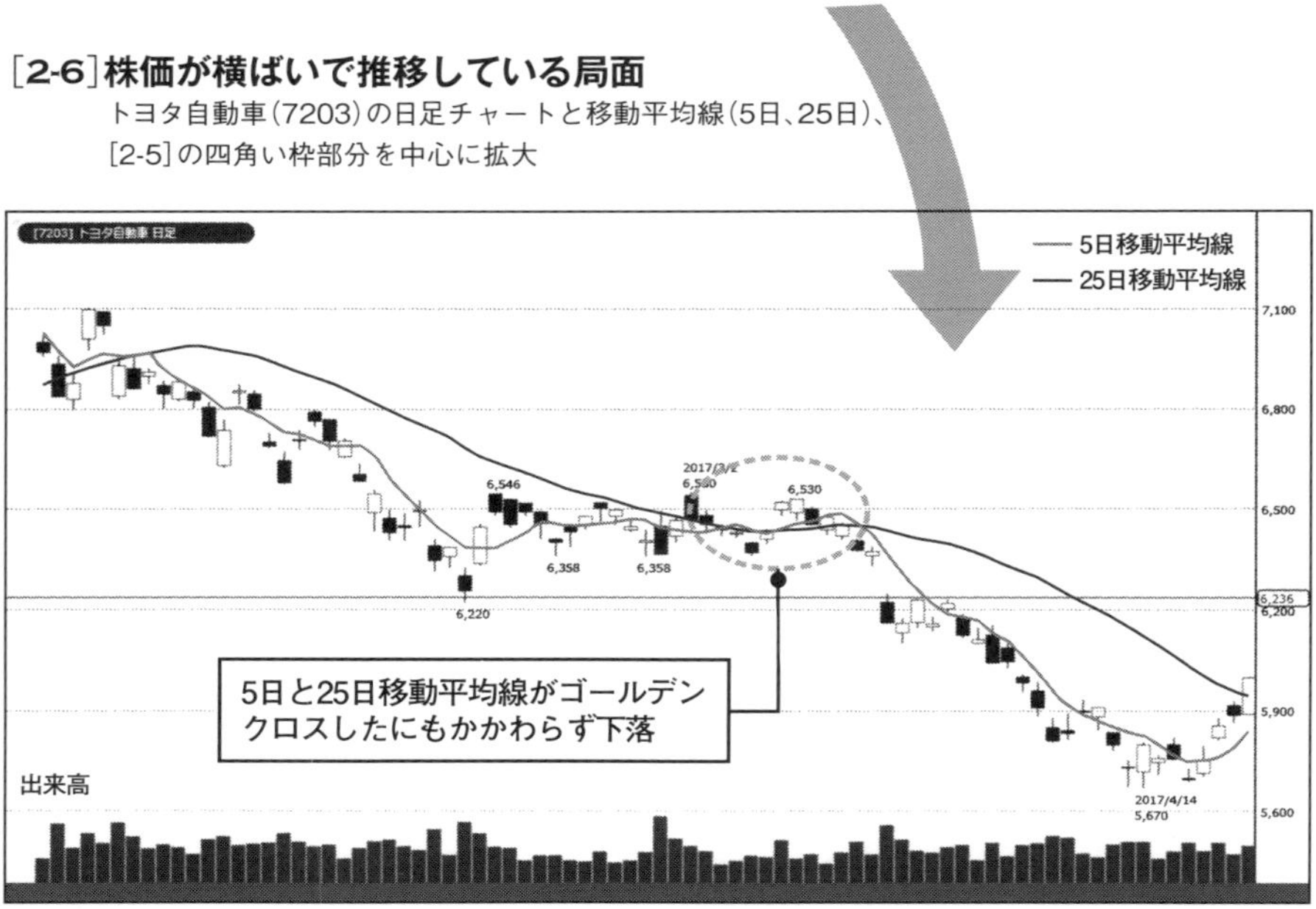

では、もうひとつ判断の難しい例を紹介します。同じ、**株価が横ばいで推移している場面**です。チャート［2－6］は、［2－5］の四角い枠囲み部分を中心に拡大したものです。

ここでは何が問題なのか、皆さんおわかりでしょうか。

そう、ゴールデンクロスが発生していることです。短い期間をベースにした移動平均線が長い期間をベースにした移動平均線を下から上へ突き抜けるのがゴールデンクロス。ここでは5日移動平均線が上向きの25日移動平均線を下から上へ突き抜けています。両線とも上向きで、「美しいゴールデンクロス」と呼べそうですが、その後の株価はどうなっているでしょうか。

ゴールデンクロスした後、下落基調に変化すると、すぐに今度は5日移動平均線が25日移動平均線を下回るデッドクロスが発生。下降トレンド入りしているのがわかります。こうした場面では、デッドクロスが発生してからロスカット（損失確定売り）しても損失は小さいと考えられます。しかし、もう少し早く、株価が伸び悩みから反落へと転じるのを察知する方法はなかったのでしょうか。

ゴールデンクロスの発生にとらわれすぎない

その際に考えておきたいのが、**「トレンド」の定義**です。「上昇トレンド」や「下降トレンド」といった言葉を耳にしたことはあっても、その定義を考えたことはあまりないかもしれません。

「上昇トレンド」とは高値更新が続いている状態、**「下降トレンド」とは安値更新が続いている状態**を指します。

終値で高値更新が途絶えれば、上向きの角度は緩やかになります。横ばいに変化し、やがては5日移動平均線が下向きに変化するかもしれません。

であれば、５日移動平均線の上昇角度が緩やかになったり、横ばいに変化したりする前にそのことを知る方法はないのでしょうか。答えは「あります」。それは、**「高値を更新できるかどうか」**です。

この場合、６５３０円の終値をつけた後に高値を更新できず反落したり、反発しても５日移動平均線を上回ることができなかったりした時点でただちに売却すればいいのです。

感覚的には、ゴールデンクロスが発生しているのだからその後、上昇するのではないかといった期待が先行してなかなか処分できないと思いますが、**ゴールデンクロスの発生に気を取られずに「上昇トレンド」が続いているかどうかに意識を集中させれば、失敗を減らして値幅を大きく取ることができる**ようになるはずです。

08 75日移動平均線を追加した場合の売買判断

次に、もう1本移動平均線を使って失敗を減らすテクニックを紹介しましょう。**75日移動平均線**の活用です。

チャート［2－7］では、左端のマル囲みを見ると5日移動平均線と25日移動平均線のゴールデンクロスが発生し、株価も高値を更新して上昇トレンドが続いています。ここで5日移動平均線と25日移動平均線の2本だけを見ていると、期待が膨らんで利益確定やロスカットができない状況に陥ってしまうのではないでしょうか。

一方、75日移動平均線も活用するとどうなるでしょうか。

5日、25日、75日の3本の移動平均線を表示したチャート［2－8］を見ると、5日移動平均線と25日移動平均線が上昇したように見えても、75日移動平均線が下向きのため、**株価の戻り局面での抵抗になることが事前に予測**できます。

こうして期間の異なる複数の移動平均線を上手に使うことが株価の先読みにつながるだけでなく、売買タイミングの精度アップにもつながり、ひいては利益の確保にも寄与すると考えられるのです。

[2-7] ゴールデンクロスが発生しているが……

トヨタ自動車(7203)の日足チャートと移動平均線(5日、25日)

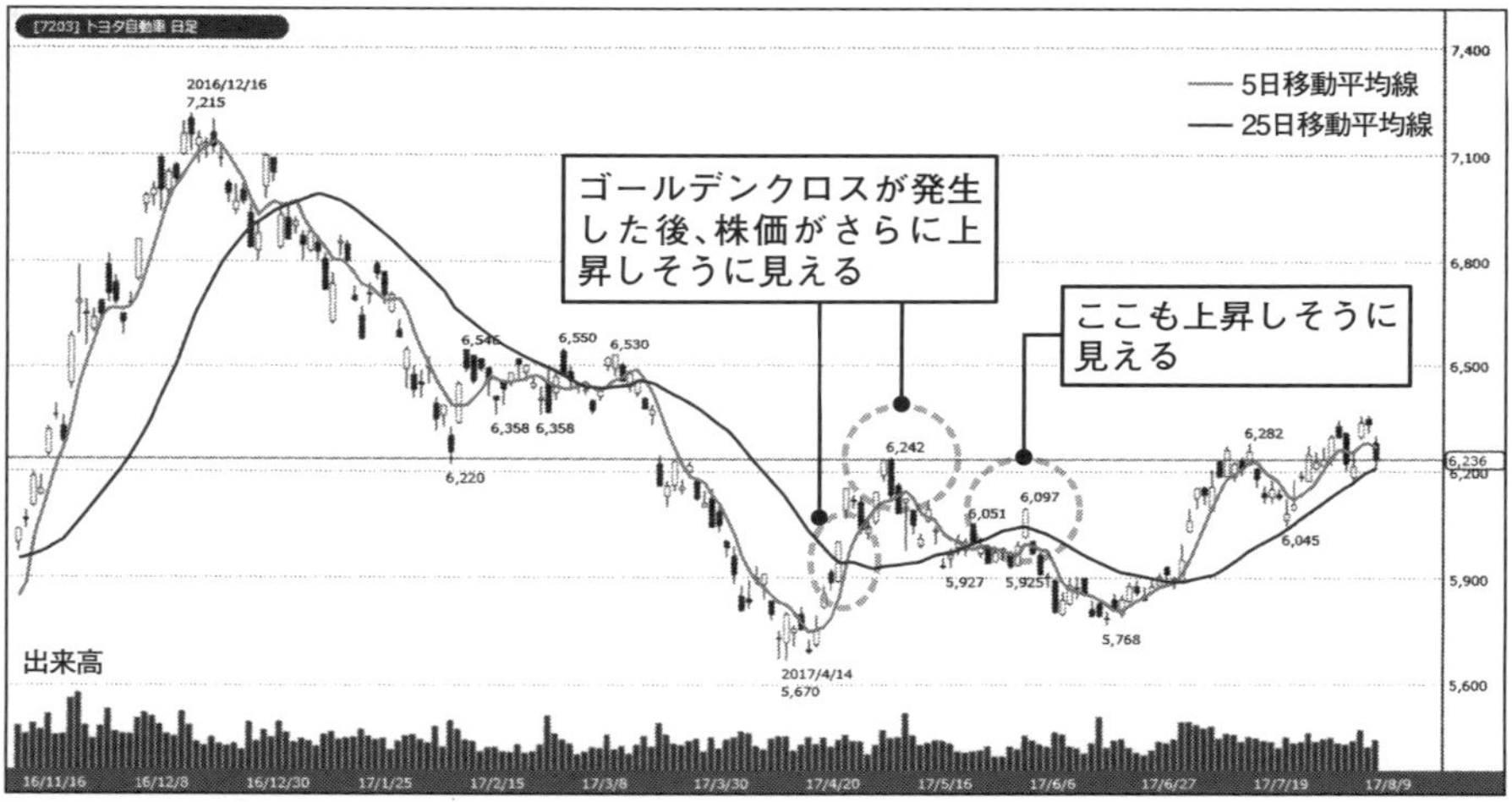

[2-8] 75日移動平均線の追加で今後の抵抗が予測できる

トヨタ自動車(7203)の日足チャートと移動平均線(5日、25日、75日)

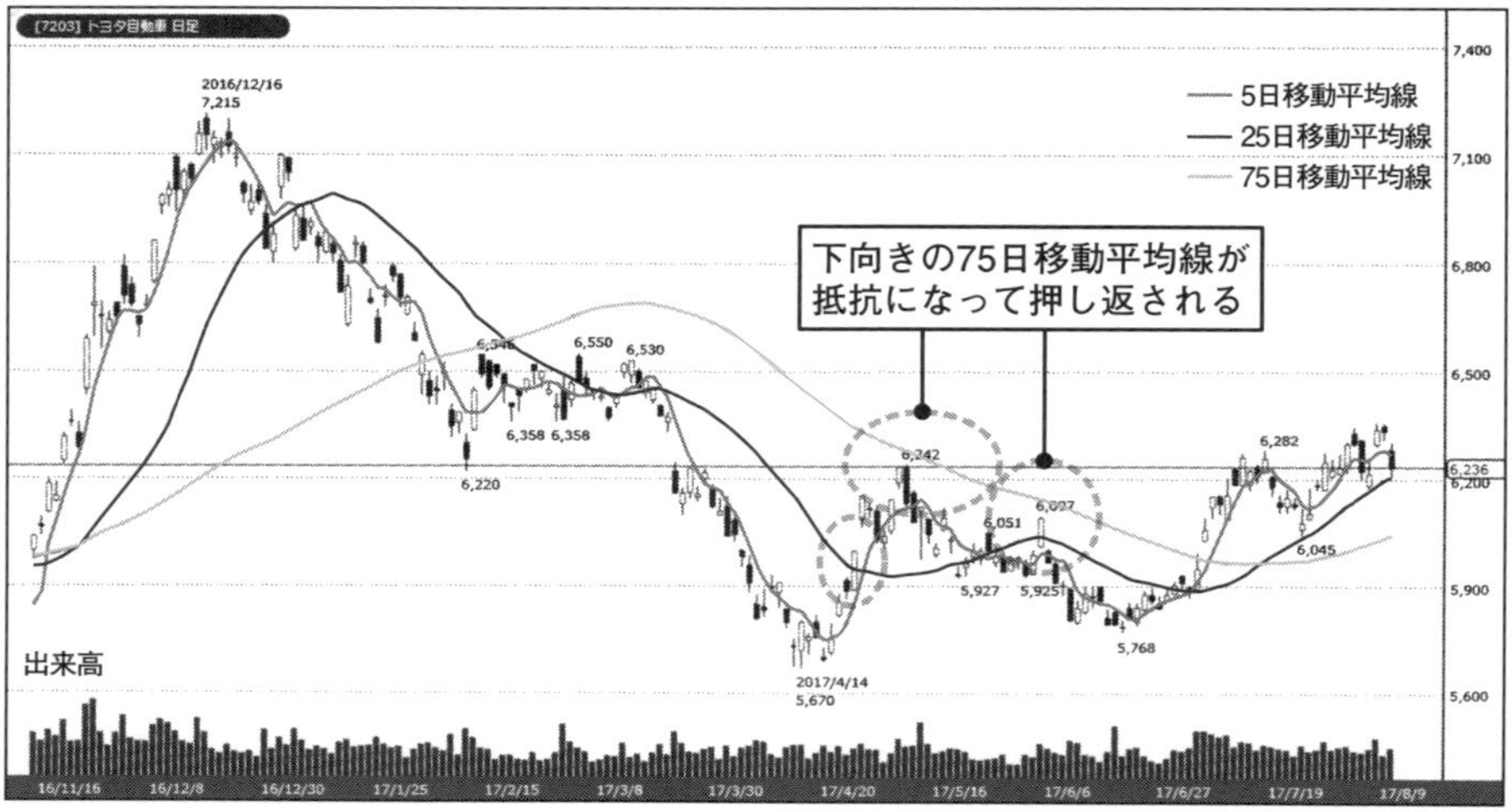

09 さらに200日移動平均線を表示するとどうなるか

見えなかった「壁」が見えてくる

移動平均線の活用法の最後に、**200日移動平均線**についても確認しておきましょう。

200日移動平均線を表示することで、5日、25日、75日の各移動平均線だけでは見えなかった「壁」が見えてきます。

チャート［2-9］のマル囲みは、いずれも200日移動平均線に上値を押さえられたり、保ち合いになったりした場面です。下落局面からの戻りの過程では、短い期間の移動平均線から長い期間の移動平均線へ順番に向きが変わります。そのため、**株価が大きく下落して5日移動平均線から75日移動平均線までが下向きに変化した後の反発局面では200日移動平均線もチェック**する必要があります。

できれば4本の移動平均線を使いこなす

ここまで移動平均線の特徴を踏まえながら失敗を減らすための使い方を説明してきました。普段、何気なく見ている**移動平均線の一本一本に意味**があり、**それぞれの移動平均線が投資判断に影響を与える**ことがお

［2-9］200日移動平均線で「壁」が見えてくる

トヨタ自動車（7203）の日足チャートと移動平均線（200日）

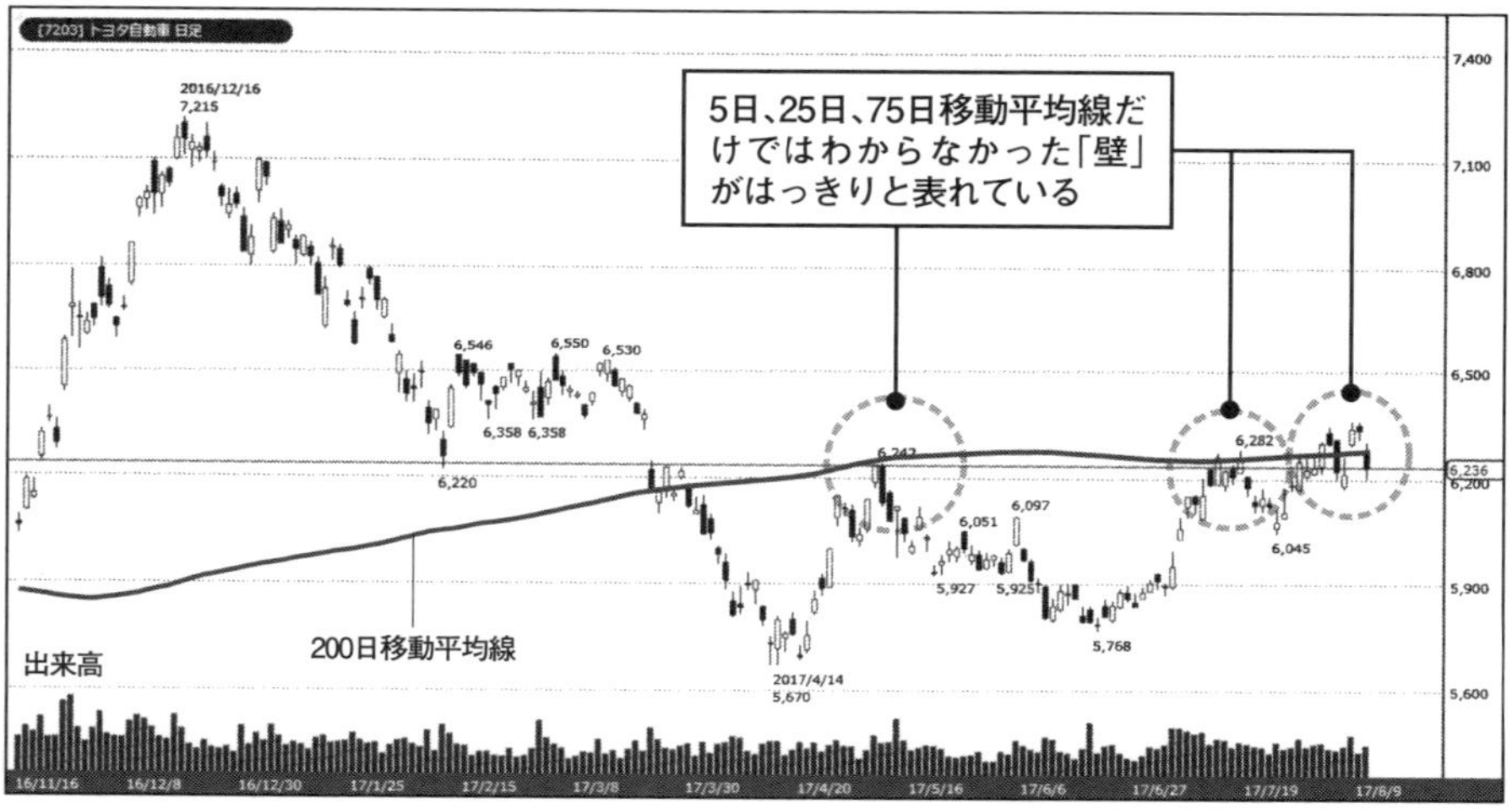

わかりいただけたのではないかと思います。

前述のように、移動平均線の向きに基づいて、近い将来の株価動向を考えることが本来の使い方です。ゴールデンクロスやデッドクロスだけで売買タイミングをはかるものではないということはくれぐれも覚えておきましょう。

移動平均線を実際の売買に活用するのであれば、5日、25日、75日と最低でも３本、できれば２００日も含めた４本と数を増やしていきます。それによって、短期から中長期までのトレンドが把握でき、見えない「壁」やサポートを発見できます。

そして、それを見つけたらどのように売買判断を行うかを訓練しておけば、点灯した売買シグナルと実際の売買の結果で生じるミスマッチが減るはずです。

10 MACDはトレンドと売買タイミングの両方がわかる優れもの

トレンド系のテクニカル指標で次に覚えておきたいのが**MACD**です。

MACDとは、米国のテクニカルアナリスト、ジェラルド・アペルが考案したテクニカル指標で、一般的には「マックディー」と呼ばれています。**トレンドを教えてくれると同時に売買タイミングも教えてくれる優れもの**です。使い方次第でトレードにおける売りや買いのポジションづくりなどにも活用することができます。

本章ではMACDを用いたトレンド分析について解説し、次章のオシレーター系のテクニカル指標ではMACDを用いた売買タイミングの判断について解説していきます。

直近の値動きにより大きく反応する

MACDは、「Moving Average Convergence Divergence」の頭文字をとったもので、**MACDとその単純移動平均線であるシグナル線の2本**からつくられています。

日本語では「指数平滑移動平均収束発散法」などと呼ばれますが、この名称からもわかるように、ローソク足チャートと一緒に描かれている移動平均線（単純移動平均線）ではなく、**指数平滑移動平均線**（EMA、以下、平滑移動平均線）を用いているのが大きな特徴です。

［2-10］MACDはトレンドを教えてくれる

日産自動車（7201）の日足チャートとMACD

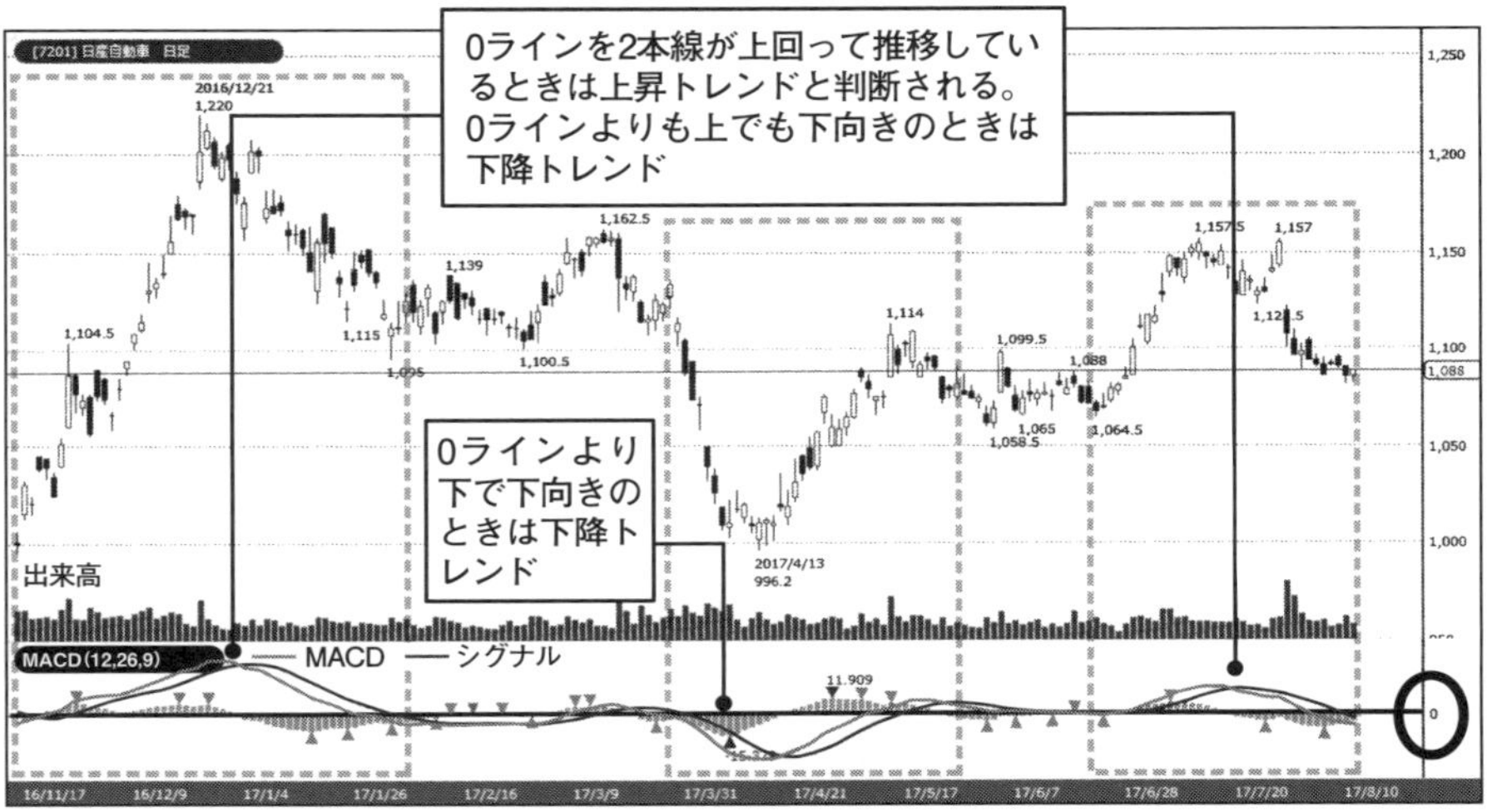

平滑移動平均線とは、**直近の値によりウエイトをかけた移動平均線**で、計算式は次の通りです。

【平滑移動平均線の考え方
（Nは日、5日移動平均線の場合）】
（N1＋N2＋N3＋N4＋N5×2）÷6日

単純移動平均線の場合、5日間すべてのウエイトが文字通り平均化されるため、N5（5日目）となる直近で大きく動いても、移動平均線の動きは鈍くなります。一方、平滑移動平均線の考え方では、直近日の株価のウエイトを2倍にして計算します。

このため、単純移動平均線だと、（1＋2＋3＋4＋5）÷5＝3ですが、平滑移動平均線ならば、（1＋2＋3＋4＋5×2）÷6＝3・33となります。単純移動平均線と比較すると、0・33の違いですが、直近の値動きに、より大きく反応することになるため、**足元で急激な変動が生じたときに単純移動平均線よりもその変化が早くわかる**というメリットがあります。

それでは、仏ルノー傘下の自動車大手、日産自動車（7201）のチャート［2－10］でMACDを確認してみましょう。上段がローソク足、下段がMACDです。

MACDは単純移動平均線のようにローソク足チャートなどと重ねて表示されることがなく、通常、下段に表示されます。このため、抵抗やサポートになったりするところがよくわかりません。MACDは抵抗やサポートで売買タイミングをはかるのではなく、むしろトレンドの判断がベースとなった売買の判断を教えてくれるのが大きな特徴なのです。

「0ライン」を中心に考える

では、MACDを見てどのようにトレンドを判断すればよいのでしょうか。

MACDではチャート上の中央に横線で引かれている「0ライン」を中心に、このラインの上に位置しているか、下に位置しているかでトレンドを判断します。

0ラインより上＝上昇トレンド

0ラインより下＝下降トレンド

0ラインより上にあっても上向きか下向きかで、トレンドの判断が微妙に変わります。

11 MACDの「0ライン」はトレンド判断の分かれ目

0ラインよりも上に位置していると、なぜ上昇トレンドと判断されるのか。下に位置していると、どうして下降トレンドと判断されるのか。

その疑問を解くカギは計算式に隠されています。

先に述べたように、MACDはMACDとその移動平均線であるシグナル線の2本からつくられています。MACDそのものの計算式は、「MACD＝12日EMA－26日EMA」です。

MACD1本の線を描くために、2本のEMA（平滑移動平均線）が使われているというわけです。これが実は、トレンド判断に関する疑問を解くカギです。

話を単純化するため、12日EMAを短期の移動平均線、26日EMAを中期の移動平均線とします。

短期の移動平均線と中期の移動平均線の関係をトレンドという観点から考えてみましょう。上昇トレンドを形成しているとき、株価と短期、中期の移動平均線の位置関係はどうなっているか。チャートで確認してみます。

チャート［2－11］は鉄鋼2位のジェイ エフ イー ホールディングス（5411）のローソク足、5日移動平均線、25日移動平均線、75日移動平均線です。

点線のマルで囲んだ部分が4つあります。このうち、右端のマルを見てみましょう。この部分はすべての移動平均線が上向きで株価も高値を更新していることから上昇トレンドを形成していると考えられます。

［2-11］株価と移動平均線の位置関係を検証

JFEHD（5411）の日足チャートと移動平均線（5日、25日、75日）

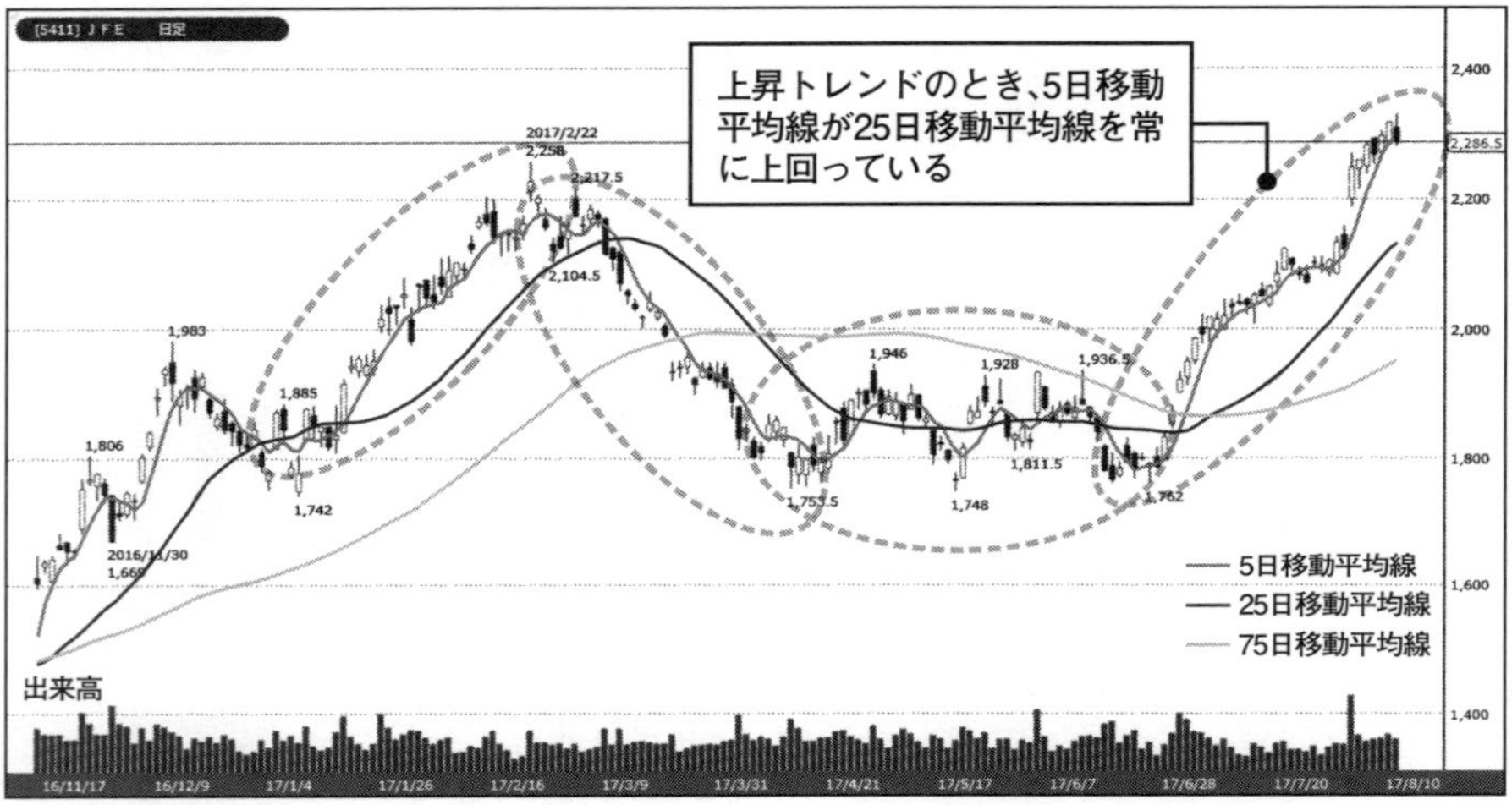

この期間（２０１７年6月29日〜8月10日）の短期の移動平均線である5日移動平均線が、中期の移動平均線となる25日移動平均線を一貫して上回っていることがわかります。上昇トレンドが続いているうちはこうした状態が続いています。

一方で、下降トレンドの間は上昇トレンドと逆に、短期の移動平均線が中期の移動平均線を常に下回っているのがわかります。これをＭＡＣＤの計算式に当てはめると次のようになります。

【上昇トレンドの例】
短期の移動平均線の値－中期の移動平均線の値
＝常にプラス

【下降トレンドの例】
短期の移動平均線の値－中期の移動平均線の値
＝常にマイナス

ＭＡＣＤは「短期の移動平均線の値－中期の移動平均線の値」がプラスの場合には常に0ラインを上回っているため、「上昇トレンド」と判断できます。

逆に0ラインを下回っている間は「下降トレンド」となります。0ラインを上回ってきたところから上昇トレンド入りしたと考えることもできますし、0ラインを下回ってくれば下降トレンド入りと見ることも可能です。

「シグナル」は9日平均が一般的

実際のテクニカル分析ではMACDの単純移動平均線を併用します。前述のように、これを「シグナル」（シグナル線）と呼びます。**MACDのシグナルには9日平均を使うのが一般的**です。

シグナルを併用する理由はMACDとシグナルのクロスで売買判断を行うためです。

MACDを使った失敗しないトレード戦略は、**0ラインよりも上でかつ上向きのときには売り控えが賢明。信用取引などを使ったカラ売りは、踏み上げられる可能性もあるので厳禁、というのが基本**です。

一方、**0ラインよりも下でかつ下向きで推移しているときには、買いを控える**必要があります。

12 MACDを使った総合的な売買判断

この考え方を実際にMACDで確認していきましょう。

チャート［2－12］は同じくジェイ エフ イー ホールディングス（5411）のローソク足（上段）とMACD（下段）です。

左端の枠では、MACDが0ラインよりも上で、かつ上向きで推移しており、この間は上昇トレンドが発生していると考えて売りを控えます。

真ん中の枠を見ると、MACDが0ラインを割り込んで下向きで推移しており、この間は株価も下落基調が続いているため、ここでのリバウンド狙いの買いは控える必要があることがわかります。

右端の枠では、MACDが上昇を続けているうちは、株価も上昇基調が続いています。これは、MACDが一旦下向きになった後でも0ラインよりも高い水準を維持する中、再び上向きに変化しており、0ラインの上でカラ売りしても、再上昇した場合には踏み上げられる可能性があることを示唆しています。

まとめると、

【MACDが0ラインよりも上に位置している場合】

①MACDが上向きのときには、上昇トレンドが続いていると考えられることから売りは控える

②MACDが上向きから横ばいや下向きに変化した場合でも、再び上向きに戻った場合は買い戻し

［2-12］MACDで読み解くトレンド

JFEHD（5411）の日足チャートとMACD

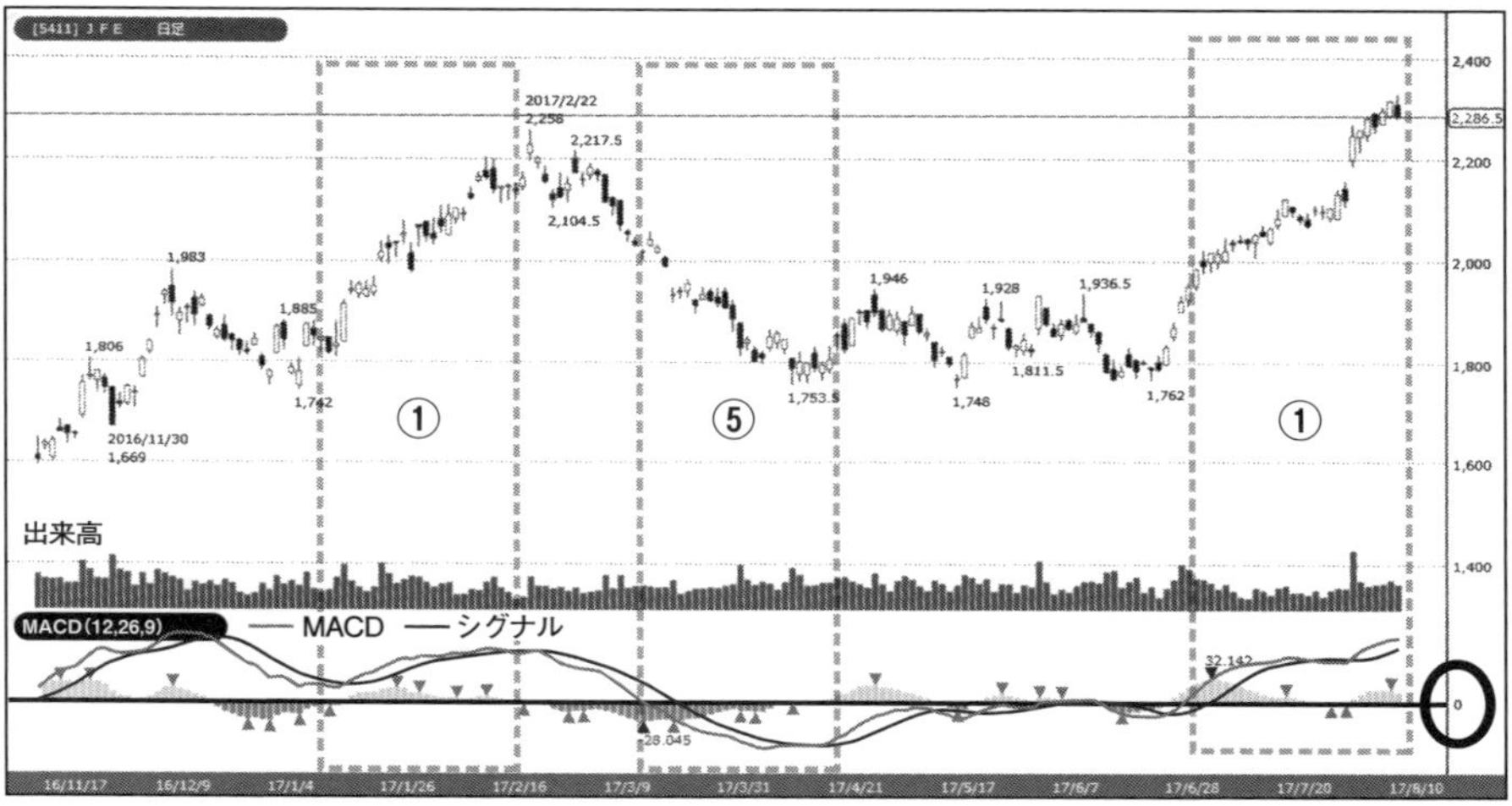

③ＭＡＣＤが横ばいや下向きから再び上向きに変化した場合は買いエントリー

④ＭＡＣＤが下向きのときには利益確定を優先させ、押し目買いは控える

【ＭＡＣＤが０ラインよりも下に位置している場合】

⑤ＭＡＣＤが下向きのときには、下降トレンドが続いていると考えられることから買いは控える

⑥ＭＡＣＤが下向きから横ばいや上向きに変化した場合でも、再び下向きに戻った場合は売り

⑦ＭＡＣＤが横ばいや上向きから再び下向きに変化した場合は売りエントリー（カラ売り）

⑧ＭＡＣＤが上向きのときには買い戻しを優先させるか、ポジションの一部で買うなど打診買い

13 MACDの弱点は方向感がないとき

ここまでは、MACDを使ったトレンド分析と売買判断について説明しました。MACDを使ったことがある人ならば、失敗を避けるためにもう1点、**重要なトレンド判断**があるのをご存じでしょう。それは、**MACDが0ライン近辺で方向感のない動きをするとき**です。

実際のチャートで確認しましょう。

チャート［2-13］は、同じくジェイ エフ イー ホールディングス（5411）のローソク足（上段）とMACD（下段）です。

四角い枠で囲んだ部分が、トレンド判断の難しいところです。MACDが0ラインに接近しているものの上回ることができずに推移しているのがわかります。ただ、下向きにもなっていないため、トレンド判断がしにくいわけです。

横ばい状態だと、MACDはトレンド判断に役立たないという「弱み」があるのです。これは何もMACDに限ったことではなく、**トレンド系テクニカル指標すべてに通じる弱点**といえるでしょう。

そのため、こうした局面では、MACDと、MACDの移動平均線「シグナル」の2本がいずれも0ラインを上回ったり、下回ったりするなど**トレンドがはっきりするまで売買を行わない**ことが肝心です。

ここまで移動平均線とMACDなどトレンドを教えてくれるテクニカル指標の「失敗しない使い方」につ

[2-13] MACDが横ばい状態のときは売買を控える

JFEHD(5411)の日足チャートとMACD

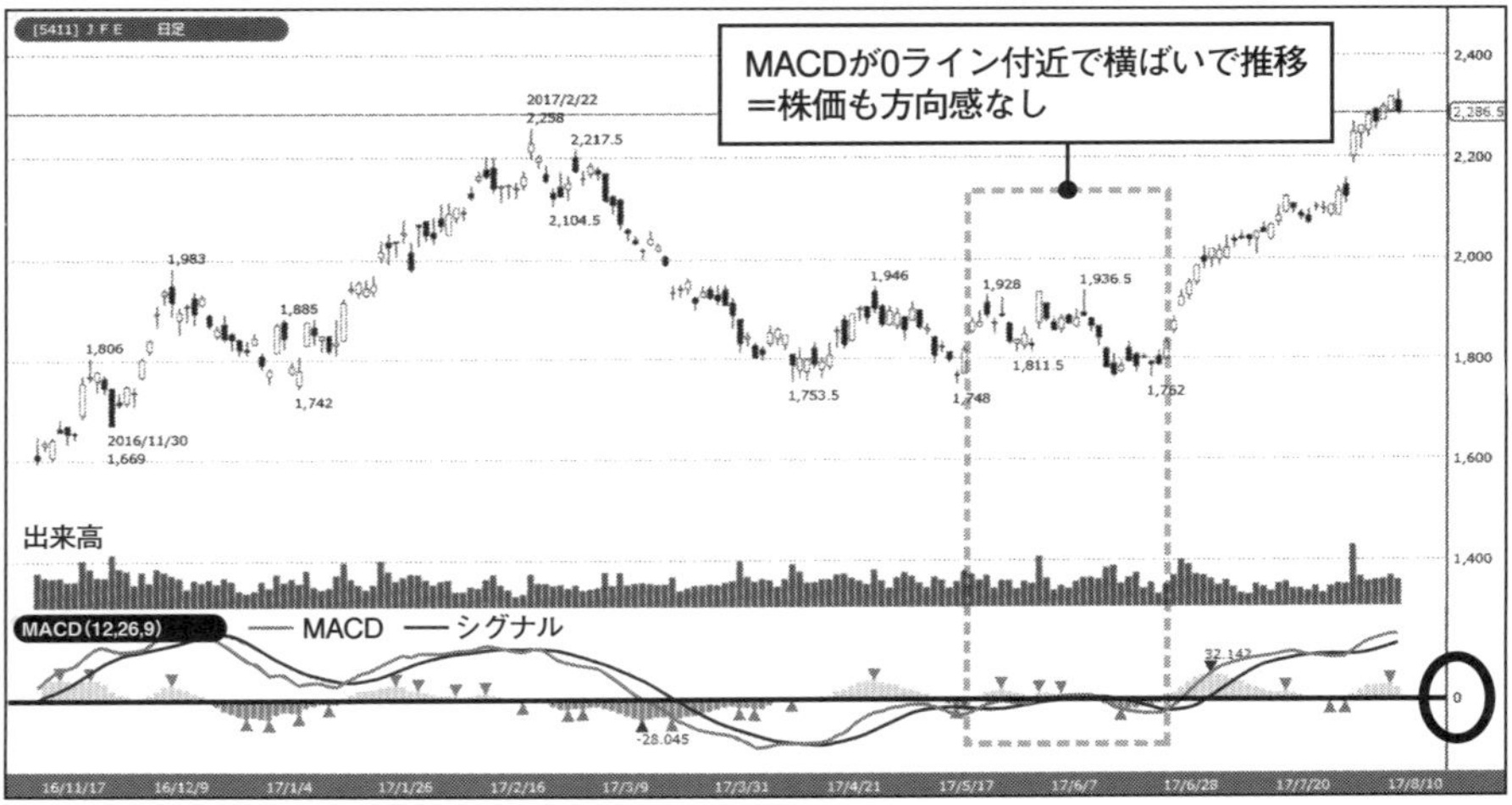

いて紹介してきました。

トレンドの判断には、単純に高値や安値を終値で更新するかだけでなく、移動平均線の向きなど、ローソク足と重ねて表示することで判断するものもあれば、MACDのようにローソク足などと上下に表示して比較しながらトレンドを判断するものもあります。

慣れない間は上下で比較してトレンドの判断をするのは難しいかもしれませんが、成功確率を上げるためには、**上下の表示によるトレンド判断はなくてはならないもの**です。ぜひ慣れるようにしてください。

次章では、オシレーター系のテクニカル指標について説明します。

第3章

成功確率が上がる！オシレーター系指標の使い方

TECHNICAL ANALYSIS

01 RSI、モメンタム、MACDを押さえる

オシレーター系指標のオシレーター（oscillator）とは英語で「揺れ動くもの」を意味します。その上下に揺れ動く様子からオシレーター系と名付けられており、**トレンドと関係なく、**株価の上昇局面では「買われ過ぎ」、下落局面では「売られ過ぎ」といった**売買判断に必要なシグナルを点灯**させます。

オシレーター系のテクニカル指標も、トレンド系と同様にさまざまな種類があります。上昇や下落の値幅、価格水準に注目したものもあれば、上昇や下落の勢いに注目したもの、前述のＭＡＣＤのように平滑移動平均線（ＥＭＡ）を活用して売買タイミングをはかるものもあります。

オシレーター系指標もトレンド系の指標と同じく、**「よく知られている、わかりやすい、一般的」なもの**を中心に解説しますので、その中から自分が使いやすいものを選ぶとよいでしょう。

オシレーター系のテクニカル指標の絞り込みの基準として、第2章で挙げた一般的なトレンド系指標を選ぶ理由とそのメリットに2項目を付け加えてみました。［３－１］の6と7が追加項目です。

これらの条件を満たすオシレーター系指標は**ＲＳＩ、モメンタム、ＭＡＣＤ**の３つです。

本章ではこの３つに絞って上手な使い方を説明しましょう。

6の「売買シグナルの頻発」ですが、売買のシグナルの点灯が増えるとその分「ダマシ」も多くなります。

ただ、7で挙げたように、仮に売買シグナルが頻発しても、頻発したシグナルが「ダマシ」であるかどう

［3-1］一般的な指標に絞る理由とメリット（オシレーター系指標）

	理由	そのメリット
1	誰でも見ることができる	見ている人が多く、汎用性が高い
2	判断がシンプルである	感情などが入りにくく、単純に判断できる
3	再現性がある	同じ条件下で利用すれば、 同じ結果になる
4	指標の成り立ちがシンプルである	複雑な計算式を使わず、 考え方がわかりやすい
5	パラメーターを変更することができる	銘柄や局面ごとに最適化できる
6	売買シグナルが頻発しない	頻発するとシグナルの信憑性が 低下する
7	売買シグナルが頻発しても避ける方法がある	頻発する理由がはっきりしていれば 回避できる

かを見抜いて回避することができれば、成果も上がるはずです。

次項以降、こうした条件を満たすオシレーター系のテクニカル指標――ＲＳＩ、モメンタム、ＭＡＣＤを検証していきます。

02 ＲＳＩで感覚的な判断を排除する

「70％以上」は買われ過ぎ

ＲＳＩ（Relative Strength Index）はもっとも有名なオシレーター系のテクニカル指標といえるでしょう。**株価の一定期間の「値幅」をもとに、「買われ過ぎ」や「売られ過ぎ」の局面を見極めようとする**ものです。「買われ過ぎ」や「売られ過ぎ」といった認識は人によってバラバラです。「どんどん上がる」と考える人もいれば、「どんどん下がる」と悲観的な見方をする人もいるはずです。

そうしたつい感覚的な判断になってしまうところを**数値化し、客観性**を持たせようとしたのがＲＳＩです。

具体的には、直近Ｎ日の間で動いた値幅に対する上昇した値幅の割合を示しています。**０％から１００％の範囲で推移**しますが、この振れ方が上下に動く振り子のような形状を示していることがオシレーター系指標と呼ばれる所以です。

第１章でも触れたように通常、**ＲＳＩは70％以上に達すると「買われ過ぎ」（売り）、30％以下は「売られ過ぎ」（買い）**を意味します。

【RSIの計算式】
上昇した値幅÷（上昇した値幅＋下落した値幅＝「上下に動いた値幅の合計」）×100

たとえば、14日間のうち、値上がり幅が100円で値下がり幅が0円だったとしましょう。「RSI＝100円÷（100円＋0円）×100＝100％」で、100円という値上がり幅に対して、「買われ過ぎ」の状態にあることが客観的に示されます。

一方で、100円値上がりしたものの25円値下がりした場合はどうでしょう。皆さんは「買われ過ぎ」と判断しますか。それとも……？

RSIを使ってみると、次のようになります。「100円÷（100円＋25円）×100＝80％」。RSIでは「買われ過ぎ」の水準まで上昇しているのがわかるでしょう。

それでは、実際のチャートで確認してみましょう。［3－2］は世界的電機メーカーのソニー（6758）で、上段はローソク足、下段はRSIです。

ピークアウトに着目する

先に述べたように、一般的にRSIでは70％を超えたら買われ過ぎとされますが、実際にはこの水準を超えても上昇を続けるケースもあれば、売られ過ぎとされる30％を割り込んだ後もさらに下落を続けるパターンもあります。

売買判断において重要なのはRSIのピークアウトです。ピークアウトとは、70％を超えて上昇が続いた後、RSIが反転して低下する状況を指します。

［3-2］実際にRSIで売買タイミングを検証

ソニー（6758）の日足チャートとRSI（14日）

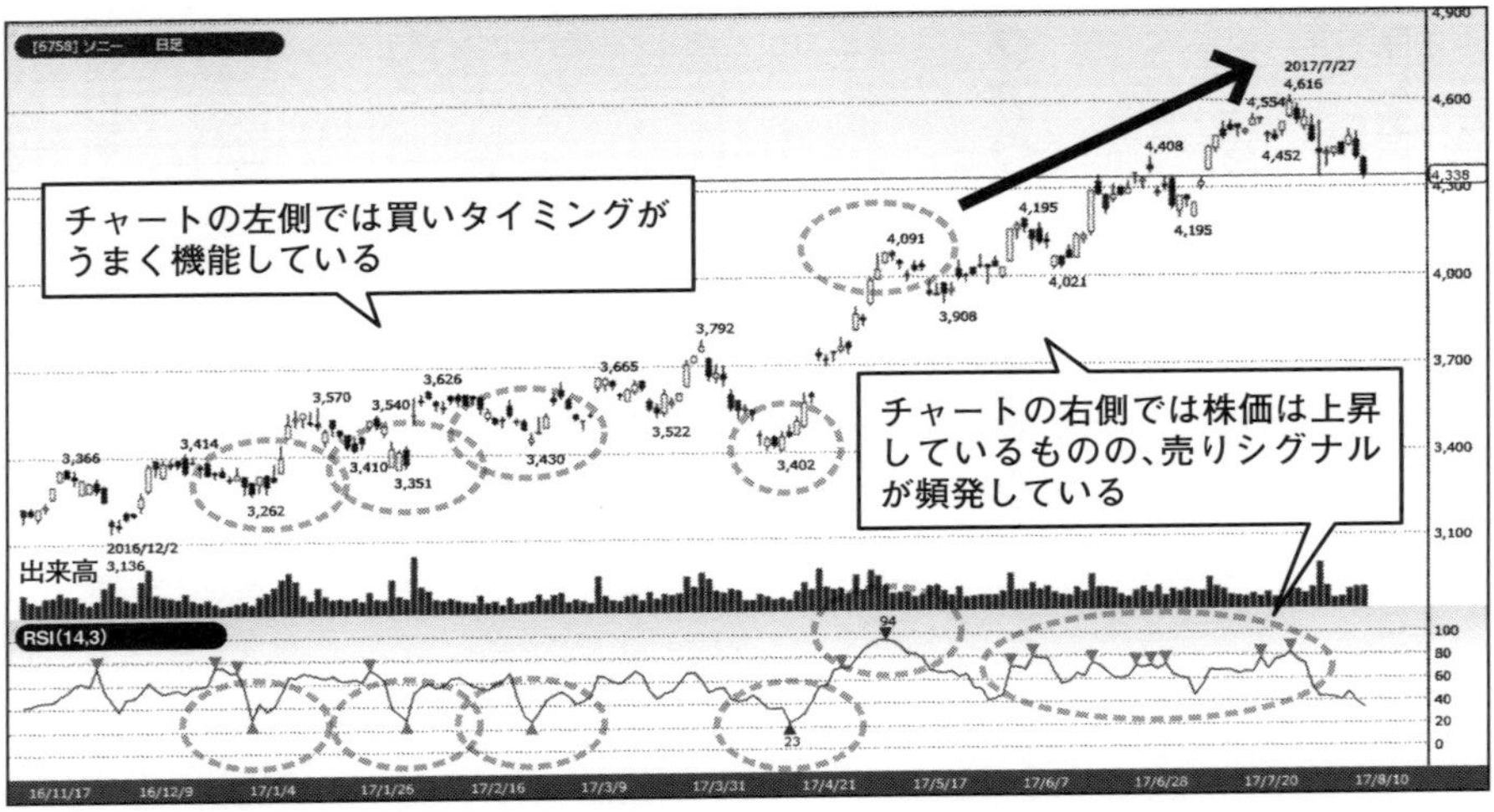

ピークアウトに注目することができれば、売り急いだ結果、さらなる儲けをみすみす逃してしまうことや、売りそびれなどを防ぐことができると考えられます。私はそのピークの部分に「三角印」をつけることにしました。独自に考案したもので、「注意喚起シグナル」と呼んでいます（特許取得済み）。RSIが70％以上でピークアウトしたところで反転すると、シグナルが表示されるようになっているものです。

チャート［3－2］の下段に示した下向きの「▼」が「売り」のタイミングを示す「売り注意喚起シグナル」で、上向きの「▲」が「買い」のタイミングを示す「買い注意喚起シグナル」です。

もちろんこうしたシグナルは100％確実ではありませんが、株価の一時的な天井を示すのには十分機能しており、一般的な売買シグナルよりも早く売買タイミングがわかるのではないかと考えています。

機動的に対象期間を調整

上段のローソク足と下段のＲＳＩを併せて見ると、チャートの左側ではＲＳＩは株価とほぼ連動して上昇したり下落したりしており、買いシグナルの合致している場面が多く見られます。ＲＳＩがうまく売買タイミングをはかるのに機能しているといえます。

一方、チャートの右側では、株価は上昇しているのに売りシグナルが頻発、買いシグナルがまったく発生していません。こうした**値動きとシグナルの不一致**がＲＳＩを使用した売買での失敗をもたらす原因になることが多いのです。

そこで、ＲＳＩを使うときに利用したいのが、**「フィッティング（期間調整）」**です。

ＲＳＩなどオシレーター系指標には売買タイミングをピンポイントで教えてくれる一方、**期間の取り方次第で売買タイミングが異なるという弱点**があります。個別銘柄の売買タイミングをはかる際にはフィッティングを行うのが成功への近道と考えられます。

次の項目でフィッティングの具体例を見ていきます。

03

RSIは「フィッティング(期間調整)」で勝率アップ

1日単位で調整していく

チャート［3－2］では**RSIの期間を14日に設定**していましたが、これを**11日に変更**したのがチャート［3－3］です。

期間の設定を変える際には**売買タイミングが前後どちらにズレているかに着目**します。このケースでは売買シグナル点灯のタイミングが遅れているので期間を短くします。逆にシグナル発生のタイミングが早いときには、期間を長くするのがポイントです。

フィッティング後のチャートを見ると、下段のRSIは上段のローソク足とほぼ連動して上昇したり下落したりしており、14日の期間で表示していたときには遅れていた売りシグナルが、ほとんどのケースでピッタリと合っているのがわかるでしょう。

このようにフィッティングを行うことで売買タイミングのズレを解消すれば、パフォーマンスの向上につながると考えられます。

期間変更の考え方ですが、短くする場合も長くする場合も1日ずつ徐々に変えていき、**株価の動きと売買シグナルが合致したところでストップ**します。

［3-3］14日→11日にRSIの期間を変更
ソニー（6758）の日足チャートとRSI（11日）

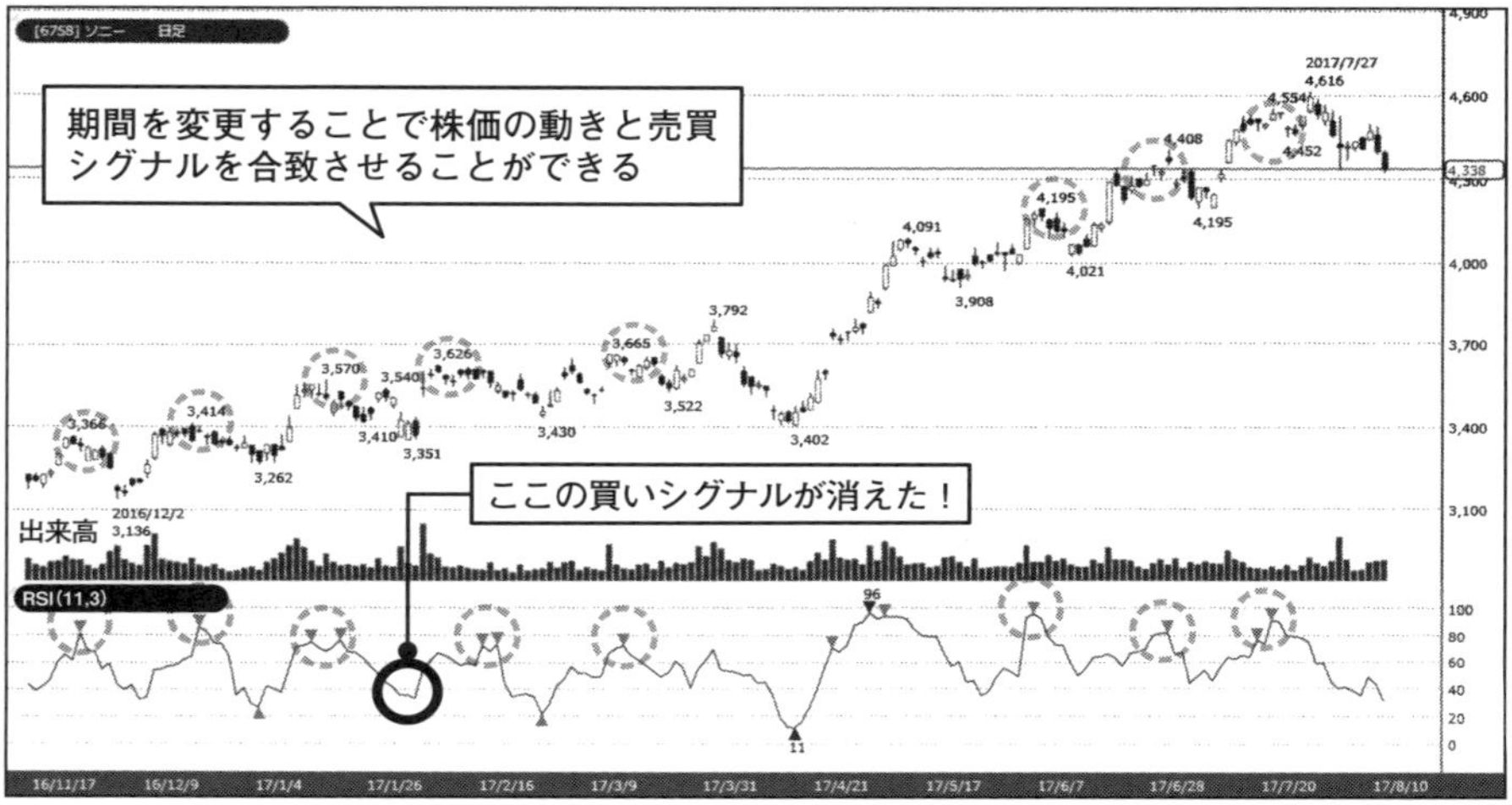
[6758] ソニー　日足
期間を変更することで株価の動きと売買シグナルを合致させることができる
ここの買いシグナルが消えた！
出来高
RSI(11,3)

売買シグナルが消えた？

下段の太線のマルを見てください。期間を短くしたことで、チャート［3－2］に出現していた買いシグナルがひとつ消えてしまいました。このようなときはどのように対応すればよいのでしょうか。

期間を何度も変えると、信頼性が高いと見られる売買タイミングを見失ってしまうことになりかねません。

このような場合にも対処法はあります。

それが次項で説明するＲＳＩの「50％ライン」です。

04 ＲＳＩの「50％ライン」に着目

チャート［3－4］を見てください。［3－3］と同じものですが、ＲＳＩの50％の部分に線を引いてみました。この**「50％ライン」**が売買判断の重要なポイントです。同時に売買シグナルが消えた際の対処法でもあるのです。**50％を上回ったり、下回ったりしたところが売買タイミング**です。

50％ラインは買われ過ぎ（70％以上）と売られ過ぎ（30％以下）の中間の水準。株価がどちらの方向に傾くかで、買いが強まっているのか、売りが強まっているのかを判断します。（なお、50％ラインはＲＳＩと並んでよく利用されるオシレーター系の指標「ストキャスティクス」においても売買判断の重要なポイントとなります。ストキャスティクスに関しては第5章で紹介します）。

先ほどＲＳＩの期間を11日と短くしたことで買いシグナルがひとつ消えてしまいました（［3－3］参照）。しかし、50％ラインに着目し、売られ過ぎとなる30％の水準まで下落しなくとも、50％を上回ったところでエントリーする（注文を出す）。ここでは50％を上回ったので買い注文を出す、一方で50％を下回ったときは売り注文を出す）ことで、売買シグナルの消失をカバーできます（下段の左側の実線のマル囲み部分）。

このように50％ラインに着目することで、中央より右側にも**新しい売買タイミングが3カ所発生**しているのがわかります（下段右側の点線のマル囲み部分）。従来の14日間で設定されたＲＳＩだと、売ってしまった後は買いシグナルが発生せず上昇についていくことができませんでした（［3－2］参照）。しかし、ここで50％ラインを上回ったら買い、とすることで、買いシグナルがきれいに発生しているのがわかります。

[3-4]「50%ライン」が売買判断のポイント

ソニー(6758)の日足チャートとRSI(11日)

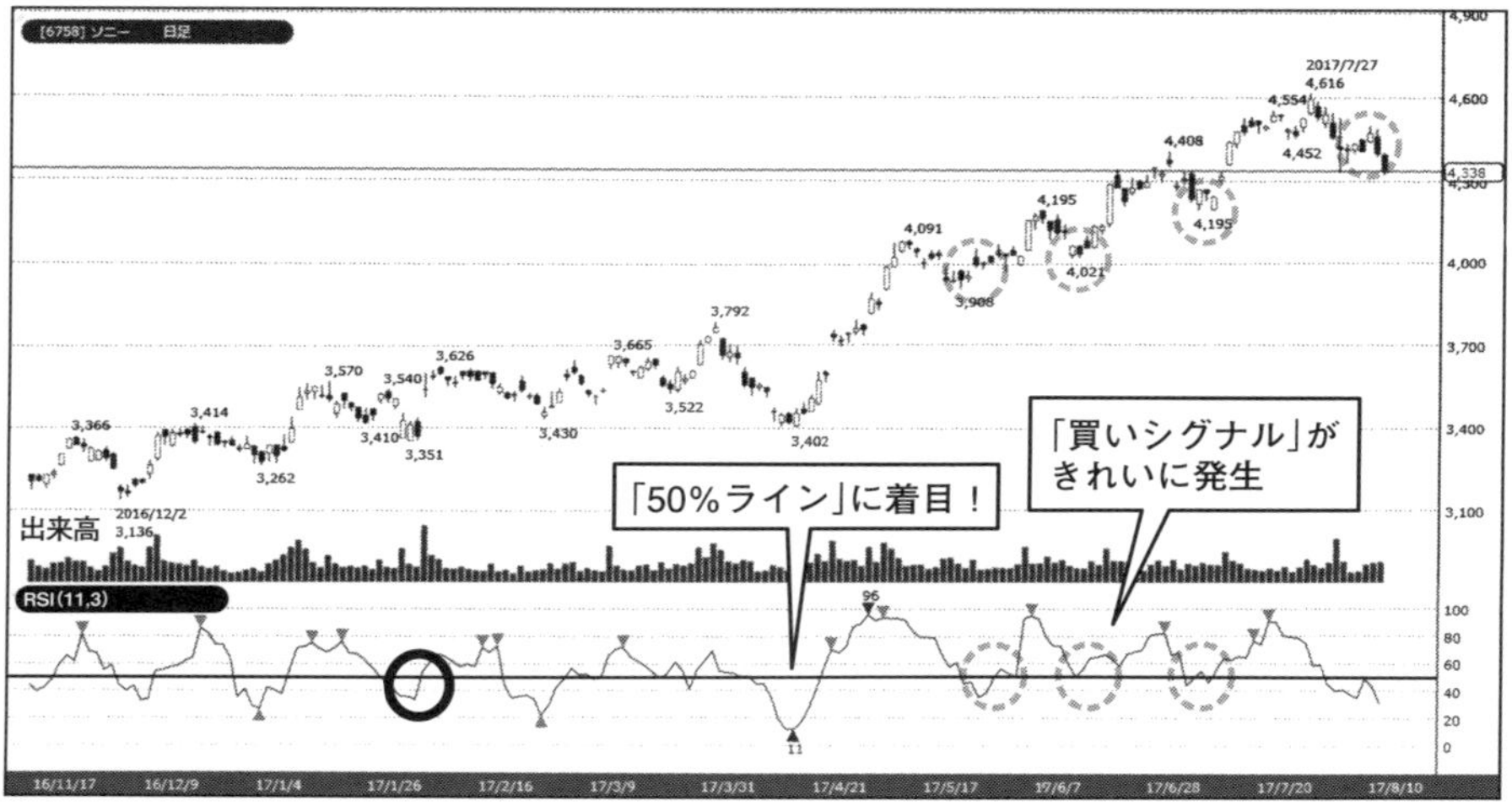

ボックス相場では有効だが……

ただし、ＲＳＩのフィッティングには注意点もあります。それは単に期間を短くすればいいというものではないということです。紹介した例もあくまで過去の検証に過ぎません。だからこそ、上手にフィットさせることができましたが、実際のトレードではリアルタイムで期間を選択・調整する必要があります。

期間を選ぶ際、カギになるのはトレンドです。ＲＳＩは株価が上下の一定レンジで動くときには有効ですが、いざトレンドが発生した途端、今回の例のように、売買シグナルの点灯が遅れたり、発生しなかったりすることがあるのです。そのため、値動きと売買シグナルにズレを感じたら、修正が必要と考え、フィッティングすることを思い出してください。

ＲＳＩのこうした弱みを補うにはどうすればいいのかは第４章で詳しく解説していきます。

05 モメンタムは上昇や下落の勢いを示す

一定期間前の終値と当日の終値を比較する

続いて紹介するのが**モメンタム**です。モメンタム（momentum）とは「はずみ、勢い」を意味する単語で、文字通り、**上昇や下落の勢いを教えてくれる指標**です。

売買タイミングを示すものとはやや意味合いが異なるかもしれませんが、それでもぜひ押さえておきたいオシレーター系の指標です。

モメンタムを知ることで、トレンド分析で示された**トレンドに乗っていいのか、見送ったほうがいいのかなどの判断**に役立てることができます。

モメンタムの考え方はＲＳＩに似ています。ＲＳＩは値幅をもとに上昇の勢いを示し、水準によって「買われ過ぎ」あるいは「売られ過ぎ」かどうかを判断するのに対し、モメンタムは上昇した値幅の合計ではなく、一定期間前（Ｎ日前）の終値と当日の終値を比較し、その差分をグラフ化したものです。計算式は次の通りです。

モメンタム＝当日の終値－Ｎ日前の終値

［3-5］モメンタムは上昇や下落の勢いを教えてくれる

日経平均株価（日足）

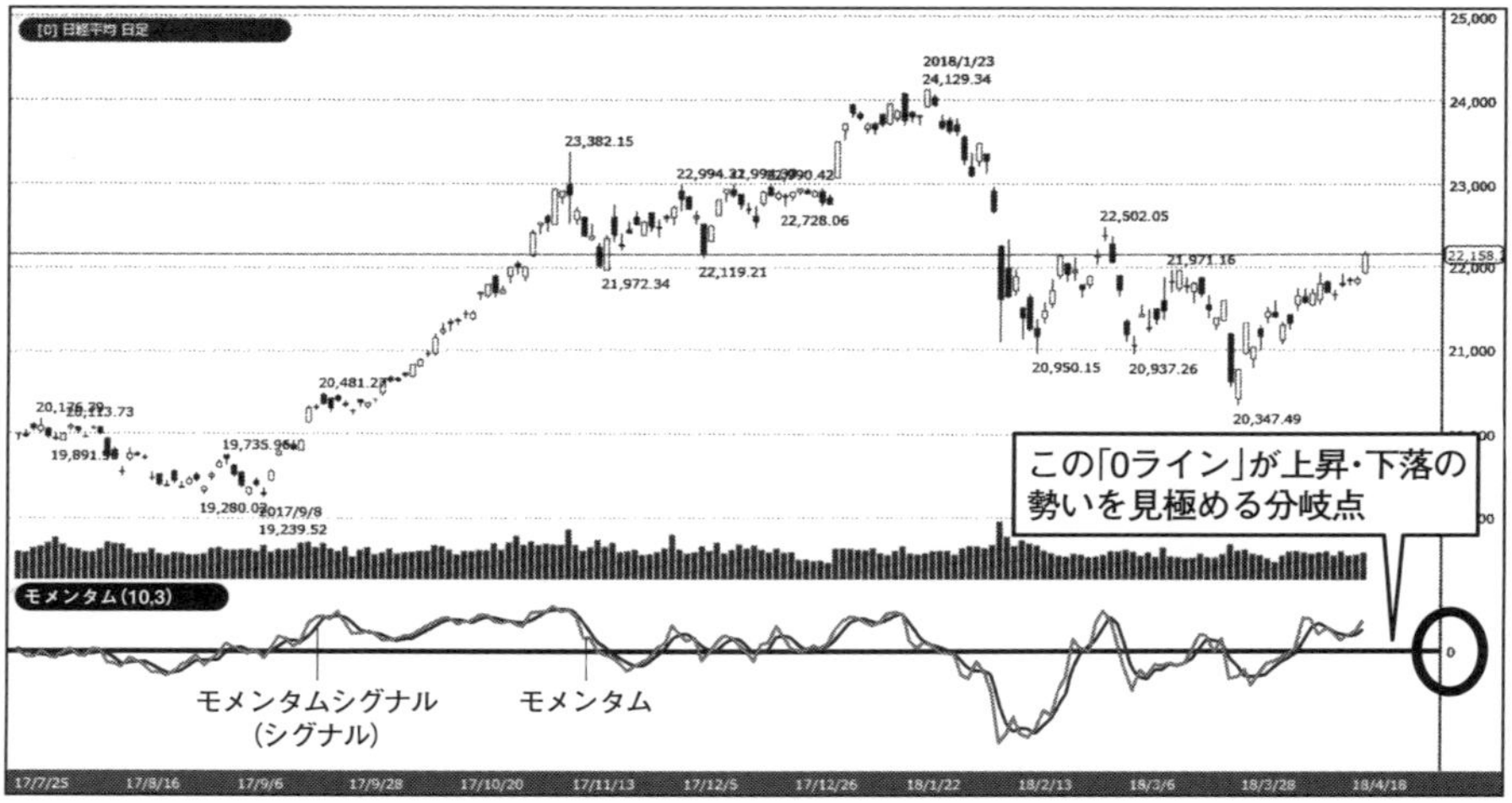

モメンタムでは通常、計算の際に10日前の終値と当日の終値を比較します。

たとえば、10日前の終値が５００円、当日の終値が５５０円だった場合、10日前の終値と当日の終値の価格差である50円分がモメンタムとなります。10日前の終値が５００円で、当日の終値が４５０円だった場合、当日の終値のほうが50円安いので、モメンタムはマイナス50円分。こうして10日前の終値を単に差し引くだけです。

これを、移動平均線のように、毎日1日ずつ移動しながら計算して、日々算出されるモメンタムの数値をグラフ化します。そうして上昇の勢いが優勢（＝プラス）と判断したり、下落の勢いが優勢（＝マイナス）と判断したりするわけです。実際のモメンタムはチャート［３－５］の下段に表示された形です。

モメンタムとシグナルの2本線で表示

モメンタムの値がプラスで、しかも上昇しているときにはN日前の終値との価格差が広がっていることを意味するため、上昇の勢いが増していることになります。逆にモメンタムがマイナスで、かつ水準を切り下げている場合には、下落の勢いが増していると考えられるのです（「水準」に関しては後述します）。

モメンタムは2本線で表示されます。**1本はモメンタム、もう1本はモメンタムの移動平均線「モメンタムシグナル」**です。シグナルも併せて表示することで、上下にブレやすいという弱点を補います。

モメンタムはＲＳＩと同様、上下に動きますが、**上限や下限はありません。**

中心には**「0ライン」**が引かれており、**「0」という水準が上昇の勢いと下落の勢いを見極める上での分岐点**です。先に説明したＲＳＩでの重要な売買判断となる「50％ライン」と似ています。

ただ、モメンタムにはＲＳＩでピークアウトを示す「注意喚起シグナル」のような指標はありません。

本書ではモメンタムシグナルの期間を３日、つまり当該日を含めて過去３日のモメンタムを平均した数値を用いて分析します。

モメンタム活用の5つのポイント

投資で成功するためのモメンタムの使い方のポイントをまとめると、［3－6］の通りです。

これら5点をすべて同時にチェックする必要があります。ちょっと大変だと思われるかもしれませんが、チャートに慣れてしまえばそれほど難しいことではありません。実際の株価チャートで確認しましょう。

［3-6］モメンタム活用の5つのポイント

1	0ラインを超えて上昇しているか、あるいは下回って低下しているか
2	過去の水準と比較して高い水準にあるか、低い水準にあるか
3	株価の値動きと連動しているか
4	株価の最高値とモメンタムの最高水準が一致しているか
5	株価の最安値とモメンタムの最低水準が一致しているか

【ワンポイント・アドバイス】

【モメンタムを使った売買判断のポイント】

・0ラインを上回ったときや、0ライン上で上向きが続いているときは買い優先

・0ラインを下回ったときや、0ライン上で下向きが続いているときは売り優先

・過去の水準に到達してさらに上昇するときは買い優先

・過去の水準に到達して反転したときは売り優先

・株価が上昇しているにもかかわらずモメンタムが低下しているときは売り優先

・株価が下落しているにもかかわらずモメンタムが上昇しているときは買い優先

・株価が高値を更新しているにもかかわらずモメンタムが低下しているときは売り優先

・株価が安値を更新しているにもかかわらずモメンタムが上昇しているときは買い優先

06 「0ライン」に着目する

ローソク足とモメンタムの動きが連動

チャート［3－7］は「ユニクロ」を展開するファーストリテイリング（9983）で、上段がローソク足、下段がモメンタムです。

ここではまず下段の**モメンタムが「0ライン」よりも上にあるときに株価が上昇しているか、逆に「0ライン」よりも下にあるときに株価が下落しているかをチェック**します。

左端のマルから確認しましょう。上段の株価チャートにつけたマルと照らし合わせながら見てください。株価が下落しているときには、モメンタムが低下しているのがわかります。

左から2つ目のマルのところは、株価の値上がりとともにモメンタムも上昇しています。

3つ目のマルでは、株価が一定の値幅内で推移しており、モメンタムも0ラインを挟んで上下に変動しているのがわかります。

4つ目のマルの部分では、左端のマルの場面と同様、モメンタムが急角度で低下しています。モメンタムとモメンタムシグナルの上昇が止まり、モメンタムが低下してシグナルを下回るとともにシグナルが下向きに変化すると、株価も値下がり基調へと変化することがわかります。一方、株価の下落が止まって反転する

［3-7］ローソク足とモメンタムの動きが連動

ファーストリテイリング（9983）の日足チャートとモメンタム

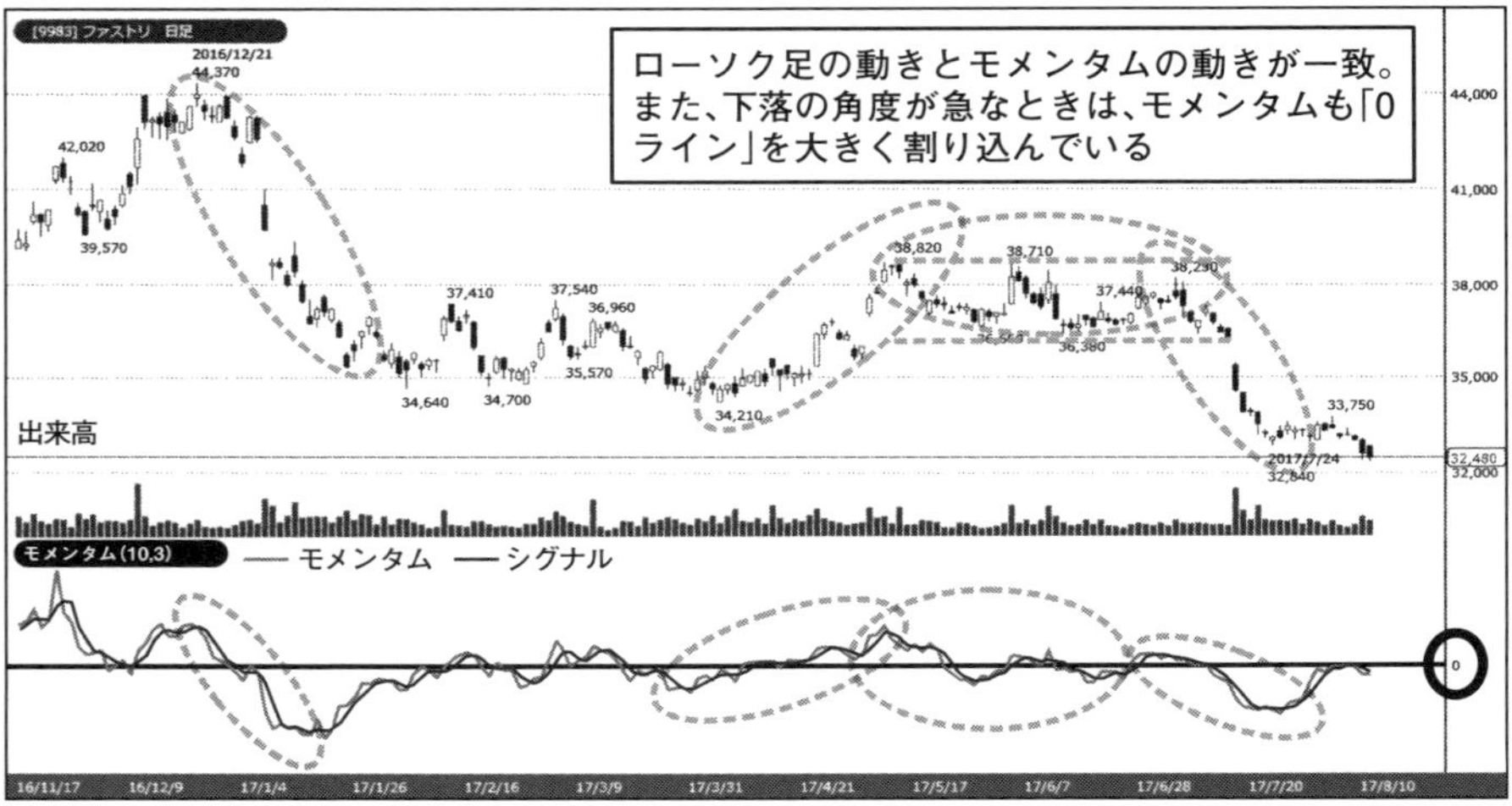

と同時にモメンタムも上向きに変化してシグナルを上回り、シグナルも上向きに変わると、株価も上昇しています。

このように**上段のローソク足チャートと下段のモメンタムの動きが連動**していることが見て取れます。

一方、株価とモメンタムの水準の連動はどうでしょうか。もう一度［3－7］を見てください。必ずしも株価の高値をつけたところでモメンタムが高い水準に達しているわけではありません。株価の高値・安値とモメンタムの最高並びに最低の水準は合致するわけではないといえそうです。

次項で詳しく見ていきましょう。

07 モメンタムの「水準」が勢いの継続や低下を表す

「逆行現象」は反転のシグナルになる

チャート［3－8］は、前項と同じく上段にローソク足、下段にモメンタムを表示していますが、モメンタムに点線の横線を1本入れてあります。この線は株価が高値をつけたところでのモメンタムの水準です。上昇や下落の勢いを示すのがモメンタムで、その水準とは勢いの強さを表すものです。

２０１６年12月21日に高値をつけたときと、２０１７年5月12日に戻り高値をつけたときの株価はまったく異なる水準ですが、それぞれのモメンタムの水準はほぼ一致しているのがわかるでしょう。いずれも、株価の上昇の勢いがその時点で止まったことをモメンタムは示しています。

株価が高いか安いかといったこととは関係なく、モメンタムが過去との比較で高い水準に達した場合には、その後に勢いの弱まる傾向があり、それを頭に入れながら株価の先行きを見極める必要がある――このチャートはそのことを教えてくれているのです。**株価が過去に高値や安値を記録したときのモメンタムの水準があらかじめわかっていれば、上昇や下落の勢いが弱まるのを予測することが可能**ということです。

次に、左端のマルと左から2つ目のマルの部分の株価とモメンタムをそれぞれ比較してみてください。左から２つ目のマルの株価水準は左端の株価を上回っています。しかし、モメンタムの水準は左端のマル

［3-8］モメンタムでは「水準」にも着目

ファーストリテイリング（9983）の日足チャートとモメンタム

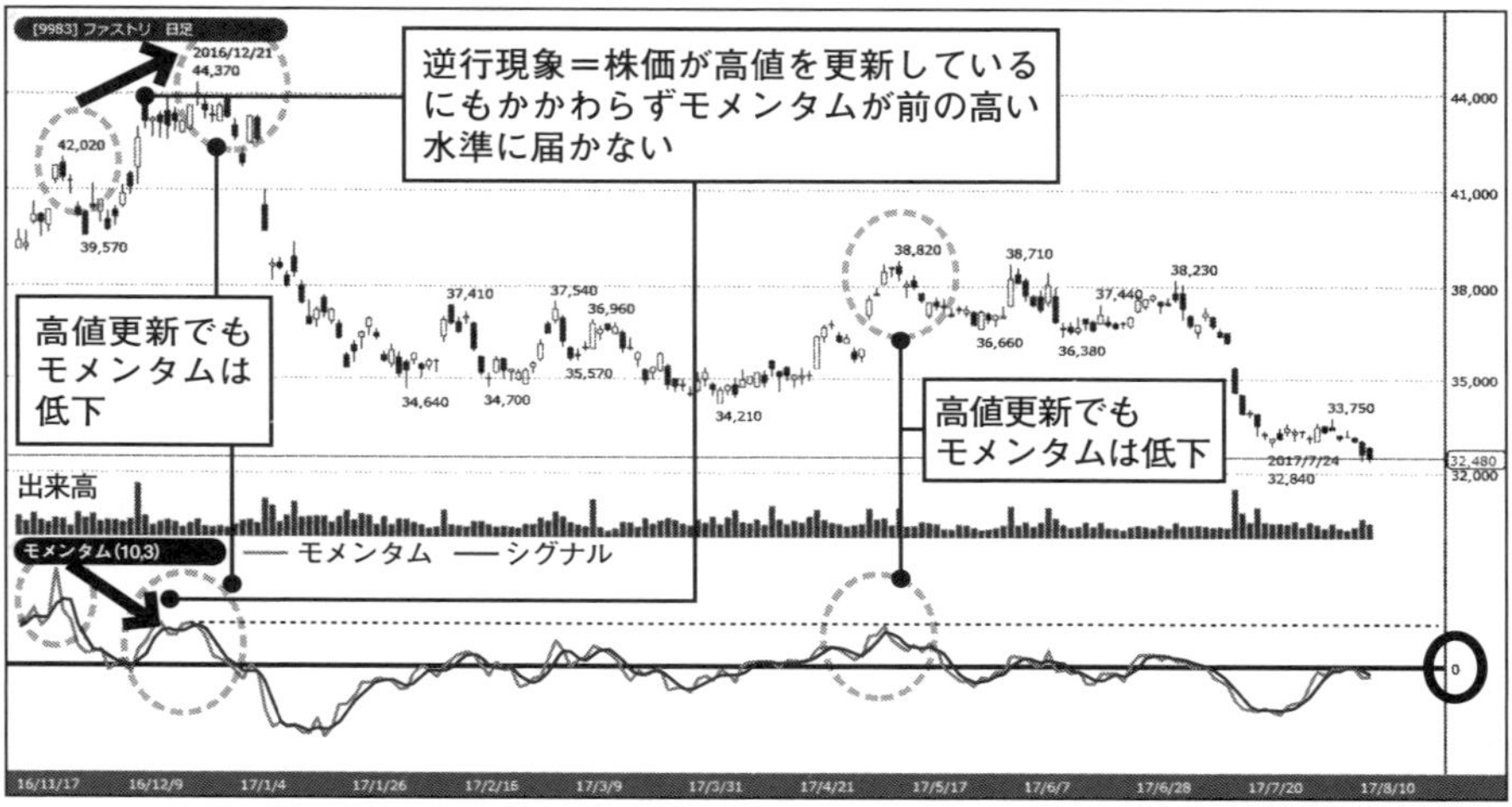

の水準には届いていません。株価が高値を更新しているにもかかわらず、モメンタムが前の高い水準に届かないこの動きは、**「逆行現象」**と呼ばれるものです。モメンタムの低下が0ラインよりも上で発生しているときには、上昇の勢いが衰えていることを意味します。

高値圏で推移しているにもかかわらず、上昇の勢いが低下しているとすれば、いつ反転してもおかしくないといえます。モメンタムが低下してシグナルを下回ると同時にシグナルが下向きに変化したところを「売りタイミング」と判断し、保有株を売却するのがセオリーです。逆の場合も同様です。株価が安値を更新しているにもかかわらず、モメンタムが右肩上がりになるような「逆行現象」が発生したときは、下落の勢いが弱まっていると判断し、値下がりから反発する可能性があることを想定しています。

08 モメンタムをどの時点と比較すればいいのか

直前の高水準や低水準と比較

モメンタムの活用で注意が必要なのは、**株価が高値圏や安値圏にあるとき、モメンタムをどの時期の水準と比較するのか、**という点です。

私は直前にモメンタムが高かったときの水準と比較したり、チャートとモメンタムを表示する期間（たとえば日足で半年や1年など）でもっとも高い水準と比べたりしています。実際の例で説明しましょう。チャート［3－9］を見てください。

同じくファーストリテイリング（9983）で、上段にはローソク足と5日、25日、75日の各移動平均線、下段にはモメンタムを表示しています。

株価は2017年9月に表示期間（9カ月）内でもっとも低い水準まで下落しています。その間、モメンタムは徐々に水準を切り上げて0ラインに近づいているのがわかります。逆行現象の出現です。

ここでモメンタムが0ラインを上回ると同時に、株価も5日移動平均線や25日移動平均線を上回り反発に転じ、その後は一本調子での上昇が続いています。モメンタムも0ラインを割り込むことなくプラスの水準を維持したまま推移する結果となりました。

［3-9］モメンタムの逆行現象

ファーストリテイリング（9983）の日足チャートと移動平均線、モメンタム

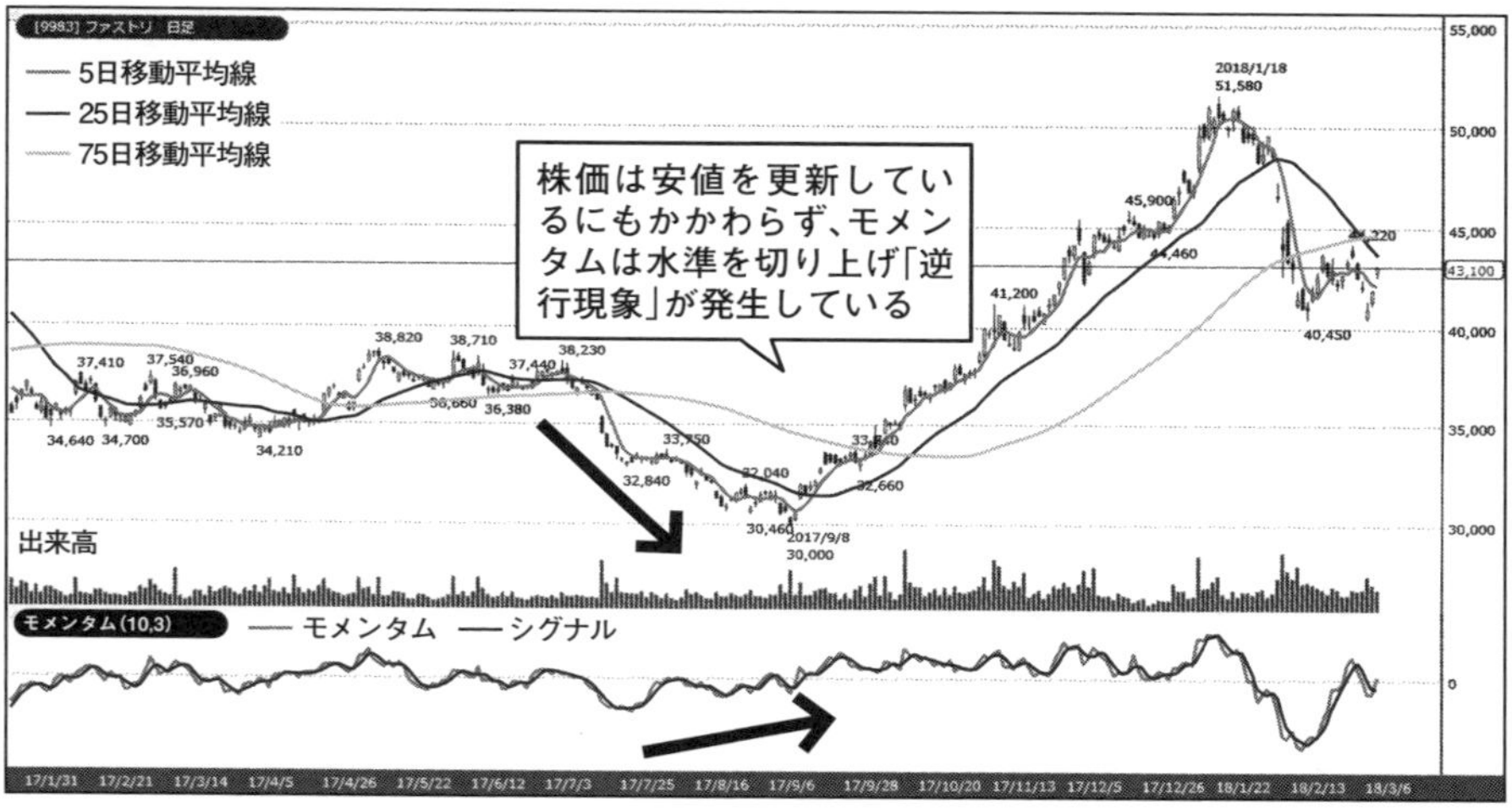

このように**株価とモメンタムの逆行現象が発生している場面**を発見できれば、**下げ止まりから反発に向かうタイミング**を捉えることができます。

モメンタムを使う際は、できるだけ直前のモメンタムの水準との比較から売りや買いのタイミングをはかるようにすることを覚えておきましょう。

ワンポイント・アドバイス

このケースでは、すべての移動平均線が下向きの中で逆行現象が発生しています。実際の売買では、信用取引のカラ売りの買い戻しや最小ポジションで買いを入れる打診買いなどで対応。欲張って一気に大きなポジションをつくらないことが大切です。

09 MACDで売買タイミングをはかる

次に、**MACD**を使った売買タイミングについて説明しましょう。

MACDは第2章で述べたようにトレンドと売買タイミングの両方を教えてくれる優れものですが、売買タイミングに関する考え方は以下の通りです。

【基本】MACDとシグナルのクロスで売買タイミングをはかる
【応用】トレンドの判断と組み合わせて売買を検討する

①MACDとシグナルが0ラインの上にあるとき

（ア）買いシグナルを優先して売買を行う
（イ）売りシグナルは利益確定に限定し、積極的なカラ売りなどは控えるか、慎重に行って買い戻しを優先
（ウ）0ラインを下回ったときは下降トレンド入り（買いポジションがある場合はロスカット）

②MACDとシグナルが0ラインの下にあるとき

（ア）売りシグナルを優先して売買を行う
（イ）買いシグナルは信用取引の売り建てなどの利益確定（買い戻し）に限定し、積極的な買いは控える

［3-10］MACDで考えるポジションのつくり方

分析点	トレンドの判断	MACDとシグナルの状態	売買判断
0ラインより上	上昇トレンド	MACDがシグナルを下回る（下向き）	利益確定売り
		MACDがシグナルを上回る（上向き）	新規買い
		MACDまたはシグナルの両方が0ラインを上回る（上向き）	打診買い（信用取引、現物取引）
0ラインより下	下降トレンド	MACDがシグナルを下回る（下向き）	新規売り
		MACDがシグナルを上回る（上向き）	信用売りの買い戻し、打診買い
		MACDまたはシグナルの両方が0ラインを下回る（下向き）	ロスカット、打診売り（信用取引）

か、慎重に行う

（ウ）0ラインを上回ったときは上昇トレンド入り（新規買い、売りポジションを持っている場合は買い戻してロスカット）

③MACDも逆行現象の発生を見逃さないようにする

MACDは、0ラインよりも上で推移しているか、あるいは下で推移しているかが判断の分かれ目になるテクニカル指標です。

0ラインに接近しているときや、0ラインを挟んで上下に変動しているときは、強弱感の対立を意味するので、安易な売買の判断は避けたほうがいいと見られます。

10 MACDとシグナルのクロスしたところが売買サイン

それでは実際のチャート［3－11］で確認しましょう。国内製薬首位の武田薬品工業（4502）で、上段にローソク足、下段にMACDを表示しています。前述したようにMACDはMACDとシグナル（MACDの移動平均線、通常は9日）の2本線で示されます。MACDとシグナルの折れ線に加えて、棒線と上向きの三角、下向きの三角を表示しています（注意喚起シグナル）。これに関しては本章の13項で説明します。今はMACDとシグナルのみに注目してください。

まずは基本となる売買タイミングです。MACDとシグナルのクロスしたところが売買タイミングのサインです。

・MACDが下向きに変化してシグナルを下回ると同時に、シグナルも下向きに変化したところが売りシグナル

・MACDが上向きに変化してシグナルを上回ると同時に、シグナルも上向きに変化したところが買いシグナル

チャートを見ると、買いシグナルと売りシグナルがほぼ的確なタイミングで発生。**売買タイミングと株価の反転ポイントがほぼ一致**しています。

次に、トレンドの判断との組み合わせで確認してみましょう。**MACDを見ると、ほとんどの期間でトレンド判断の分かれ目となる0ラインを上回っている**のがわかります。

［3-11］MACDで売買タイミングをはかる

武田薬品工業（4502）の日足チャートとMACD

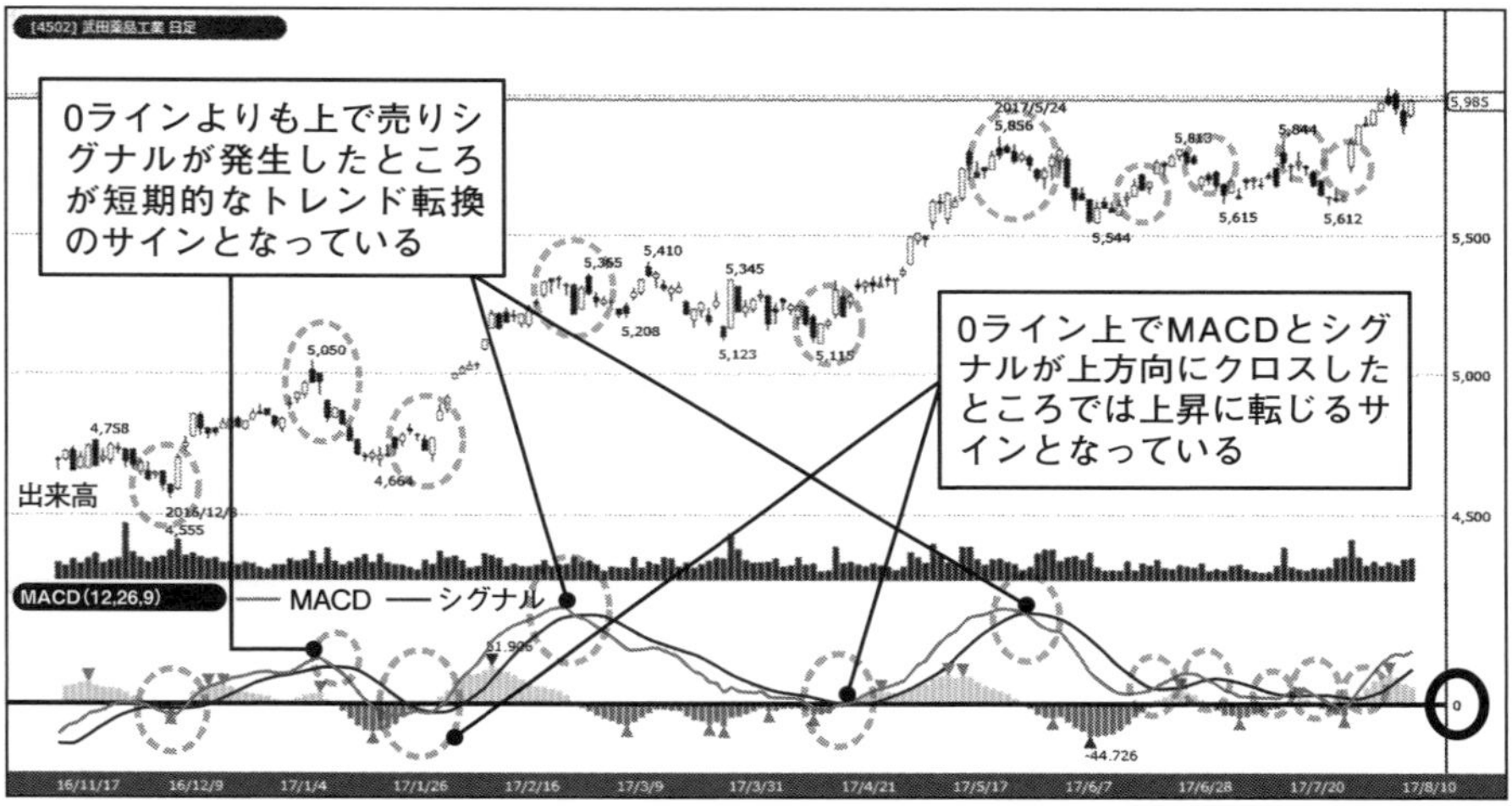

MACDとシグナルの両方が0ラインを上回っている間は上昇トレンドにあると判断できます。そうした中で発生している売りシグナルは、どちらかといえば短期的なトレンド転換時に出ていると考えられます。上昇トレンドでの一時的な下げ、いわゆる「押し目」です。

このように0ラインよりも上で売りシグナルが発生した場合、株を保有しているならば欲張らずに一旦、利益確定を考えましょう。

つまり、上昇トレンドの中で押し目を形成するときが利益確定売りのタイミングと位置付けることができます。しかし、これを信用取引のカラ売りのタイミングをはかるために用いるのは、できるだけ控える必要があります。

信用売りをした場合には、短期間で買い戻すことを考えましょう。MACDとシグナルがクロスしたところで買い戻しを行うといいでしょう。

11

「0ライン近辺」での判断はくれぐれも慎重に

次に、0ライン近辺での売買判断です。MACDが0ラインを割り込むのか、反発するかによって、株価の値動きも大きく異なっていきます。

0ライン近辺に位置しているときの売買は、MACDだけで判断するのではなく、どちらかというとMACDの移動平均線である**シグナルが0ラインを上回ったか、下回ったかが重要なカギ**になると見られます。

具体的に説明しましょう。チャート［3－12］は上段にローソク足、下段にMACDを表示しています。たとえば、MACDのもっとも右端の部分で発生したMACDとシグナルのクロスでは、MACDがシグナルを下回った後、0ラインを割り込みました。これに対して、シグナルは横ばいで推移し結局、0ラインを割り込むことはありませんでした。

その後、シグナルが0ラインよりも上で推移している間にMACDが下向きから上向きへと転じ、シグナルを上回るクロスが発生。0ライン上で買いシグナルが発生し、株価も勢いを伴って上昇しました。

一方で、MACDの右から3つ目の小さいマルを見てください。MACDが0ラインの手前で反転すると同時にシグナルを上回って買いシグナルを意味するクロスが発生。にもかかわらず、株価は一時、下落に転じました。買いシグナルにしたがって買っていたら、売り物に押されて損失を抱えたり、ロスカット（損失確定売り）を余儀なくされていたりしたかもしれません。

MACDの0ライン近辺での売買はくれぐれも慎重に対応したいところです。

［3-12］MACDでの「0ライン」付近での判断

武田薬品工業（4502）の日足チャートとMACD

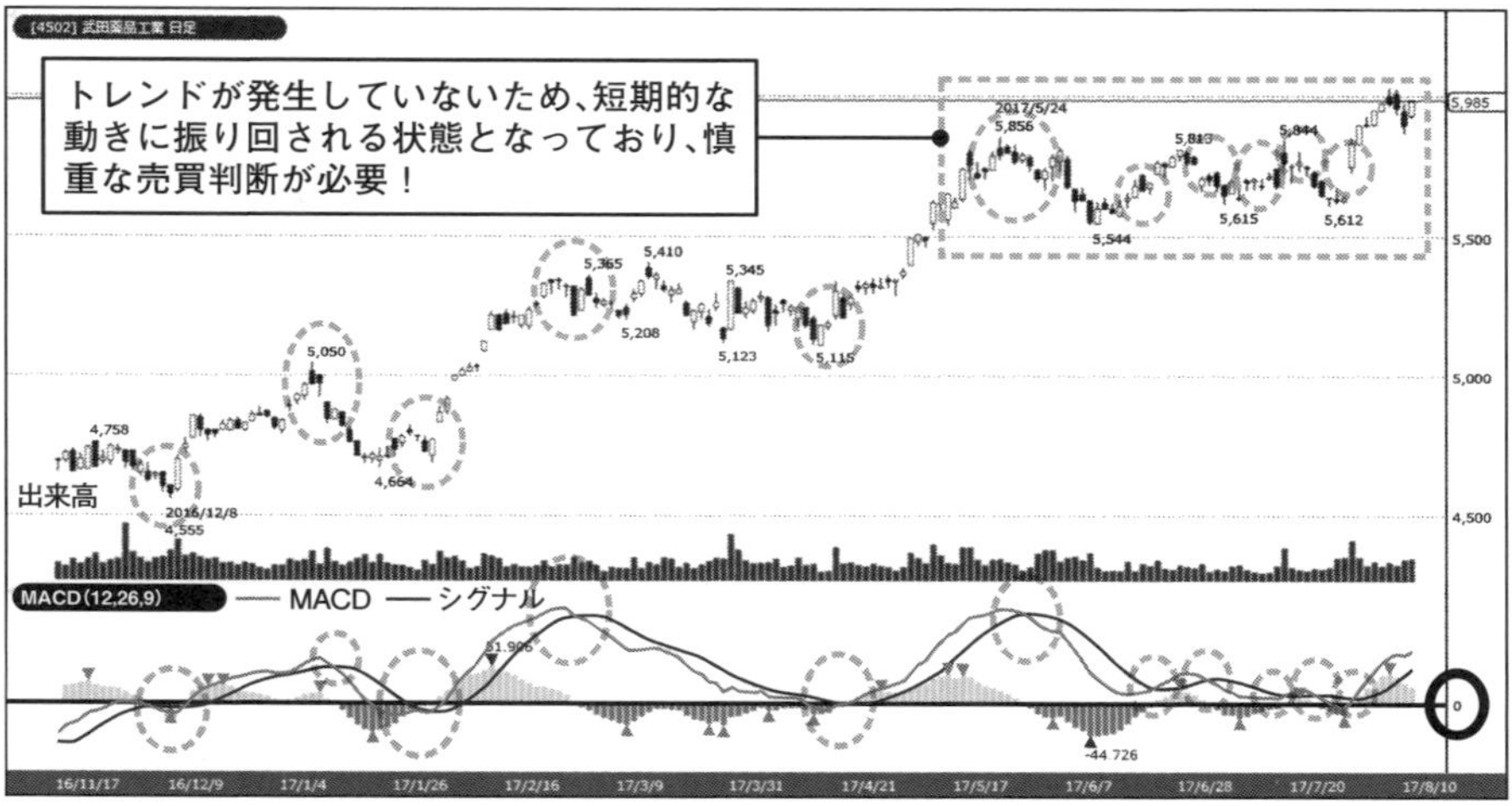

ワンポイント・アドバイス

ＭＡＣＤとシグナルの水準が切り上がらないときは横ばいで推移しがちです。すぐに処分することも視野に入れて買いエントリーすることが、損失を拡大させない秘訣です。

12 MACDの逆行現象とは

本章のモメンタムの項目で「逆行現象」に関して説明をしました。株価が高値を更新しているにもかかわらず、上昇の勢いが低下しているような状態です。

MACDでも逆行現象は生じます。実際のチャートで説明しましょう。チャート［3－13］は半導体製造装置で最大手の東京エレクトロン（8035）です。上段にローソク足、下段にMACDを表示しています。

ここでは、**MACDが低下したにもかかわらず、株価が上昇するという「逆行現象」が2回発生**しています。

1回目は、2017年6月9日の取引時間中（ザラ場）に1万7000円の高値をつけ、終値ベースでも高値を更新したときです。このときのMACDを見ると、直前の高い水準には届かず、右肩下がりになっています。

2回目は、7月27日に終値1万6930円をつけたときです。終値ベースでは、6月の高値を更新しました。

株価が高値を更新しているときはさらに上昇しそうと考えてしまいがちですが、MACDの逆行現象が起きていたのです。**MACDが下向きになったところでただちに利益確定売りを出す**などして対処していれば、その後の急落に巻き込まれることなく利益を確保できたのではないでしょうか。

[3-13]MACDの逆行現象

東京エレクトロン(8035)の日足チャートとMACD

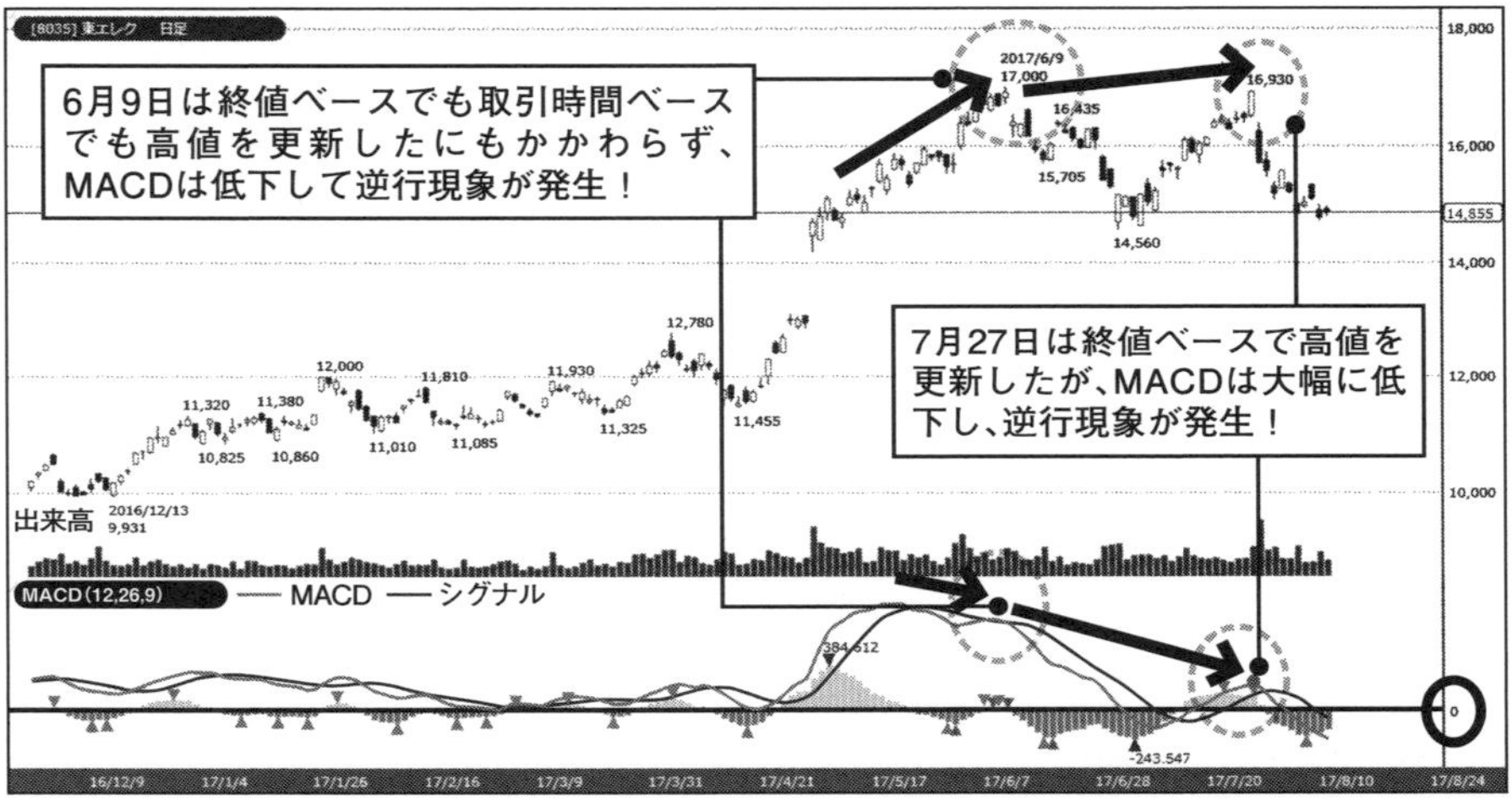

ちなみに、私が考案したアイチャート（ストックウェザー社提供）には、逆行現象が発生したときにシグナルが発生するプログラムが組み込まれています。MACDのところに表示した小さなマル印がそれです。

ただ、こうしたシグナルがないチャートを使って売買タイミングをはかっている方も多いでしょう。この場合、逆行現象の発生を自らの目で確認しなければなりません。常に逆行現象の発生に気を配りながらチャートの推移を見て判断する必要があるのです。まずは多くのチャートを見て「慣れる」のが肝心です。

ワンポイント・アドバイス

逆行現象は高値更新時に起こります。高値更新を確認したら、常にオシレーター系の指標を確認するクセをつけて「発見」の習熟度を上げていきましょう。

13 MACDが示唆する新たな売買タイミング

MACDが示唆する新たな売買タイミングについて説明しましょう。具体的には、RSIの項目でも説明した「注意喚起シグナル」を使った売買タイミングのはかり方です。

チャート［3－14］を見てください。MACDとシグナルの折れ線に加えて、棒線が表示されています。これは**「ヒストグラム」**といって**MACDとシグナルの乖離を示したもの**です。MACDのシグナル線に対する上方への乖離が直近のピークに達したときが「売り注意喚起シグナル」（下向きの「▼」）。下方への乖離がピーク、つまり、シグナル線を大幅に下回ったときが「買い注意喚起シグナル」（上向きの「▲」）です。ヒストグラム自体はこれまでにもありましたが、ヒストグラムにだけ注目して売買シグナルを出す仕組みは存在していませんでした。

クロスが起きる前の売買判断も可能に

MACDがシグナル線とクロスする際にはまず、先行して動くMACDが伸び悩み、後からついてくるシグナルとの乖離が縮まります。そして最終的にクロスが起きます。こうした**クロス、つまり売りシグナル発生に向けたときの乖離の変化となるところ（乖離がピークアウトしたところ）が売買タイミングとして有効**と考えられます。

［3-14］ヒストグラムを活用した「注意喚起シグナル」

日経平均株価（日足）

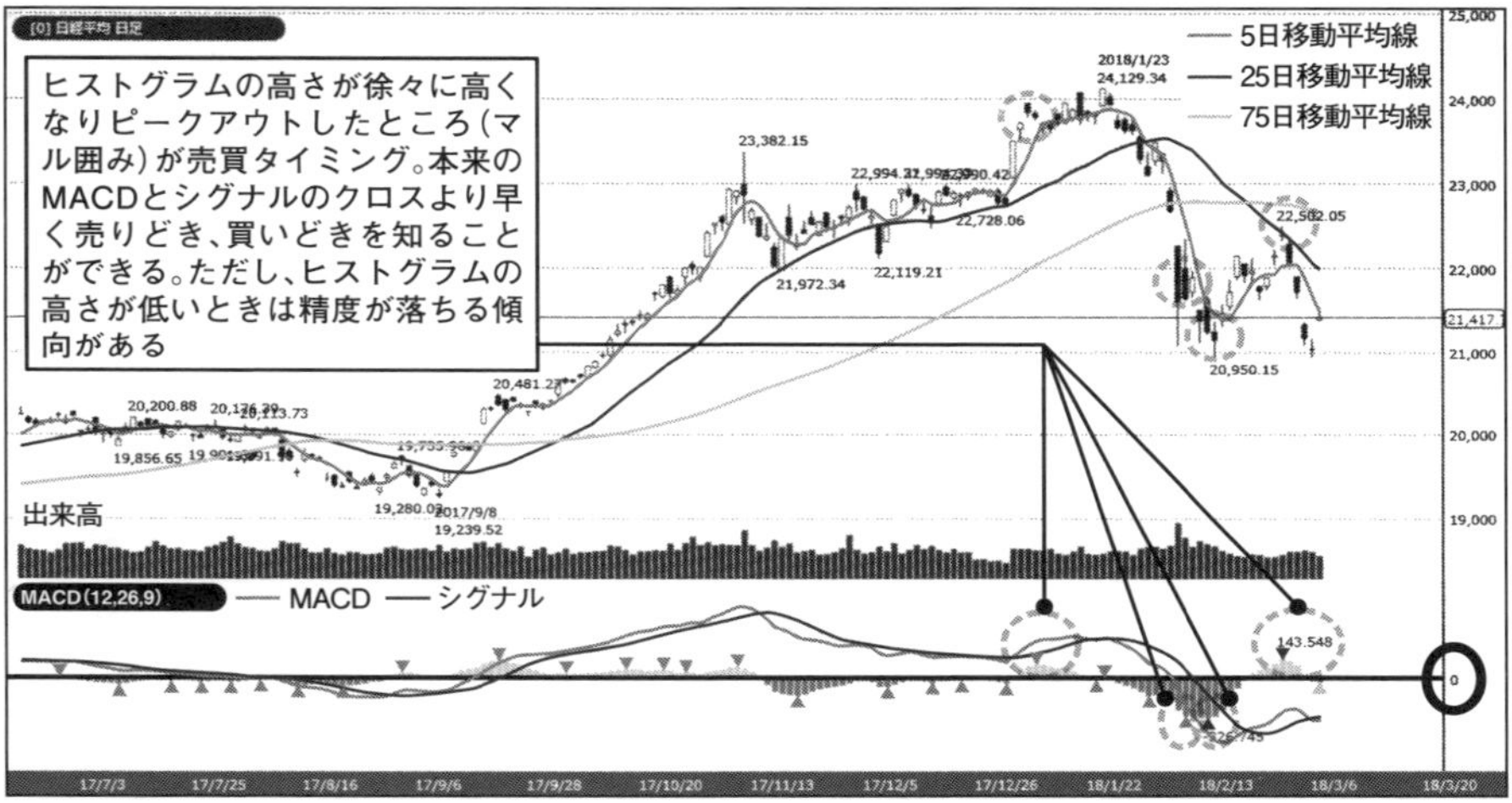

ＭＡＣＤは前述のように平滑移動平均線（ＥＭＡ）を使っているため、移動平均線よりも早くトレンドの転換がわかる仕組みです。

そのクロスする兆しを少しでも早く知る方法はないかと思い立ち、開発に至ったのがこの注意喚起シグナルです。注意喚起シグナルはＭＡＣＤとシグナルがクロスする前に発生するので、クロスが起きる前にあらかじめ売買判断を下すことも可能です。

もちろん、１００％確かなものではありませんが、個別株の売買タイミングを上手にはかることができない人には必見です。次項で具体的に見ていきます。

14 MACDの「注意喚起シグナル」が機能する場合・しない場合

チャート［3－15］は通信大手のソフトバンクグループ（9984）で、上段にローソク足、下段にMACDを表示しています。このチャートを使ってMACDの注意喚起シグナルを説明しましょう。MACDが示唆する売買タイミングであるクロス発生より少しでも早く売買タイミングを知ろうとするときに使えるテクニックです。

安値や高値をつけたタイミングとほぼ一致

たとえば、下段のマルをつけた部分を左端から見てみましょう。下段の左端では、MACDの売りシグナルが発生、つまりMACDがシグナルを下回る前に注意喚起シグナルが出ています。シグナル点灯後にどこかで売っておくと、その後に本来のシグナルが発生するよりも早く利益を確保できたことがわかります。

株価が上下ジグザグに動いている左から2つ目以降、5つ目のマルまでの部分は、MACDの本来のクロスである売買シグナルが発生してから取引を実行に移しても利益がほとんど出ない場面ですが、注意喚起シグナルの発生はほぼ安値や高値をつけたタイミングに一致しています。

さらに注目していただきたいのは、右から2つ目のマルのところです。7月10日の安値近辺（終値8928円）で買い注意喚起シグナルが点灯しています。売り注意喚起シグナルは7月28日に点灯（終値9168

［3-15］本来のシグナルよりも早く発生

ソフトバンクグループ(9984)の日足チャートとMACD、注意喚起シグナル

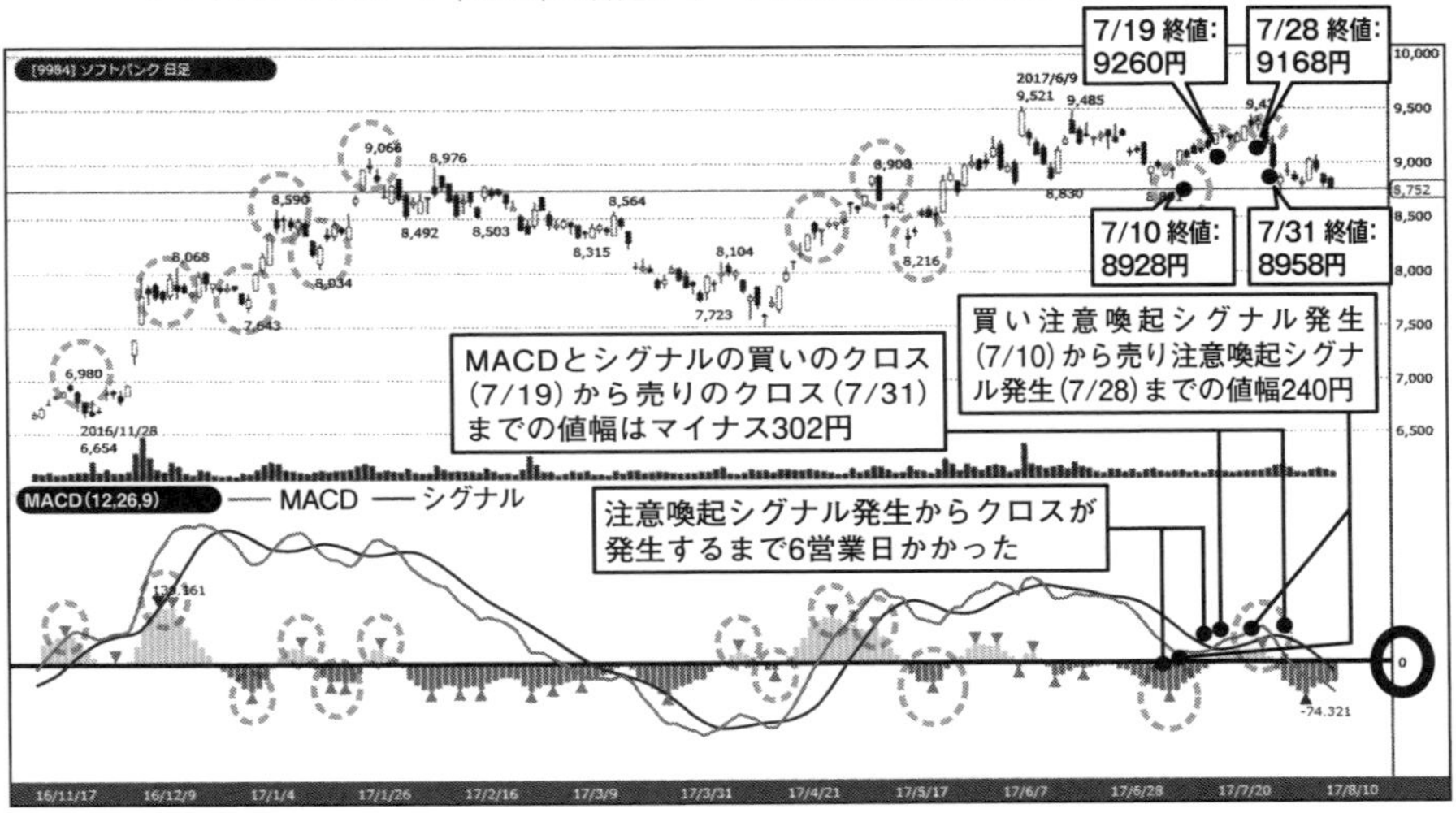

円）。7月10日の買い注意喚起シグナルからの値上がり幅は、「9168円（売り値、7月28日）－8928円（買い値、7月10日）」で240円に達しています。

一方、MACDとシグナル線の買いのクロスが発生したのは7月19日（終値9260円）。買い注意喚起シグナルの発生（7月10日）よりも、6営業日遅れてのことです。買いのクロスが生じたこの時点で株価はすでにかなり戻しています。これでは、**買いのクロスが発生しても買うかどうか迷ってしまいそう**です。

MACDとシグナル線の売りのクロスが発生したのは7月31日（終値8958円）。MACDとシグナル線のクロスのみで売買判断を行った場合の値幅を計算すると、「8958円（売り値、7月31日）－9260円（買い値、7月19日）＝マイナス302円」で損失が生じたことになります。

［3-16］シグナルがうまく機能しない場合

ソフトバンクグループ（9984）の日足チャートとMACD、注意喚起シグナル

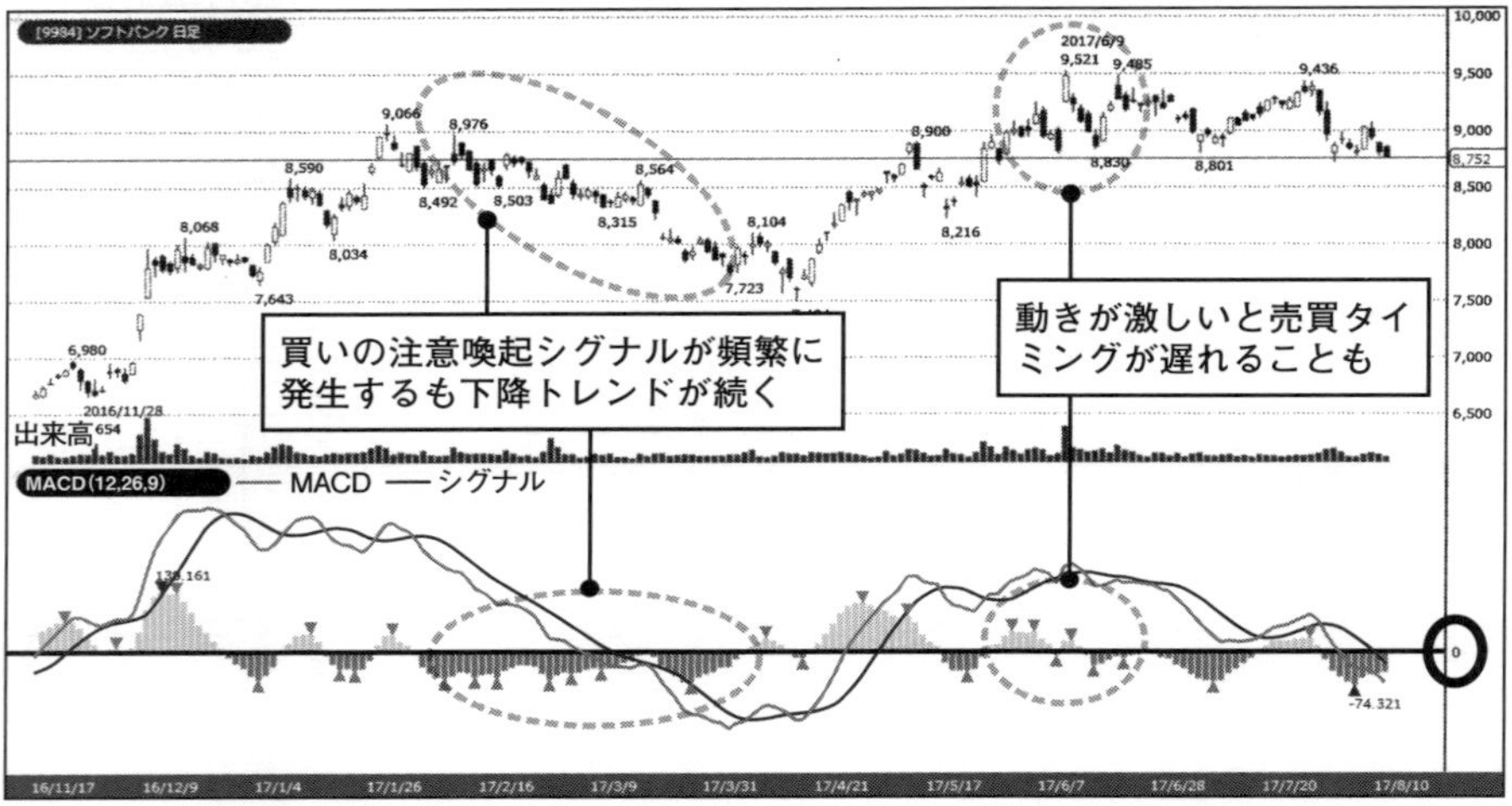

機能しない場合を検証

もう一度、ソフトバンクグループ（９９８４）のチャート［３－16］を見てください。ＭＡＣＤに入れたマル印は売買シグナルが機能していないところにつけたものです。

ヒストグラムに基づいた買い注意喚起シグナルが頻繁に発生する場面の特徴をよく見ると、ＭＡＣＤが下向き、かつなだらかに低下しています。しかも、０ラインを割り込んだ後もその傾向が続いています。一方、右側のマルで囲まれた部分の買い注意喚起のシグナルにしたがって購入すると、高値づかみになった可能性があります。

本書の冒頭で説明したように、テクニカル指標にはそれぞれ特徴があり、その指標を使っていい局面、避けたほうがいい局面があります。指標の活用にあたっては強みを上手に活かし、弱みをいかに避けることができるかが、パフォーマンスを上げるカギになることをくれぐれも忘れないでください。

第4章

トレンド系とオシレーター系。2つの指標を組み合わせて使う効用

TECHNICAL ANALYSIS

01 そもそも万能な指標は存在しない

指標の弱みも理解する

第2章、第3章ではトレンド系のテクニカル指標、オシレーター系のテクニカル指標それぞれの特徴と使い方を説明しました。

いよいよ本書の最大の狙いである**「トレンド系のテクニカル指標とオシレーター系のテクニカル指標を組み合わせて活用し、その上で投資判断をする」**ことの説明に入ります。

本章では、トレンド系とオシレーター系のテクニカル指標の組み合わせでなぜ売買判断の精度が上がるかについてお話ししましょう。

組み合わせて使うことを提案するのは、トレンド系指標のみ、オシレーター系指標のみを単独で使っても自ずと限界があるためです。**同系列のテクニカル指標は、同じ弱みを持っています。**

たとえば、移動平均線に代表されるトレンド系のテクニカル指標で売買タイミングをはかる場合、設定した期間によって売買のタイミングが早かったり、遅れたりすることがあります。RSIやモメンタムなどオシレーター系のテクニカル指標でも、トレンドが把握できていないと売買シグナルに「ダマシ」が多く発生します。**ひとつのテクニカル指標のみでは判断に限界**が生じてしまうのです。

当初の設定のままでは機能しない

テクニカル系とオシレーター系の指標を組み合わせるだけでなく、「フィッティング（期間調整）」も勝率アップのカギです。

強い上昇トレンドや下降トレンドが発生した場合、あるいは横ばいのまま狭い値幅で株価が推移するケースだと、オシレーター系の指標もトレンド系の指標も一般的に使用されている当初の設定（デフォルト）のままでは機能しないという弱みがあります。

RSIでは14日、モメンタムでは10日がデフォルトとしてよく使われます。これは、それぞれのテクニカル指標の考案者がもっとも好んで使った期間であり、この期間を必ず使わなければならないという決まりはありません。**動きが合わなくなってきたらフィッティングが必要です。**これも大事なポイントなので、しっかり押さえましょう。

02 オシレーター系指標では トレンド反転の予測はできない

では、**オシレーター系の指標だけを使用するとどんな問題が生じるのか、実際に検証**していきましょう。

最初は株価が大きく上昇しているケースです。チャート［4－1］は100円ショップを展開するワッツ（2735）で、上段にローソク足、下段にオシレーター系指標である**RSIを表示**しています。

シグナルをもとに売買判断を行う場合、「買い」と「売り」の両方のシグナルが適切なタイミングで発生するのが望ましいのはいうまでもありません。ここでいう「適切なタイミング」とは、「上昇」「下落」のいずれの局面でも、ピークやボトムをつけるところ（あるいはその前後）と考えています。

ワッツ（2735）の株価とRSIの関係を見ると、どうでしょうか。

株価の天井圏とRSIが「買われ過ぎ」の水準（70％以上）に達するのがほぼ一致しており、売りの「注意喚起シグナル」も点灯しています。これに対して、RSIが「売られ過ぎ」の水準（30％以下）、つまり買いタイミングを示唆するケースはほとんどありません。しかし、第3章で触れた**「50％ライン」に注目**すると、RSIが50％を上回った時点で買いを入れれば、多くの場面で押し目買いに成功できそうです。

50％を上回ったところで新規の買いを入れるのとは逆に、50％を下回ったところを「売りシグナル」と捉えて、新規に信用のカラ売りを行ったらどのような結果になったでしょうか。［4－1］下段のマル囲みを見てください。

［4-1］RSIの弱点とは

ワッツ（2735）の日足チャートとRSI（14日）

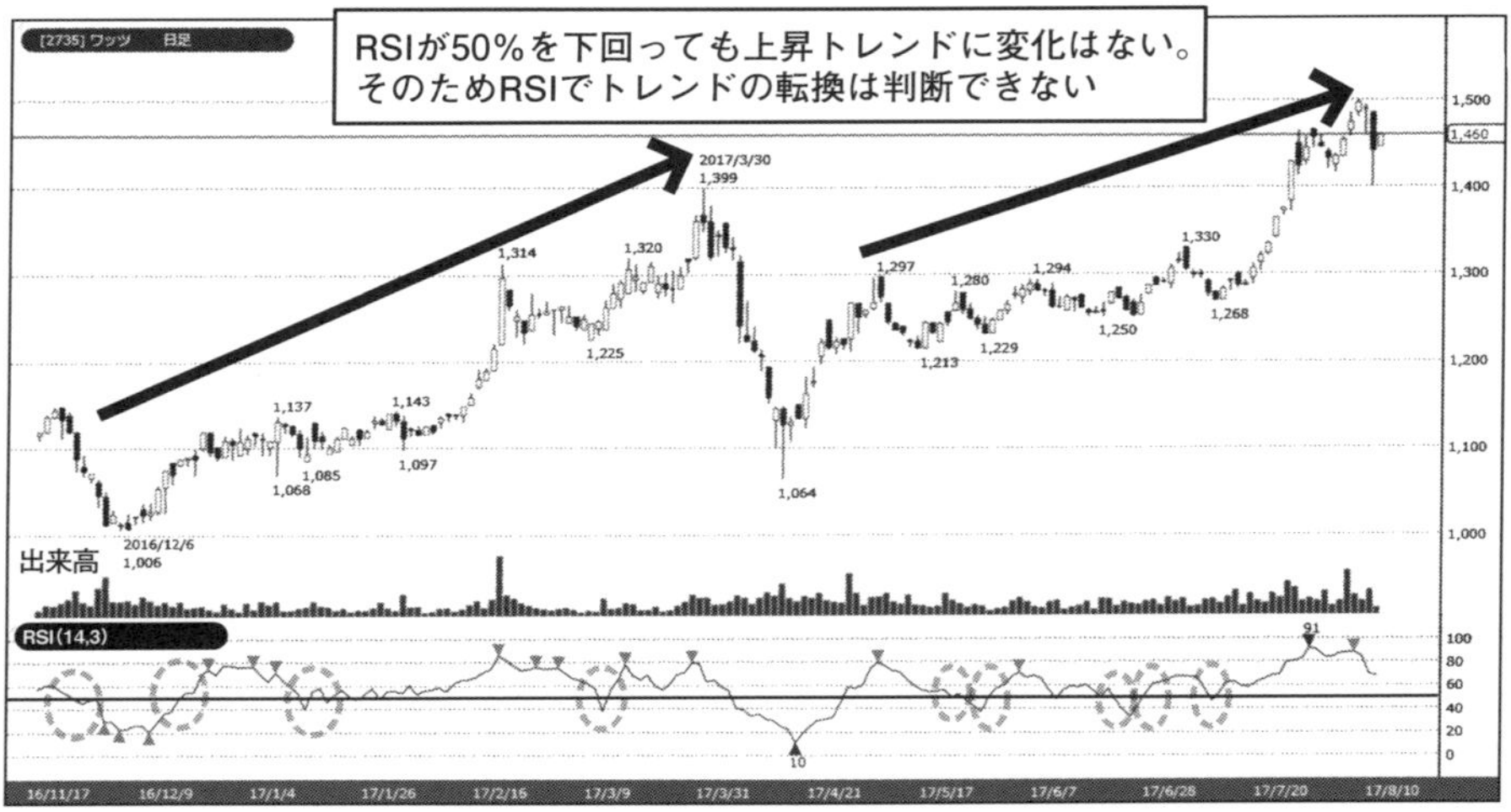

多くの局面で株価は下げ止まりや反発場面を迎え、それにつれてＲＳＩも上向きに転じており、信用売りの利益はほとんどないばかりか、買い戻すタイミングを逃すと損失が拡大したと推察できます。

なぜこの場面で信用売りを行ってはいけなかったのでしょうか。実際の売買でオシレーター系指標だけを使っていると、その答えを導き出すのは難しそうです。

なぜなら、**オシレーター系の指標は単純に買われ過ぎか売られ過ぎかといった売買タイミングを教えてくれるだけで、トレンド反転の兆候を示しているわけではない**からです。

こうした弱点を補ってくれる何かがあれば、50％ラインを下回った時点での売りシグナルを無視することができるはずです。

そう、**この限界をカバーしてくれるのが、トレンド系指標との組み合わせ**なのです。

03 シグナルは頻繁に発生しているが……

買われ過ぎなのに株価は上昇

もうひとつ、ＲＳＩの例を見てみましょう。「カレーハウスＣｏＣｏ壱番屋」を中心に飲食店をチェーン展開する、壱番屋（７６３０）のＲＳＩによる売買判断です。

チャート［４－２］は上段にローソク足、下段にＲＳＩを表示しています。

ここでも前項のワッツ（２７３５）同様、売られ過ぎシグナルや買いの「注意喚起シグナル」がほとんど発生していないのがわかります。「50％ライン」を入れてみましたが、ＲＳＩが50％割れの後、さらに30％の水準を下回って買いシグナルに至るケースがほとんど見当たりません。それればかりか、すぐに50％を回復しこの水準を維持している時間が長いことがわかります。

チャート右端の枠で囲んだ部分を見ると、上昇がずっと続いている中で、ＲＳＩは買われ過ぎ（売り）の水準である70％を上回ったまま推移しており、売りの「注意喚起シグナル」も頻繁に発生しているのがわかります。

「買われ過ぎ」を意味する70％を超えたらただちに売ったり、「注意喚起シグナル」（このケースでは売り）で処分したりすると、その後は**買うチャンスがまったくないまま、ただ上昇するのを見ているだけ**になって

[4-2] RSIが機能しない場合①

壱番屋(7630)の日足チャートとRSI(14日)

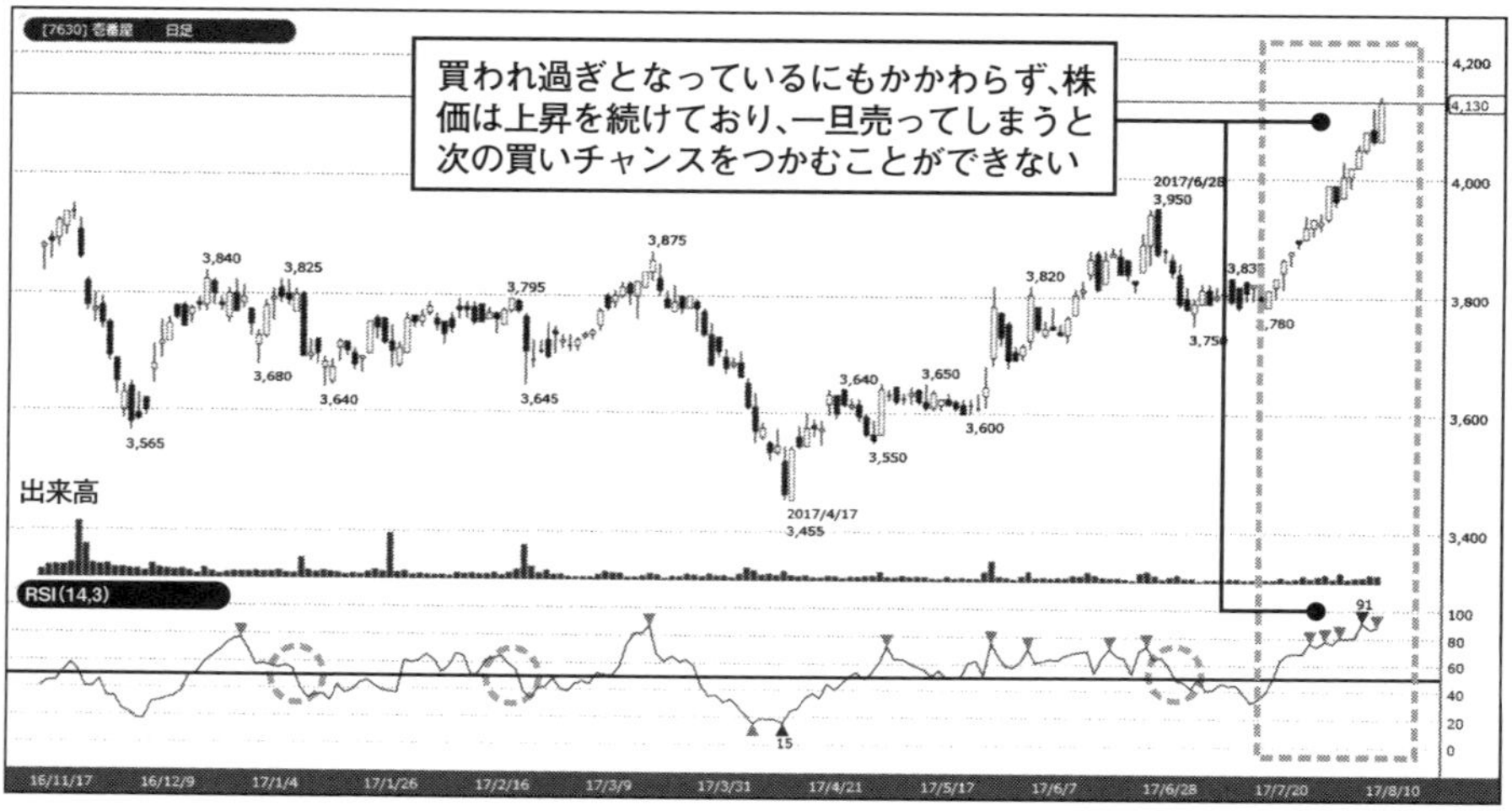

[4-3] RSIが機能しない場合②

第一三共(4568)の日足チャートとRSI(14日)

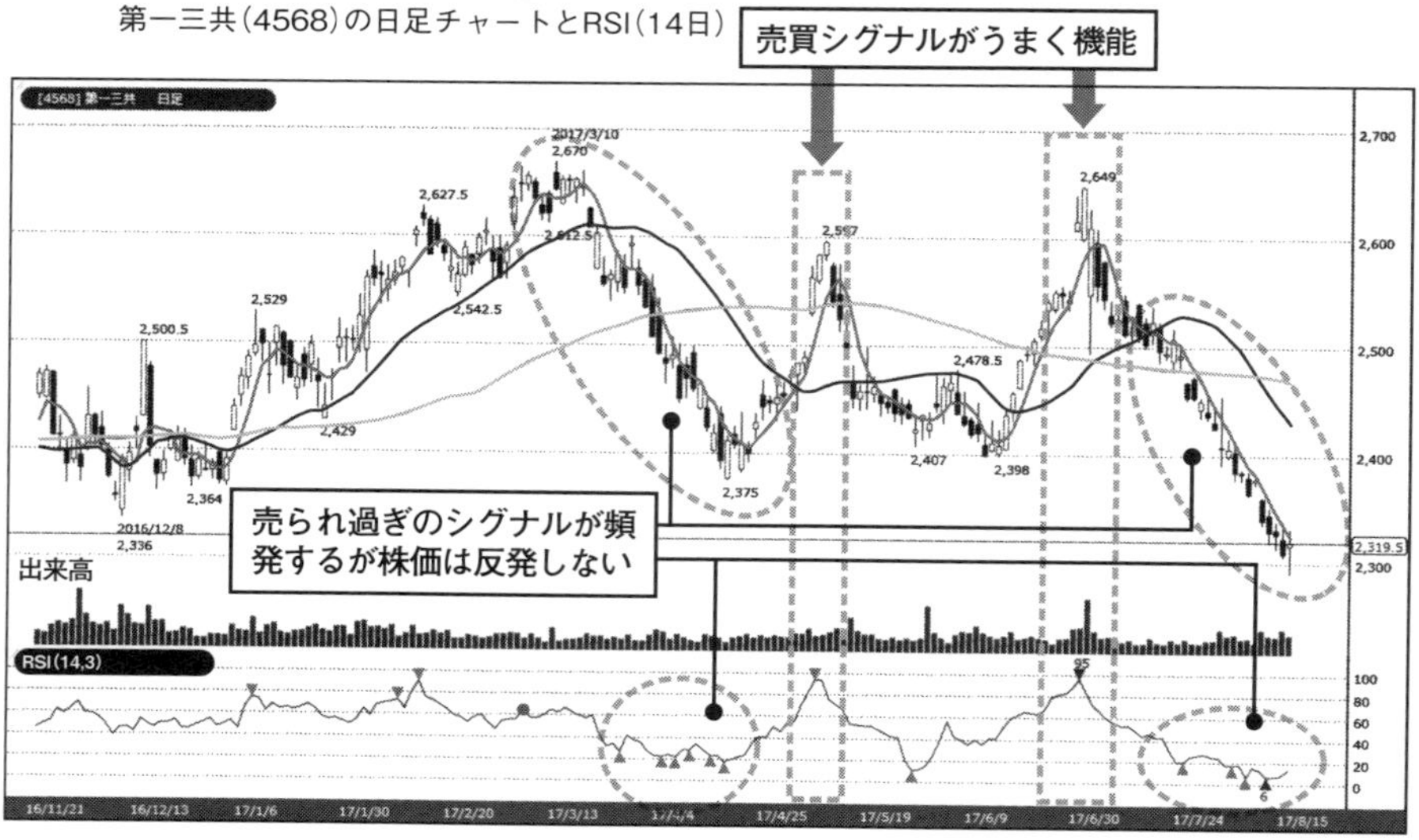

しまいます。せっかく短期間で大きく利益を上げられる場面だったにもかかわらず、そのチャンスをものにできなかったことになります。

売られ過ぎなのに株価は反発しない

チャート［4-3］もRSIの例です。製薬大手の第一三共（4568）で、上段にローソク足、下段にRSIを表示しています。

これは、RSIに売られ過ぎ（買い）シグナルが頻繁に発生しているケースです。買いシグナルが立て続けに点灯しているものの、株価は下落基調をたどっており、いっこうに反発する気配がありません。

この例を見ると、RSIの売買シグナルがうまく機能している場面（たとえば、画面中央の2597円や少し右側の2649円をつけた買われ過ぎのところ）と、売られ過ぎのシグナルが頻発したにもかかわらず、機能しないケースのあることがよくわかるのではないでしょうか。

04 MACDを積極活用する

RSIで出現したシグナルが点灯しない

前出の壱番屋（7630）について、次はトレンド系指標でありながら売買タイミングも教えてくれる**MACDで検証**していきましょう。

チャート［4－4］は、上段にローソク足、下段にMACDを表示しています。チャート右側の枠で囲んだ部分はRSI（チャート［4－2］）では買われ過ぎ（売り）を示唆するケースが多かったのですが、［4－4］のMACDとシグナル線は0ラインよりも上で推移している上、上昇を続けていることが多く、MACDとシグナル線のクロスによる売りシグナルが点灯していません。このケースを見る限り、**MACDはかなりの優れもの**ということがわかります。

次は、第一三共（4568）のチャートをMACDで分析した結果です。チャート［4－5］は、上段にローソク足、下段にMACDを表示しています。RSI（チャート［4－3］）が売られ過ぎ（買い）のシグナルを連発していたのに対して、MACDとシグナル線が0ラインを割り込んだ後、買いシグナルが発生するのと株価が底打ちするのは、ほぼ同じタイミングです。

[4-4] MACDで検証すると①

壱番屋(7630)の日足チャートとMACD(9日)

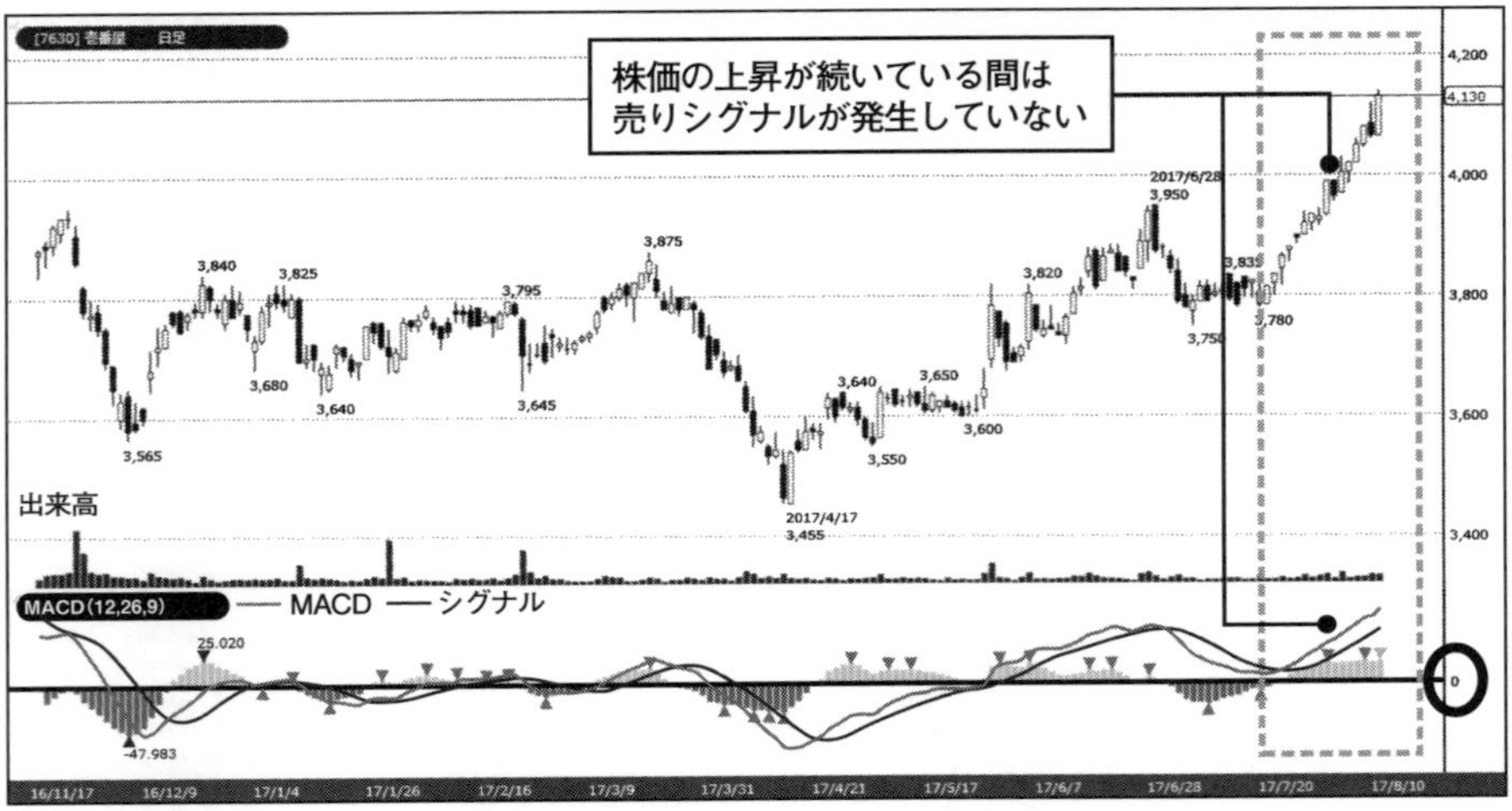

[4-5] MACDで検証すると②

第一三共(4568)の日足チャートとMACD(9日)

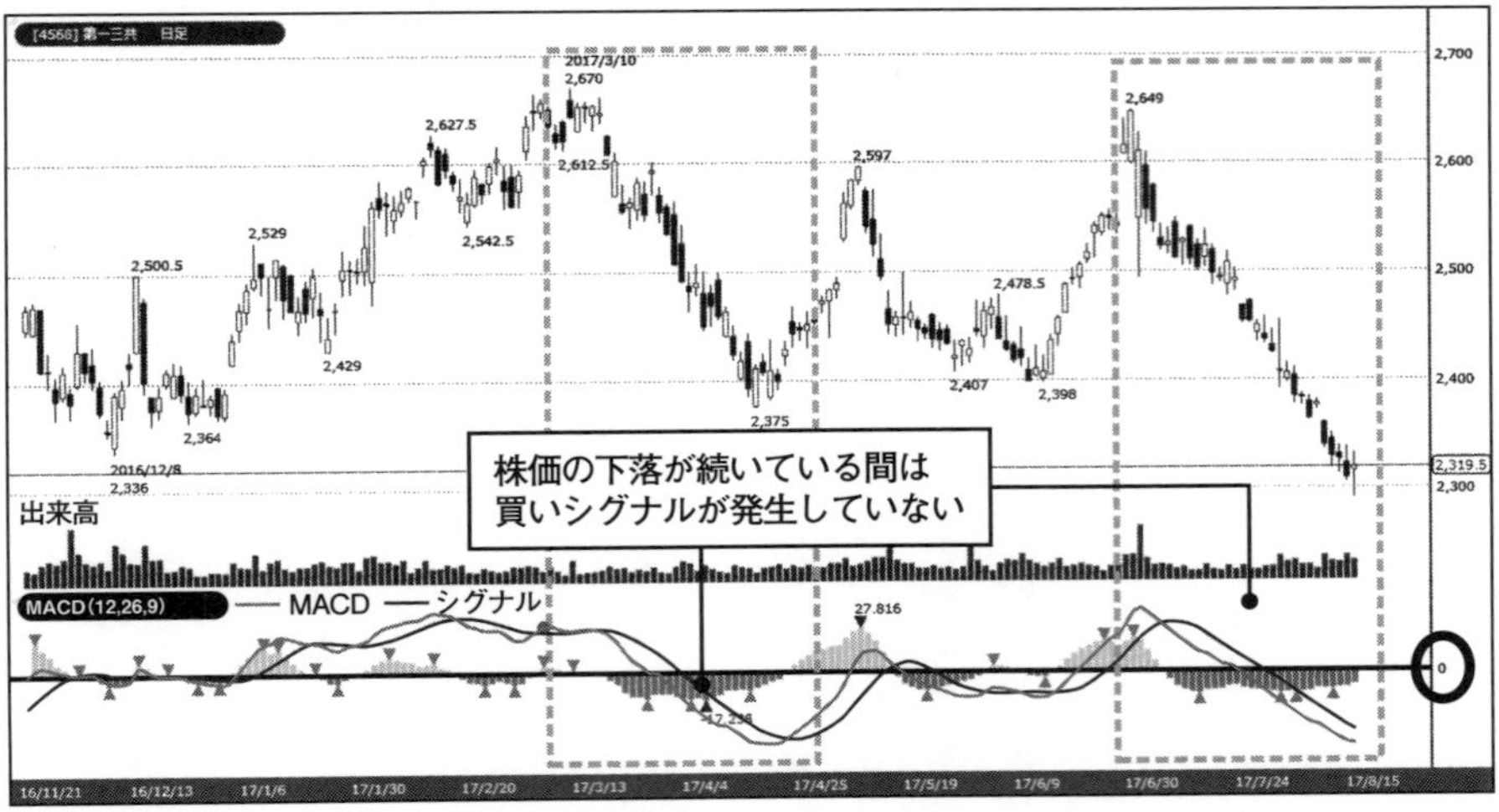

トレンドが考慮されているか、いないかの違い

同じチャートでも、なぜRSIとMACDで、まったく異なるシグナルが発生しているのでしょうか。

2つの指標の特徴や株価トレンドを考えると、答えが出てきます。

RSIが売買シグナルを示唆する際にはトレンドが考慮されていないのに対し、MACDの売買シグナルはトレンドが考慮されているからです。RSIは株価の上昇が続くと買われ過ぎの水準に張りついてしまいますが、MACDは2本線の上昇が続いている間は上昇トレンドが継続していることを示し、MACDとシグナルがクロスしてトレンド転換の兆しが出現するまで、売りシグナルが発生しないようになっているのです。

そうなると、「RSIは使えない」と思う方がいるかもしれませんが、他のトレンド系の指標を併用して株価のトレンドも見極めながら売買の判断を下せばいいのです。

05 組み合わせの基本形は「トレンド系×オシレーター系＋α」

過熱感に引きずられがちなオシレーター系指標

ＭＡＣＤのようにトレンドも考慮したテクニカル指標では、売買シグナルが株価のトレンド転換時に発生します。

一方、**オシレーター系指標の場合、一般的には、トレンドよりもむしろ過熱感に引きずられてシグナルが発生**する傾向があります。

このため、売買タイミングが合致しない場合があることを考慮して、**トレンドを教えてくれるテクニカル指標を一緒に表示する**必要があります。

では、実際にはどのような指標を組み合わせるのがよいのでしょうか。

トレンド系の指標には移動平均線のほか、ボリンジャーバンドやパラボリックなどがあります。

オシレーター系の指標としてはＲＳＩ、ＭＡＣＤに加え、ストキャスティクスも活用してみます。第２章ではＭＡＣＤをトレンド系の指標として紹介しましたが、売買タイミングを示唆する指標でもあり、ここではオシレーター系に区分します。

［4-6］系統別テクニカル指標の例

トレンド系	オシレーター系	＋α 勢いを知りたいときに利用
・移動平均線※	・RSI※	・モメンタム※
・ボリンジャーバンド※	・MACD※	・DMI（方向性指数）
・一目均衡表	・ストキャスティクス※	
・パラボリック	・RCI	

組み合わせの基本形は、

トレンド系×オシレーター系＋α（勢いを知りたいときに利用）

です。

この基本形をもとに、図［4－6］に示したテクニカル指標を具体的に組み合わせてみます。なお、本書では、［4－6］の※の指標を用いて考えていきます。

ワンポイント・アドバイス

異なる系統のテクニカル指標を組み合わせることが基本です。また、動きがゆっくりなテクニカル指標（例：移動平均線）にはスピードが速いテクニカル指標（例：ストキャスティクス）といった具合に、補完し合うものの組み合わせもポイントです。

06 異なるシグナルが出たらどうするか

複数のテクニカル指標を活用する場合、いずれの指標も同じシグナルを出してくれれば何の問題もありませんが、異なるシグナルが出れば、当然、投資判断には迷いが生じるでしょう。

その際、**トレンド系、オシレーター系の指標のどちらを優先させるか**が重要です。

そこで、それぞれの指標を単独で使うと何が問題なのか改めて整理しましょう。

- **トレンド系指標＝弱点は売買判断の示唆が遅れてしまうこと。期間の取り方に工夫が必要**
- **オシレーター系指標＝弱点は上昇や下落局面が長引くと、売買シグナルが頻繁に発生してしまうこと**

では、どちらの指標を優先させたらいいのか。答えは**「トレンド系指標」**です。これはチャートが日足でも週足でも月足でも、あるいはデイトレードでも同じです。事例をもとに説明しましょう。

［4－7］は世界的なゲームメーカーである任天堂（7974）で、上段にローソク足と移動平均線（5日、25日、75日）、下段にRSI（11日と期間を短く設定）を表示しています。トレンド系指標として移動平均線、オシレーター系指標としてRSIを活用するというわけです。RSIには売買判断の重要ポイント**「50％ライン」**を入れています。ここではまず、RSIを優先して売買判断を行っていきます。

2017年4月から6月にかけて株価が右肩上がりですべての移動平均線よりも上方に位置し、移動平均線も上向きで推移する中、RSIは70～90％台の水準に張りついています。RSIが70％を上回ったところで売却しても、その後、RSIは50％まで低下せず、再び買うチャンスがありませんでした。一方、70％超

［4-7］オシレーター系指標のRSIを優先して考えた場合

任天堂（7974）の日足チャートと移動平均線（5日、25日、75日）、RSI（11日）

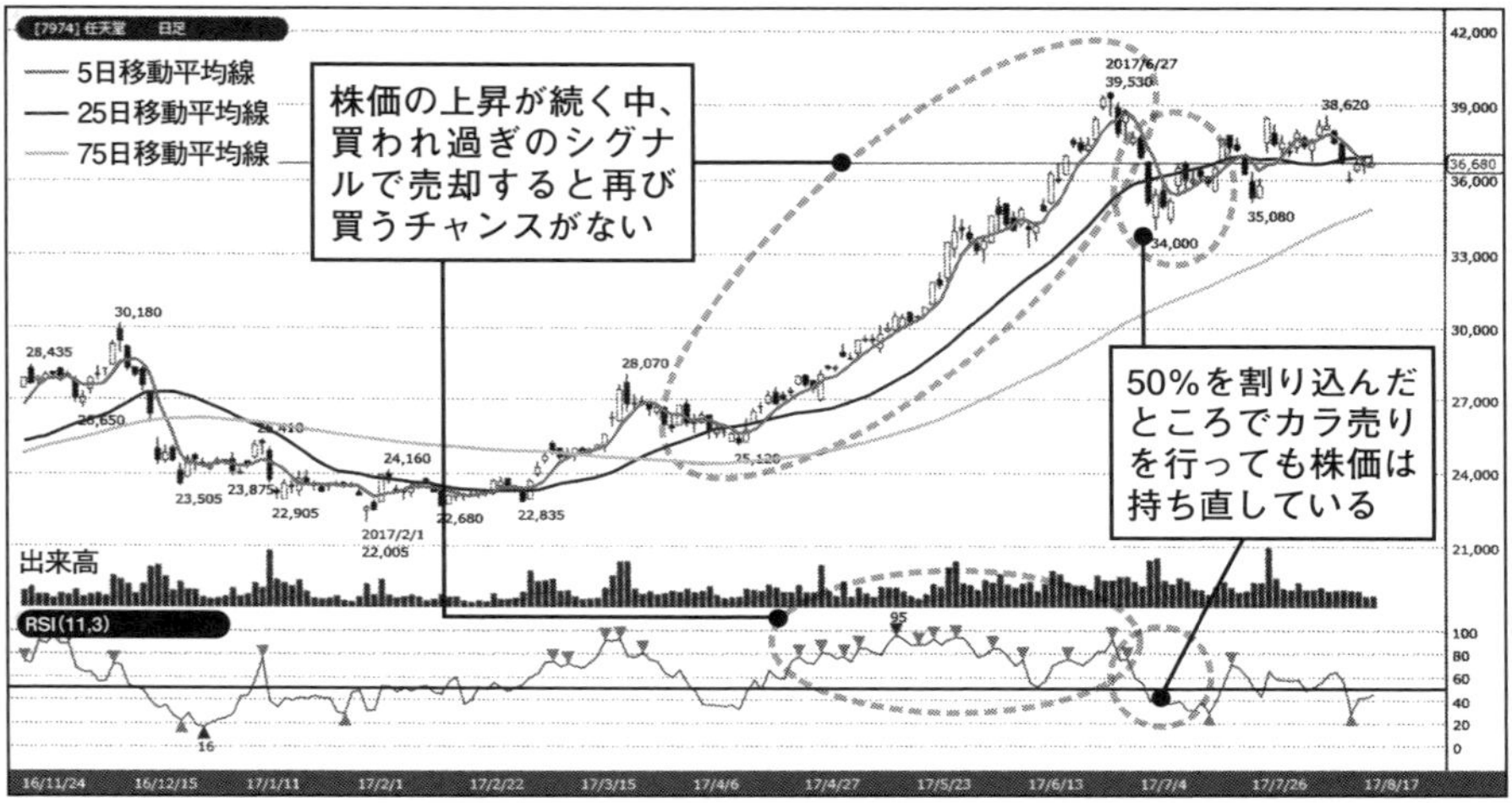

えで売りを我慢しても、これだけ注意喚起シグナルが出続けると、**どのタイミングで売ればいいのかの判断ができず、売りそびれてしまう**ことも考えられます。「上昇や下落局面が長引くと、売買シグナルが頻繁に発生」というオシレーター系指標の弱みが出てしまった格好です。

右端の小さいマルの部分にも注目してください。上昇トレンドが続いた後の反落で5日移動平均線が25日移動平均線を上から下へ突き抜けるデッドクロスが発生。RSIも50%を下回りました。この場面で、信用売りを行う人がいるかもしれませんが、株価はその後、持ち直す展開です。RSIが50%を割り込んだ7月5日時点で信用売りを行い、2営業日後の7日に買い戻さずRSIにこだわっていると、30%割れとなった同月14日まで買い戻すことができません。この時点では5日の株価を上回っているため、損失を抱えることになります。

では、同じ局面をトレンド系指標を主体に判断するとどうなるでしょうか。

07 主役はあくまでもトレンド系の指標

RSIよりも移動平均線を重視する

チャート［4−8］は同じく任天堂（7974）ですが、今度はトレンド系の指標である移動平均線を中心に売買タイミングを考えてみます。

移動平均線に基づく上昇トレンドの定義とは、株価がすべての移動平均線を上回っていると同時に、すべての移動平均線が上向きで推移していることです。したがって、株価が5日移動平均線、25日移動平均線、75日移動平均線よりも上方に位置し、しかも各移動平均線が上向きでかつ各移動平均線が5日、25日、75日の順に高い水準を維持しているうちは、上昇トレンドと判断することができます。

この任天堂（7974）のように上昇トレンドが継続しているときは、終値で株価が5日移動平均線を下回ることはほとんどないでしょう。たとえ、**株価が5日移動平均線を下回っても、5日移動平均線が上向きならば、RSIが70%を超えた水準で下向きに変化しても買われ過ぎ（売り）シグナルは無視**します。

「株価が5日移動平均線を下回り、5日移動平均線も下向きに転じた時点で売却する」のを前提にすれば、実際に売り注文を出すのは6月12日。この時点ではRSIも同様に低下しています。

ただ、RSIはその後も50%ラインを下回っていないため、その水準にこだわり続けると新たな買い注文

[4-8]トレンド系指標の移動平均線を優先して考えた場合

任天堂(7974)の日足チャートと移動平均線(5日、25日、75日)、RSI(11日)

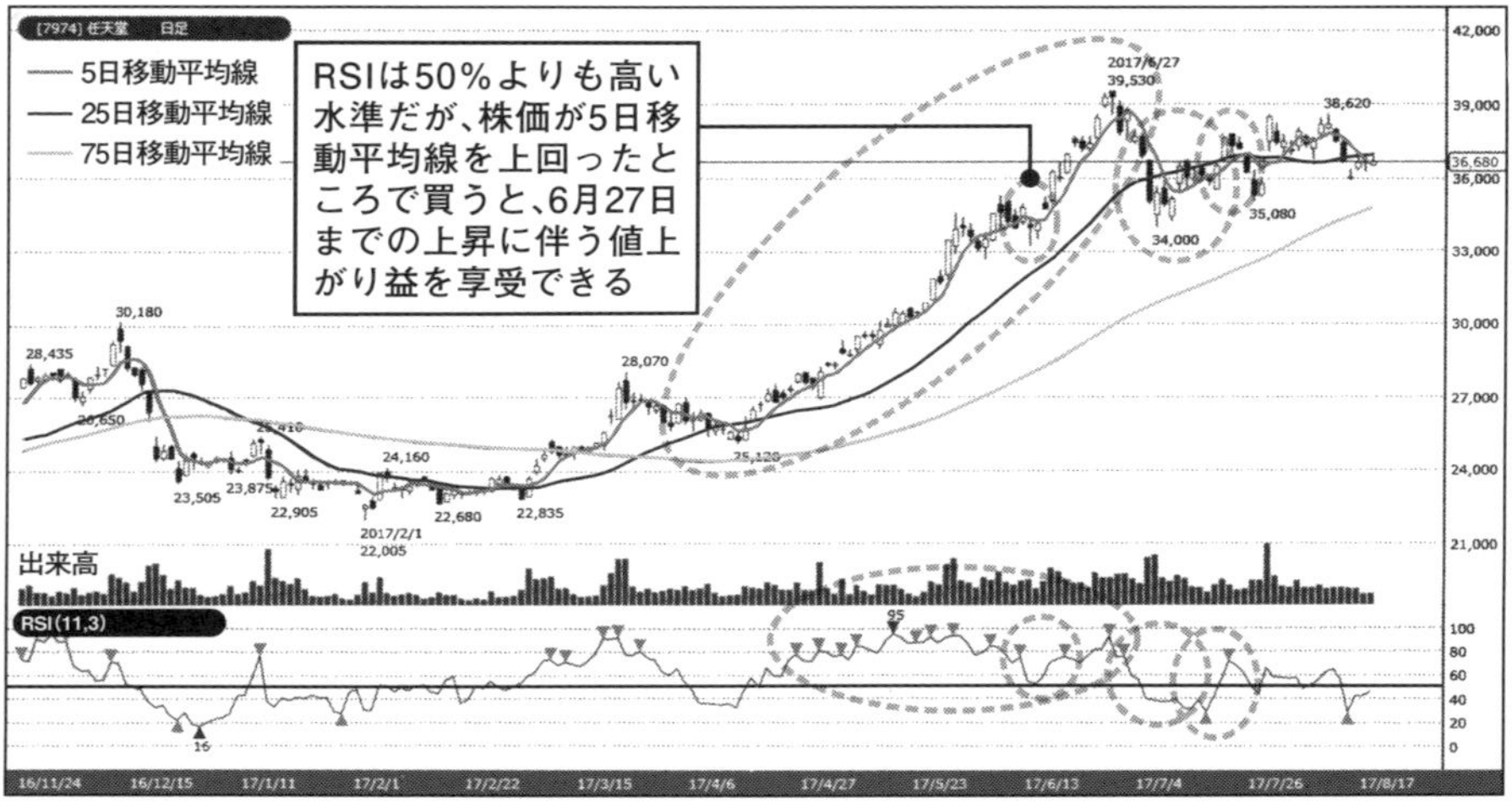

を入れることはできません。

これに対し、株価が再び5日移動平均線を上回ると同時に5日移動平均線も上向きに変化したタイミングで再度、上昇トレンド入りしたと判断して買い注文を入れると、6月27日までの上昇相場についていくことができました。

ワンポイント・アドバイス

RSIやストキャスティクスなどオシレーター系のテクニカル指標が買われ過ぎの水準で推移している間は、強い上昇トレンドが発生していると考えられ、バイアンドホールド戦略をとるのが有効と見られます。

08 RSIは必要ないのか？

方向感が定まらないときは短い期間のRSIが有効

トレンドを判断するには、短期（5日）と中期（25日）の移動平均線の乖離や中期の移動平均線の向きの確認が必要です。

5日移動平均線が25日移動平均線を下回ってデッドクロスが発生しても、25日移動平均線が上向きのうちは反発の可能性があると考え、ただちに売却するのは避けましょう。売りのタイミングは5日移動平均線が25日移動平均線を上回ることができなかったところです。5日移動平均線が上向きに転じないままだと、25日移動平均線も自然と下向きに変化してくるからです。

トレンドの転換時、期間の短い移動平均線から順に下向きへ変化することを踏まえると、デッドクロスが発生して、RSIが50％を割り込んだタイミングでも、25日移動平均線が上向きを続けているうちは信用取引のカラ売りを避けるのが賢明です。

こうした考え方だと、そもそもRSIは必要ないと思う人がいるかもしれませんが、そういうわけではありません。チャート［4－9］の右端の小さなマルの部分を見てください。

下段のRSIは7月14日から21日の短い期間に売られ過ぎと買われ過ぎ両方のシグナルを点灯させていま

［4-9］RSIの賢い使い方

任天堂（7974）の日足チャートと移動平均線（5日、25日、75日）、RSI（11日）

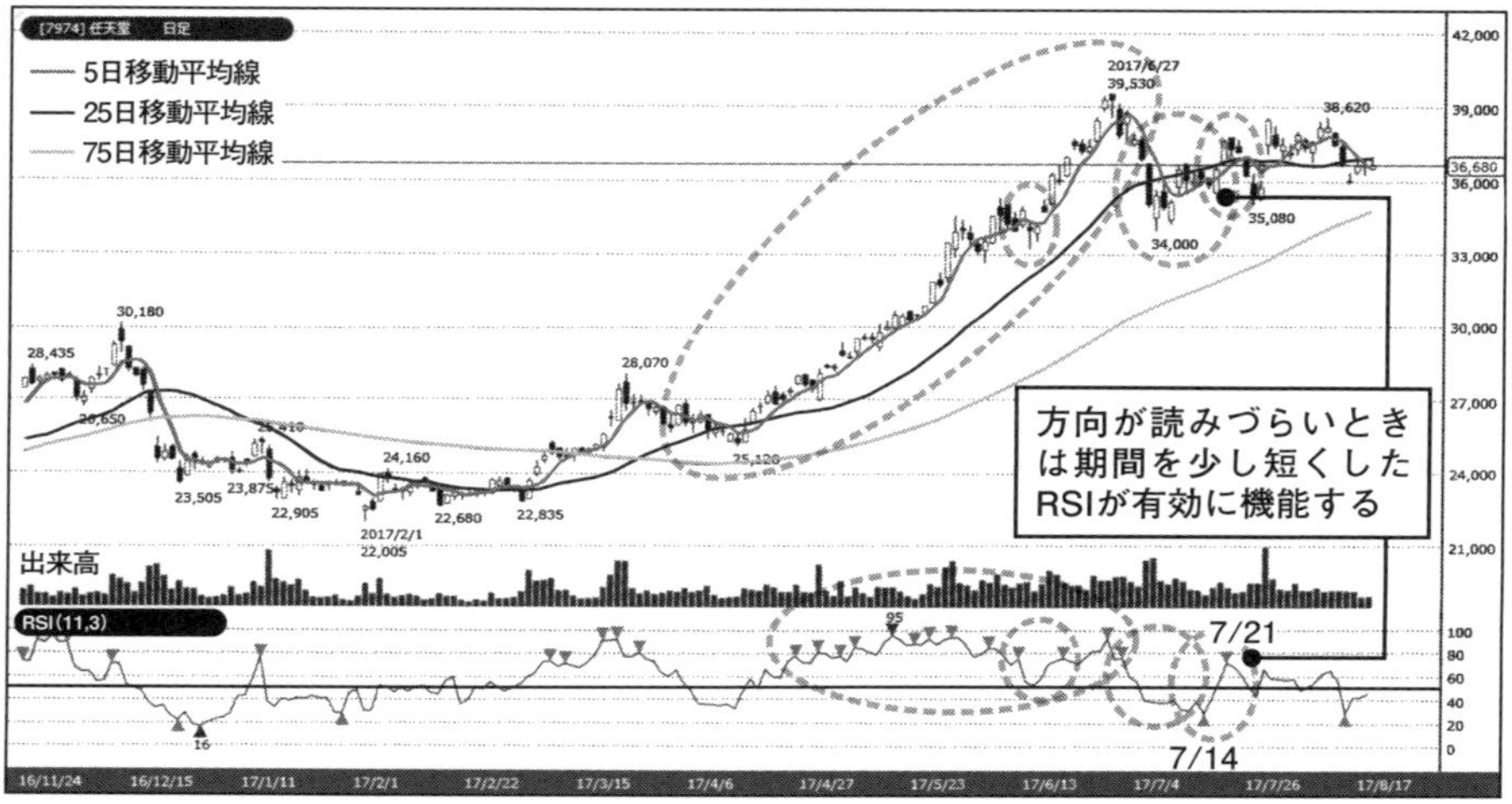

す。そこでＲＳＩの買いシグナル点灯と同じ時点（７月14日）での移動平均線を見ると、５日移動平均線、25日移動平均線ともに上向き状態ですが、25日移動平均線よりも５日移動平均線のほうが下にあり、上昇トレンドに戻ろうとしていると考えられます。

株価も５日移動平均線を上回っているため、移動平均線から見ても買いと判断し、仮にそこで買い注文を入れるとしましょう。

一方、ＲＳＩの売りシグナルが発生したのと同じ時点（７月21日）での移動平均線を見ると、株価は５日移動平均線、25日移動平均線をいずれも上回っているものの、５日移動平均線は25日移動平均線よりも下方に位置しており、上昇トレンドの回復には至っていないことがわかります。

このような状態のとき、前述の移動平均線に基づく判断だけに頼ると、株価が５日移動平均線を下回るまで保有し続けてしまい、結果的に売り遅れることになります。**ＲＳＩだと、売りタイミングがピンポイントで合致**しているのです。

ＲＳＩは売買タイミングをはかる上で、なくてはならないテクニカル指標であることがわかるでしょう。ＲＳＩが買われ過ぎの状態を示し、売りの「注意喚起シグナル」が発生した翌営業日の７月21日に売らなければ、損失を抱えてしまったことになります。やはりＲＳＩが買われ過ぎのシグナルを発生させている場面は警戒が必要というわけです。

完璧な上昇トレンドが発生していない状況では、ＲＳＩの買われ過ぎや売られ過ぎのシグナルを併せて表示し、売買判断に役立てる必要がある、というのがこのケースでの結論です。

特に強いトレンドが発生した後にトレンドが弱まってきたときや、チャート［４−９］の右端部分のように方向感の定まらないまま一定のレンジ内で動いているときには、**少し期間が短めのＲＳＩ（11日）を併用**することで、売買タイミングをより的確にはかることができるようになると見られます。

強い下降トレンドが発生しているときは機能しない場合が多い

次に、強い下降トレンドが発生しているときを検証してみましょう。

下降トレンドとは、株価が５日移動平均線、25日移動平均線、75日移動平均線の下方に位置していると同時に、各移動平均線がいずれも下向きで、下から５日、25日、75日の順になっている状態を指します。**下落の角度**もチェックが必要です。下落角度が急であればあるほど、下落の勢いは強いと判断できます。

チャート［４−10］はその例です。

ガラス最大手の旭硝子（５２０１）で、上段にローソク足と移動平均線（５日、25日、75日）、下段にＲＳＩ（11日）を表示しています。

チャート上の丸い点線で囲んだ部分を見てください。下向きに変化した５日移動平均線が上値抵抗として

[4-10]強い下降トレンドでの注意点

旭硝子(5201)の日足チャートと移動平均線(5日、25日、75日)、RSI(11日)

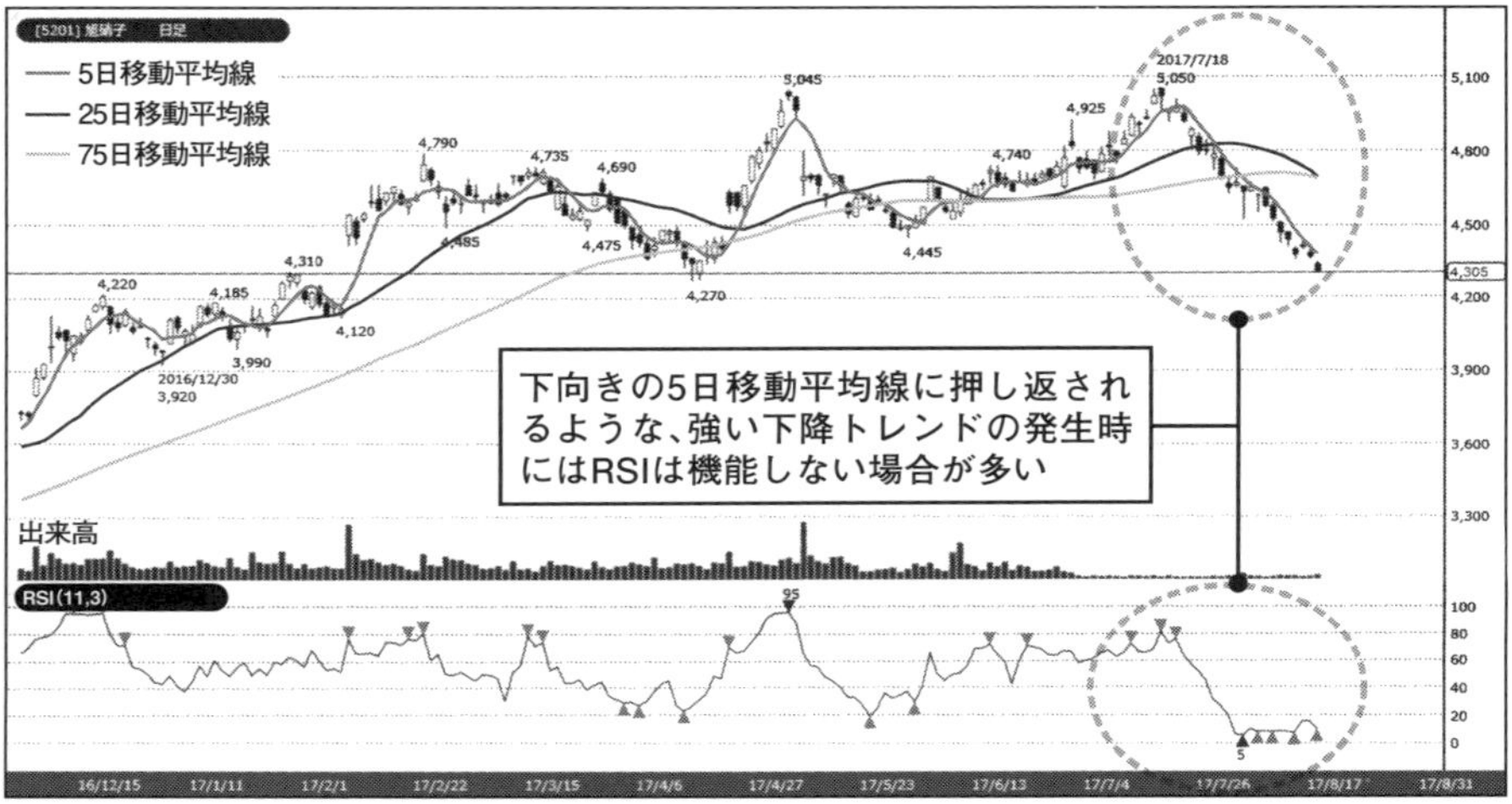

機能しています。RSIはどうでしょうか。売られ過ぎの水準である30％を下回ったままで、うまく機能しているとはいえない状態です。

このように**強い下降トレンドが発生**しているときには、オシレーター系指標であるRSIだけを見て判断するのではなく、**トレンドを中心に考えて売買タイミングを捉える**のがポイントです。

09 失敗してもトレンドが助けてくれる

トレンド系のテクニカル指標とオシレーター系のテクニカル指標を組み合わせて使う場合、前述のように、**「トレンドが主役で、オシレーター系指標に基づく売買判断はあくまでも脇役」**であることに変わりはありません。

では、なぜトレンドが主役なのでしょうか。

これはトレンドがまさに株価の方向を示しているのに対し、**オシレーター系のテクニカル指標はピンポイントであらかじめ定められた期間（RSIであればデフォルトは14日）内の買われ過ぎや売られ過ぎを示しているに過ぎない**からです。

発生しているトレンドと同じ方向のポジションを持っていれば、売買タイミングを間違えて一時的にマイナスになるような場面があっても、時間が経つにつれて再び回復に転じることが多いのです。

上昇トレンドの途中で乗り遅れて高値づかみをしても、上昇トレンドが継続している銘柄ならば、気づいてみたら株価が回復して利益が出ている、といったことが多々あります。

中長期投資を考えている投資家こそ、トレンド系指標の活用が有効であり、実践する価値のあるテクニカル分析手法といえます。

ただ、**日足のトレンドが変わりつつある際には注意が必要**です。値動きの大きな銘柄ほど、トレンドが変わっていることに気づいたときには損失が膨らんでいた、ということにもなりかねません。

［4-11］株価の上昇トレンドが助けてくれた例

ファーストリテイリング（9983）の日足チャートと移動平均線（5日、25日、75日）、RSI（11日）

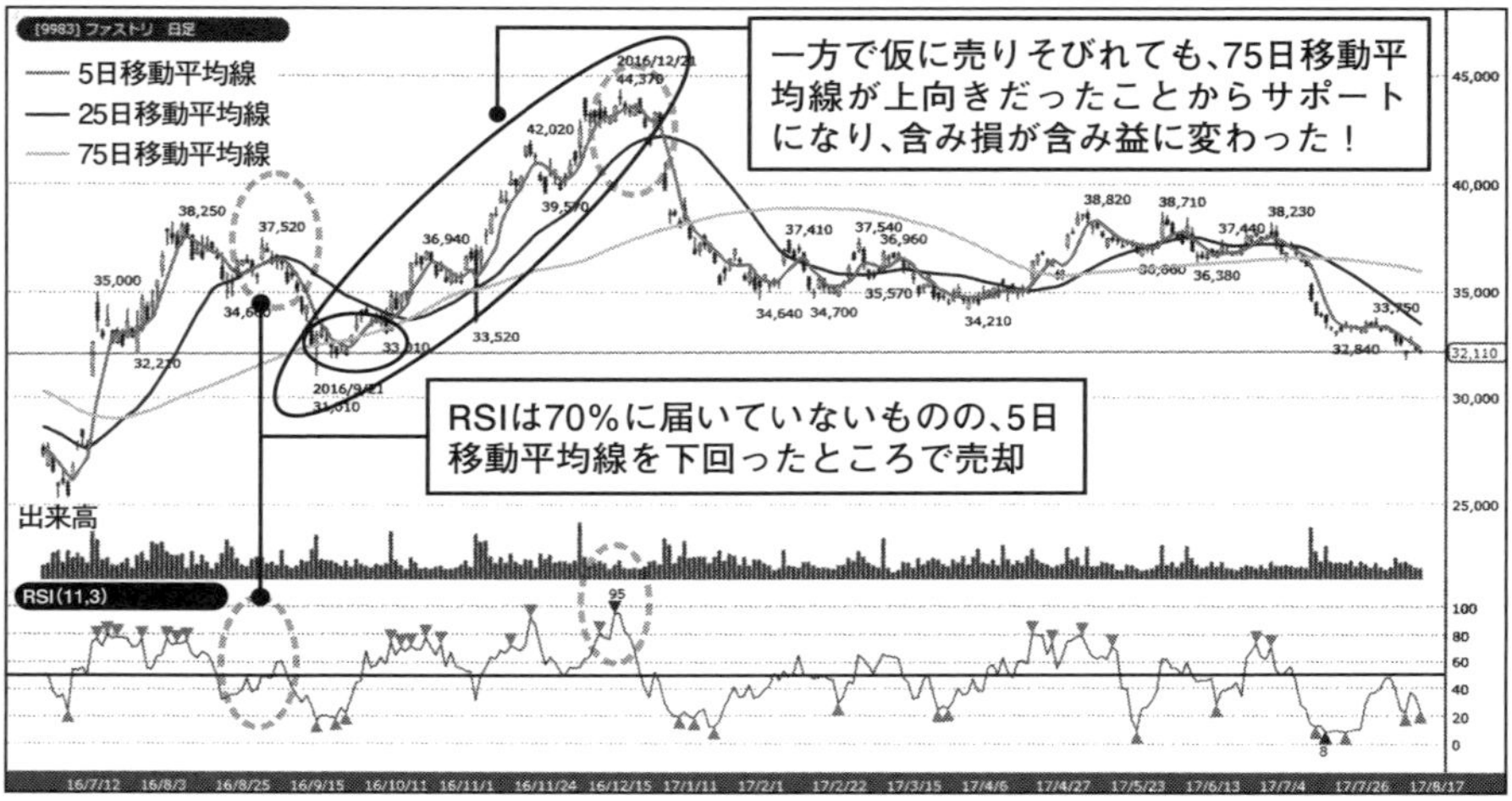

ファーストリテイリング（9983）のチャート［4-11］で確認しましょう。上段にはローソク足と移動平均線（5日、25日、75日）、下段にはRSI（11日）を表示しています。

左端の点線のマル囲み部分を見てください。ここではRSIが買われ過ぎを示す70%に到達しなかったため、株価が高値をつけたところで売ることはできませんでした。それでも、株価は25日移動平均線と5日移動平均線をいずれも下回りました。移動平均線に基づく判断では「売り」のサインです。ここで売り逃したとしたらどうなったでしょうか。

一旦は含み損が発生するものの、その後は上向きの75日移動平均線がサポートになって反発。含み損は含み益に変わりました。

これは**株価の上昇トレンドが売り逃しを助けてくれた**好例です。一方、その後のトレンドが再び変わってしまったところではどうでしょうか。次項で見ていきましょう。

10 トレンドに逆らうとどうなるのか

トレンドが変わったときの特徴について説明していきます。チャート［4-12］は、同じくファーストリテイリング（9983）です。

トレンドに逆らうとどうなるのでしょうか。トレンドに逆らう投資行動といえば「逆張り」です。成功すれば、短時間で比較的大きな値幅を取ることができる反面、売りどきを逃すと損失拡大や塩漬けのリスクもある手法です。

左側の四角い枠で囲んだ部分を見てください。5日移動平均線が下向きで、75日移動平均線が上向きのパターンです。短期の移動平均線が下向きに変化したまま推移していると、それまで上向きを続けていた中長期の移動平均線も下向きに変わってきます。**下降トレンド入りの一歩手前**ともいうべき状態です。この四角で囲った部分でリバウンド（株価の反発）を狙って買う人は、落とし穴があることに気づいていないのです。

私はよく「下げているところを買うのではなく、下げ止まって反発したところを買うようにしましょう」とお話ししています。それは、中長期の移動平均線上で反発しなければ、下降トレンドの続く可能性があるからです。RSIも売られ過ぎの水準で、買いたくなるところかもしれませんが、**完全な上昇トレンドが形成されていないうちは見送ったほうが賢明**です。

右側の四角い枠で囲まれたところも見てください。5日移動平均線が横ばいで推移しています。下のRSIに目を転じると、売られ過ぎの水準に張りついています。このような水準で株価も底ばっていると、リバ

[4-12] トレンドに逆らうと？

ファーストリテイリング(9983)の日足チャートと移動平均線(5日、25日、75日)、RSI(11日)

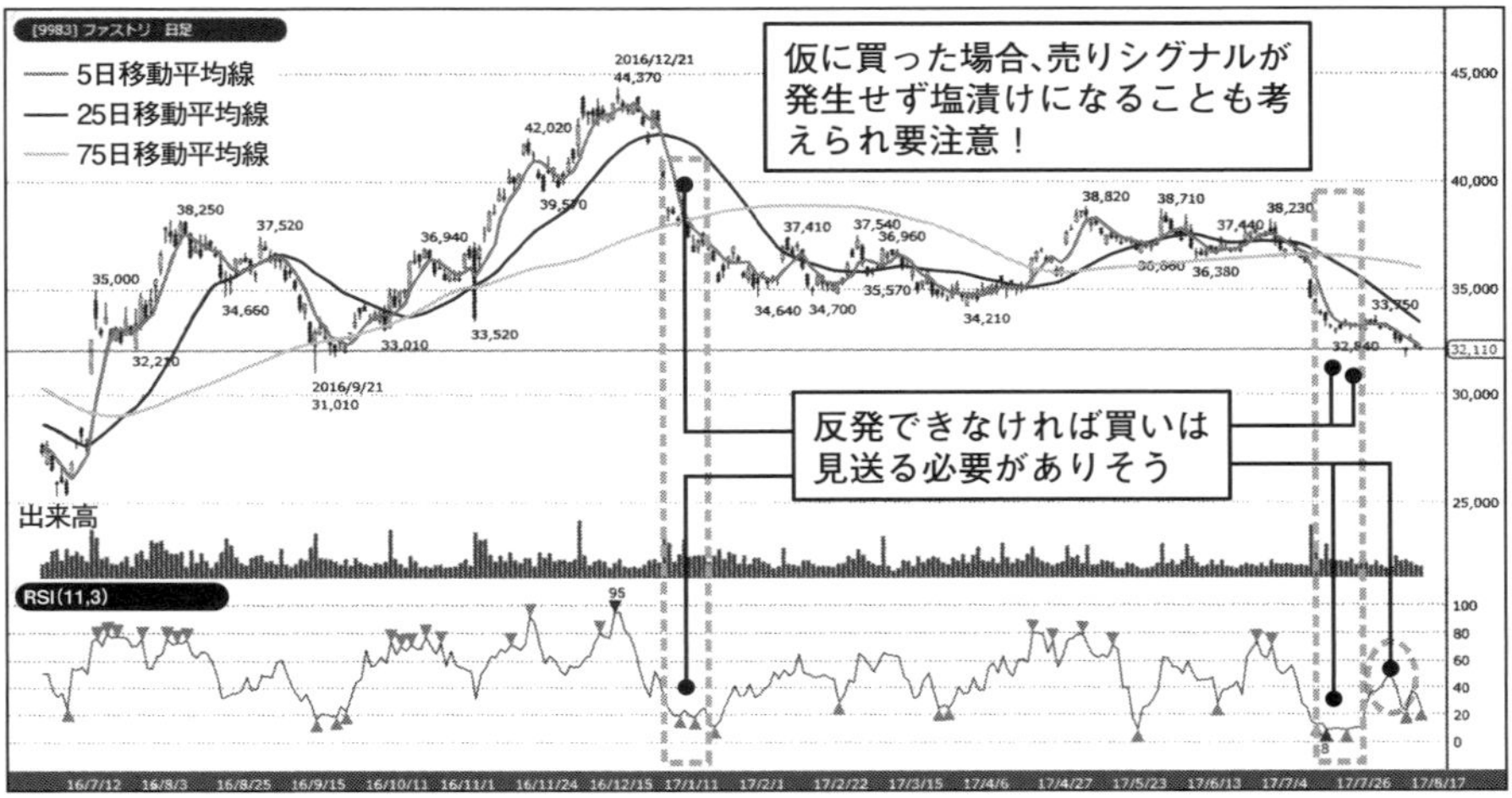

ウンド狙いの買いを入れたいとの誘惑にかられますが、25日移動平均線と75日移動平均線はいずれも下向き。下降トレンドが発生している可能性が高まり、「買いシグナルは無視したほうがいい」との結論に落ち着きます。ここで買ったまま保有していると、その後塩漬けになることが考えられます。

仮に買い増し（ナンピン買い）すれば、RSIが50％にも届かない状態で売りシグナルも発生しないため、売却のタイミングがわからないまま、損失拡大につながる可能性が高まります。

売買タイミングだけに捉われてしまうことが、テクニカル分析を活用する上でいかにリスクが高いかおわかりいただけたのではないでしょうか。

第5章

トレンド系指標とオシレーター系指標を実際に組み合わせて検証

TECHNICAL ANALYSIS

01 指標を組み合わせることで複数の視点が手に入る

トレンド系指標×オシレーター系指標×株価のパターン

第4章では、テクニカル指標を組み合わせて活用する必要性について解説しました。この章では、いよいよ具体的な指標の組み合わせと、判断方法について説明していきます。

ただ、トレンド系の指標、オシレーター系の指標とも、数えきれないほどの種類があります。そこで、ここでは、「わかりやすくて判断しやすいと考えられるものの組み合わせ」に絞ってポイントを説明していきましょう。

シンプルでかつ「フィッティング（期間調整）」でカスタマイズができ、売買判断がしやすいとなれば、最強の組み合わせにすることも可能なはずです。

それではまず、代表的なテクニカル指標の組み合わせを確認しましょう。

［5－1］のトレンド系とオシレーター系の代表的な指標と＋αをそれぞれ組み合わせていけばいいのです（本書では※の指標を用いて考えていきます）。

たとえば、移動平均線を中心にした組み合わせは［5－2］の通りです。

移動平均線とオシレーター系の指標の組み合わせだけでも12通り。さらに、株価が**上昇トレンド、下降ト**

[5-1]系統別テクニカル指標の例

トレンド系

- 移動平均線※
- ボリンジャーバンド※
- 一目均衡表
- パラボリック

オシレーター系

- RSI※
- MACD※
- ストキャスティクス※
- RCI

+α
勢いが知りたいときに利用

- モメンタム※
- DMI(方向性指数)

組み合わせの基本形 = トレンド系 × オシレーター系 +α

[5-2]系統別テクニカル指標の具体的な組み合わせ

トレンド系	オシレーター系	+α	
移動平均線	RSI	モメンタム	パターン①
		DMI	パターン②
		なし	パターン③
	MACD	モメンタム	パターン④
		DMI	パターン⑤
		なし	パターン⑥
	ストキャスティクス	モメンタム	パターン⑦
		DMI	パターン⑧
		なし	パターン⑨
	RCI	モメンタム	パターン⑩
		DMI	パターン⑪
		なし	パターン⑫

+上昇トレンド、または下降トレンド、またはボックス圏での推移

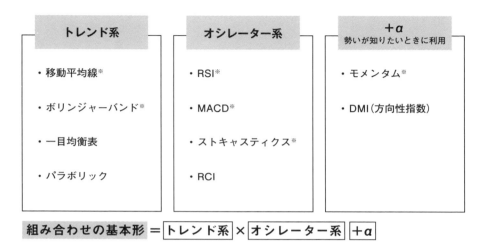

レンド、ボックス圏での推移、と3つのパターンで投資判断は異なるので、全体では「**12×3＝36通り**」の組み合わせに基づく判断が可能です。

繰り返しになりますが、テクニカル指標を用いても思ったような成果を上げることができないのは、ひとつの指標だけを使うことに大きな原因があると考えられます。**組み合わせて売買タイミングをはかるほうが、「ダマシ」を避けるポイントが発見しやすくなる**のは自明の理です。

同時にさまざまな指標を組み合わせて使うことで、それぞれの強みと弱みを知ることができ、その結果、最強の組み合わせを見つけることが可能になります。

02 株価は同じでも組み合わせによって売買タイミングが変わる！①
移動平均線×RSIを検証

複数の組み合わせから自分に合ったものを探す

複数の組み合わせがあると聞けば、いちばん役立つ組み合わせひとつだけを教えてほしいと思う方もいるでしょう。でも、話はそんなに簡単ではありません。**株価のトレンドによって発生するシグナルが異なるか**らです。どれがもっとも適しているかは、投資家の考え方やトレードスタイルによっても変わります（トレードスタイルごとの組み合わせは第6章で紹介します）。また、**単にシグナル発生のタイミングだけではなく、投資家がそのシグナルを使いやすいと感じるかも、売買の際に重要なポイントとなる**のです。

最初からひとつに絞り込むのではなく、いくつかの組み合わせを試してみて、自分に合ったものを選ぶのが少々遠回りであっても成功への近道です。そのためにも、たくさんの組み合わせの特徴を知っていただきたいと思います。

トレンドを確認し、次に売買タイミングを確認

最初に紹介するのは、移動平均線とＲＳＩの組み合わせです。

［5-3］上昇トレンド時の移動平均線とRSI（14日）
関西ペイント（4613）

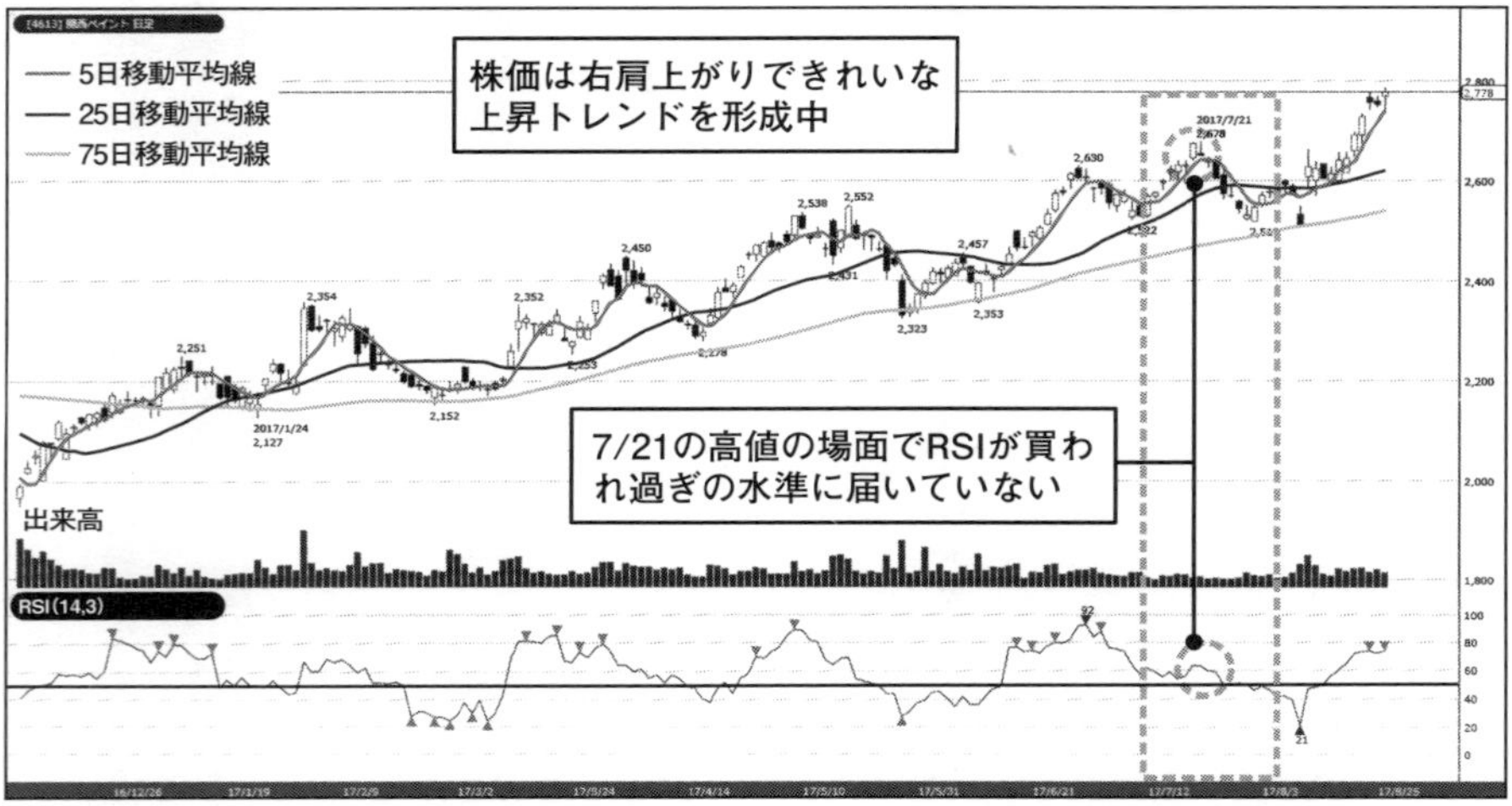

移動平均線とＲＳＩを組み合わせて売買タイミングの判断に活用するときの主役は、前章でも説明した通り、トレンド系指標、つまり移動平均線です。トレンドが上下どちらを向いているかをまず確認。その上で、オシレーター系の指標であるＲＳＩで売買タイミングをはかることが大事です。

チャート［５－３］は自動車用塗料を中心とする塗料大手の関西ペイント（４６１３）で、上段にローソク足と移動平均線（５日、25日、75日）、下段にＲＳＩを表示しています。

ここで最初に確認しなければならないのが**トレンド**です。トレンド判断では、**①移動平均線の向き、②ローソク足と移動平均線の位置関係、③移動平均線の順番**をチェックします。チャートを見ると、

①移動平均線は５日、25日、75日と短中長期線がいずれも上向き

②ローソク足と移動平均線の関係を見ると、ローソク足が各移動平均線よりも上方に位置している

③移動平均線は５日の水準がもっとも高く、以下25日、75日の順

[5-4]オシレーター系指標の主なダマシのパターン

上昇トレンド	買われ過ぎ（売り）シグナルが頻発する
	買われ過ぎの水準に張りついて動かない
	低下しても50%に届かずに上昇する（買いタイミングがつかめない）
下降トレンド	売られ過ぎ（買い）シグナルが頻発する
	売られ過ぎの水準に張りついて動かない
	上昇しても50%に届かずに反落する（売りタイミングがつかめない）

……ということがわかります。**「上昇トレンド」の条件をすべて満たしている**といえます。

次は**売買タイミング**の確認です。上昇トレンド時には、RSIが買われ過ぎ（売り）の水準に張りついたり、売られ過ぎ（買い）の水準まで低下しなかったりするといった特徴があります。ここではどうでしょうか。

売られ過ぎシグナルはほとんど発生していません。四角い点線で囲んだ7月21日高値の場面では、RSIが買われ過ぎの水準に届いておらず（逆行現象）、さらにRSIが50%を割り込むところまで待って売ると高値からかなり下落したところでの売却、つまり、売り遅れとなったことがわかります。

こうした売り遅れからくる利益の目減りや損失の拡大は、当然のことながらパフォーマンスに悪影響を及ぼします。

たとえば、［5－3］［3－13］のような「逆行現象」など、**パフォーマンス悪化につながるパターンを記録**しておいて、避ける準備をしておくのが肝心です。

03

株価は同じでも組み合わせによって売買タイミングが変わる！②

移動平均線×ストキャスティクスを検証

買われ過ぎや売られ過ぎを教えてくれる「ストキャスティクス」

続いては、同じく関西ペイント（4613）株のチャートを別のテクニカル指標の組み合わせで見てみます。具体的には、移動平均線と**ストキャスティクス**（Stochastics）です。

ストキャスティクスはRSIと並んでよく利用されるオシレーター系のテクニカル指標です。組み合わせに関する説明の前に、まずストキャスティクスについてポイントを解説しましょう。

ストキャスティクスは、米国のチャート分析家であるジョージ・レーンが考案したもので、日本語でいえば「推測統計学」という意味です。**過去における高値、安値に対して当日の終値がどういった位置にあるか**を示したもので、**「%K」「%D」「%SD」という3つの指数**で構成されます。

RSIと同様、0%から100%までの範囲で推移し、買われ過ぎや売られ過ぎの状態にあることを知らせてくれます。

%Kと%Dが80%以上は買われ過ぎ（売りのシグナル）、20%以下だと売られ過ぎ（買いのシグナル）と判断します。さらに%Kと%Dの2本の線のクロスも売買判断のタイミングを示します。

%Kと%Dの組み合わせはファーストストキャスティクス。%Kと%SDを組み合わせたものはスロース

[5-5]ストキャスティクスの計算式

%K＝100×｜(C－L9)÷(H9－L9)｜
%D＝100×(H3÷L3) ※(%SD＝%Dの3日移動平均線)

〈記号の意味〉 C＝直近の終値、L9＝過去9日間の最安値、H9＝過去9日間の最高値、
｜　｜は絶対値、H3＝(C－L9)の3日間の合計 、L3=(H9－L9)の3日間の合計

●%Kを例に計算してみると

例1 C=20円、L9＝10円、H9＝100円であったとき、%Kは……
100×｜(20－10)÷(100－10)｜＝11.11%

例2 C=100円、L9＝10円、H9＝100円であったとき、%Kは……
100×｜(100－10)÷(100－10)｜＝100%

トキャスティクスとも呼ばれます。ファーストとスローの違いはその名の通り、ファーストの売買シグナルのほうが早く発生。売買シグナルの発生が早い分、「ダマシ」が多いというデメリットもあります。

ここでは、スローストキャスティクスを用いて売買タイミングを確認します。

ストキャスティクスとRSIの相違点

ストキャスティクスの計算式は図[5－5]の通りです。%Dは%Kの3日移動平均線であり、そのため、%Dは%Kよりも遅れて反応します。%Dと%Kのクロスが売買のシグナルです。

売買シグナルとしての見方はRSIと同じですが、何点か異なるところがあります。たとえば、買われ過ぎ、売られ過ぎの水準です。

RSIは通常、30%以下が売られ過ぎの水準とされていますが、ストキャスティクスでは、20%以下が売られ過ぎの状態にあると判断します。RSIと同じ水準で判断する人もいますが、売買シグナルの

［5-6］上昇トレンド時の移動平均線×ストキャスティクス（スロー）
関西ペイント（4613）

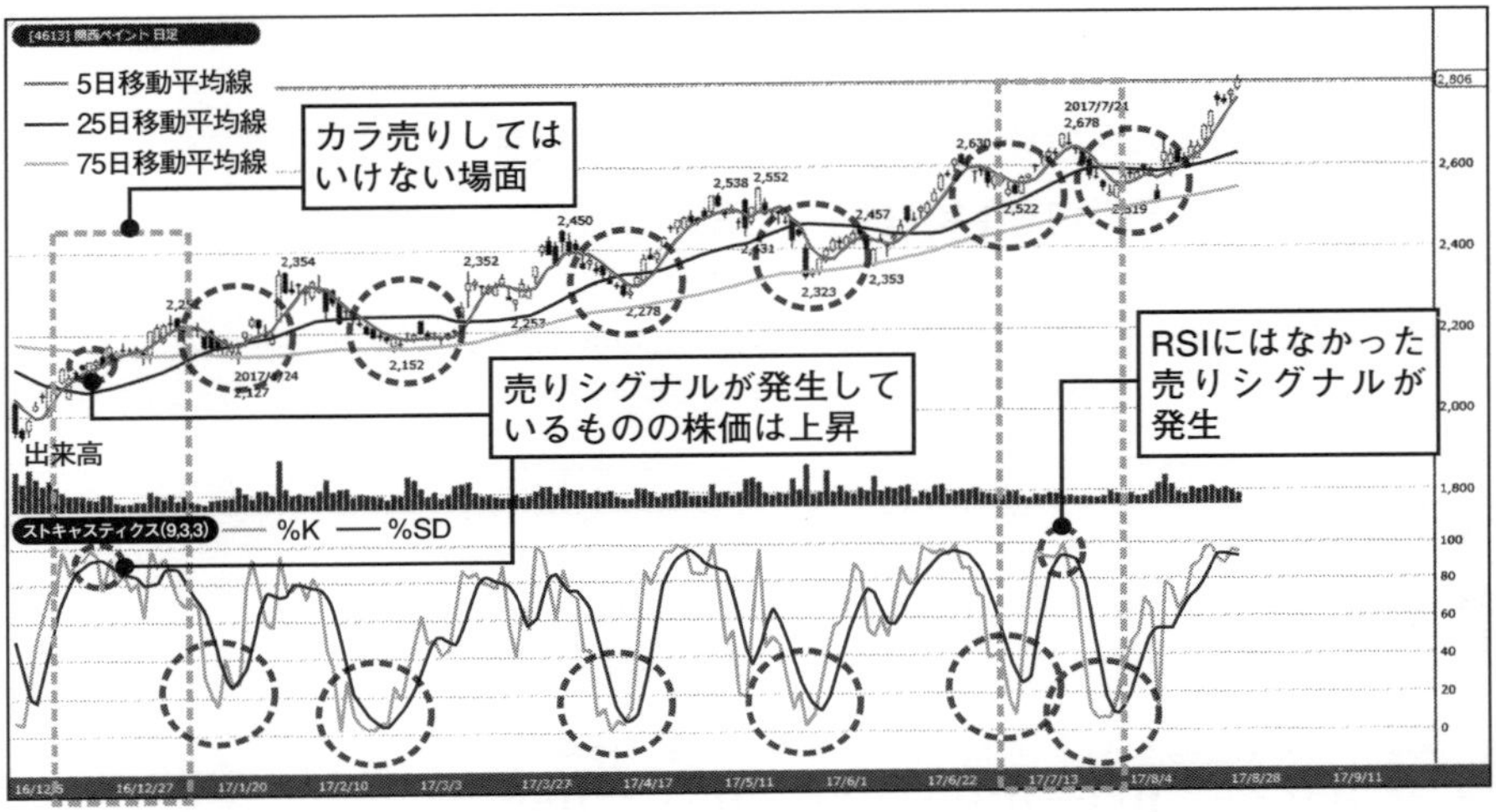

精度を上げたいのであれば20％以下で判断するほうがよさそうです。これにより、シグナルの発生数が減り、「ダマシ」が少なくなると考えられるからです。

実際のチャートで検証

チャート［5－6］を見てください。

関西ペイント（4613）で、上段にはローソク足と移動平均線（5日、25日、75日）、下段にストキャスティクス（スロー）を表示しています。

チャート［5－3］と見比べてみると、ストキャスティクスの場合はRSIと異なり、株価が上昇トレンドでも売られ過ぎの水準である20％を下回っている場面が多く見られます。

ここでいう「上昇トレンド」とは、75日移動平均線をサポートにした中長期のトレンドのことを指します。ストキャスティクスでは、株価が75日移動平均線の水準まで下落したり、手前で反発したりしたところで％Kと％SDのクロスが発生して買いシグナルが出ているのがわかります。

次に買われ過ぎのシグナルを確認しましょう。右側の四角い点線で囲んだところを見てください。RSIでは買われ過ぎのシグナルが発生していなかったのに対し、ストキャスティクスでは80％を上回ったところで2本線がクロスして売りシグナルが点灯しています。

このように同じ株価で比較すると、**ストキャスティクスのほうが売買タイミングをかなり的確に捉えていること**が読み取れます。

強いトレンドの発生時には「ダマシ」が

一方、左側の四角い点線で囲んだところでも売りシグナルが発生。買われ過ぎの水準とされる80％を上回ったところで2つの線がクロスしていますが、株価は上昇を続けています。

ストキャスティクスもRSIと同様、強いトレンドが発生しているときには売りシグナル発生のタイミングが的確でないことが多く、こうした場面で売ると、その後の上昇に乗ることができません。ここでいう「強い上昇トレンド」とは、株価が、急角度で上昇している上向きの5日移動平均線を一度も割り込むことなく水準を切り上げている局面を指します。

もっとも、この急角度で上昇している場面の株価と移動平均線の位置関係を見ると、売りシグナルが発生したところではローソク足が75日移動平均線の下に位置しています。移動平均線の順番も上から75日、5日、25日となっており、はっきりした上昇トレンドとはいえない状況です。

ただ、上昇が止まるのではないかと判断して信用取引で売ってしまったら、その後の株価上昇で利益が取れないばかりか、損失が拡大する状況になってしまったでしょう。

上昇トレンドあるいは上昇トレンド入りしそうな場面では、ストキャスティクスでも「ダマシ」が発生することを頭に入れておく必要があります。

関西ペイント（４６１３）株のケースでは、強い上昇トレンドの発生時に、買われ過ぎを示す売りシグナルが発生した局面で利益確定売りは行っても、信用取引のカラ売りは行ってはいけないということです。

04

株価は同じでも組み合わせによって売買タイミングが変わる！③
移動平均線×MACDを検証

次に移動平均線とMACDの組み合わせです。前述のように、MACDはトレンド系、オシレーター系の両面を兼ね備えたハイブリッドなテクニカル指標ですが、はたして売買タイミングを的確に捉えているのでしょうか。

チャート［5-7］は同じく関西ペイント（4613）で、上段にローソク足と移動平均線（5日、25日、75日）、下段にMACDを表示しています。

左端の四角い点線で囲んだ、下降トレンドから上昇トレンドに変化する場面をチェックしましょう。

MACDはストキャスティクスと同様、2本線のクロスで売買タイミングを示唆します。この値上がり局面でMACDとそのシグナル線はいずれもトレンド判断のポイントになる**「0ライン」を上回った後も上昇を続けています。**MACDとシグナル線はその後、クロスして売りサインが点灯。**RSIやストキャスティクスに比べると、売りタイミングを的確に捉えている**といえるでしょう。

MACDは0ラインより上でも下でもシグナル線とのクロスが頻繁に発生。売買のチャンスが多かったことを示唆しています。オシレーター系であると同時にトレンド系であることの強みといえるでしょう。となると、MACDはもっとも優秀な指標と思われるかもしれませんが、右側の点線で囲った部分を見てください。

RSI（チャート［5-3］）では売りシグナルが発生しなかったポイントですが、ストキャスティクス

[5-7]上昇トレンド時の移動平均線×MACD
関西ペイント(4613)

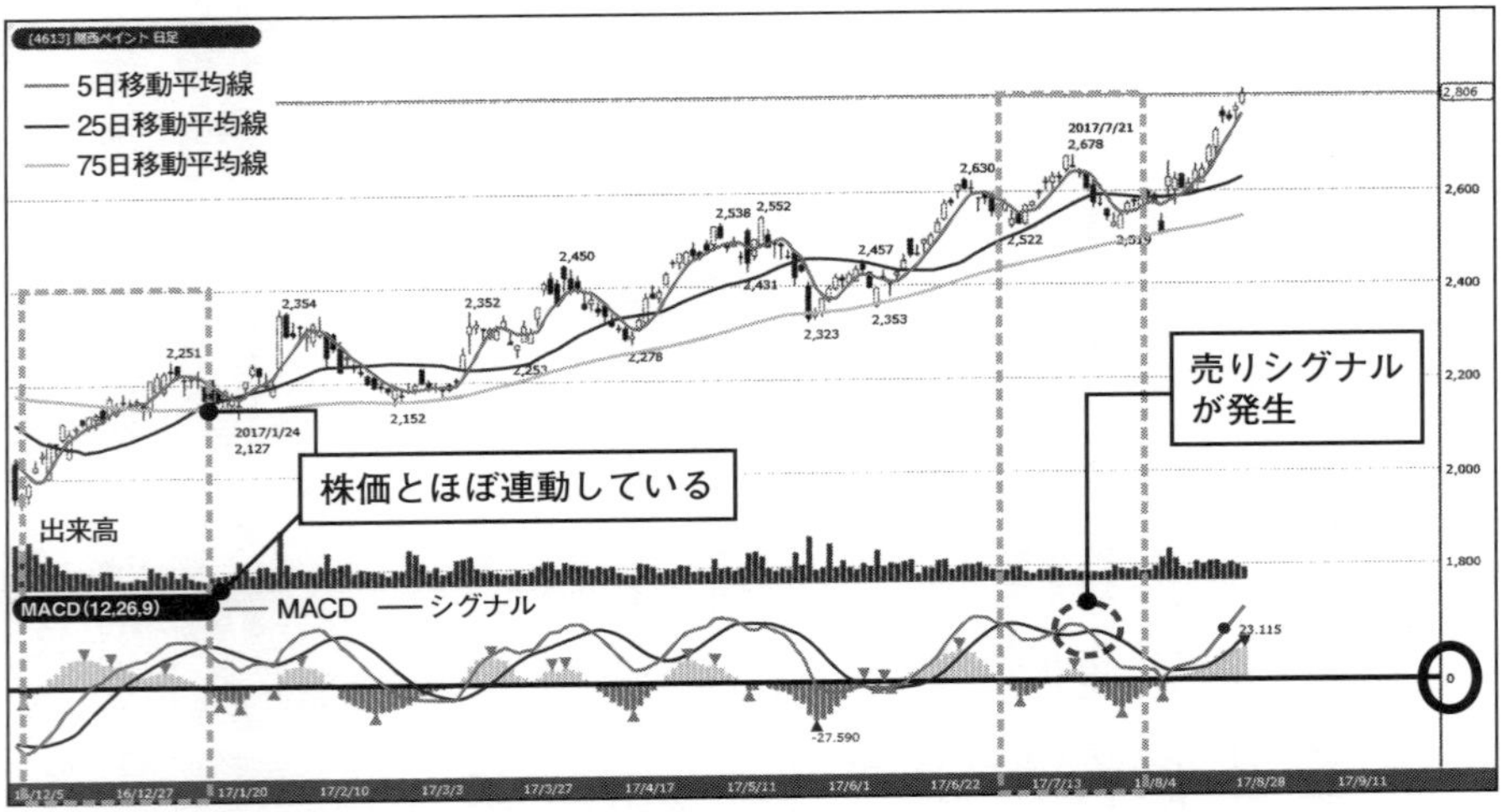

(チャート[5－6])ではまさにピンポイントで売りシグナルが発生していました。MACDではストキャスティクスよりも少し遅れて売りシグナルが発生しています。

そこで、**MACDとストキャスティクス両指標の動きを比べてみた**のがチャート[5－8]です。

ここで、MACDとストキャスティクス両指標の示唆する売買タイミングが株価の高値・安値とどれだけ正確に一致しているかチェックするため、縦の点線を引いてみました。

ストキャスティクスがほぼピンポイントで売買タイミングを示しているのに対し、MACDとシグナル線のクロス発生は遅れています。

上昇トレンドでも比較的、上下に規則正しく株価が動いている局面では、ストキャスティクスが威力を発揮。MACDよりもピンポイントで売買タイミングをはかることができる指標と考えられます。

[5-8]上昇トレンド時の移動平均線×ストキャスティクス(スロー)×MACD

関西ペイント(4613)

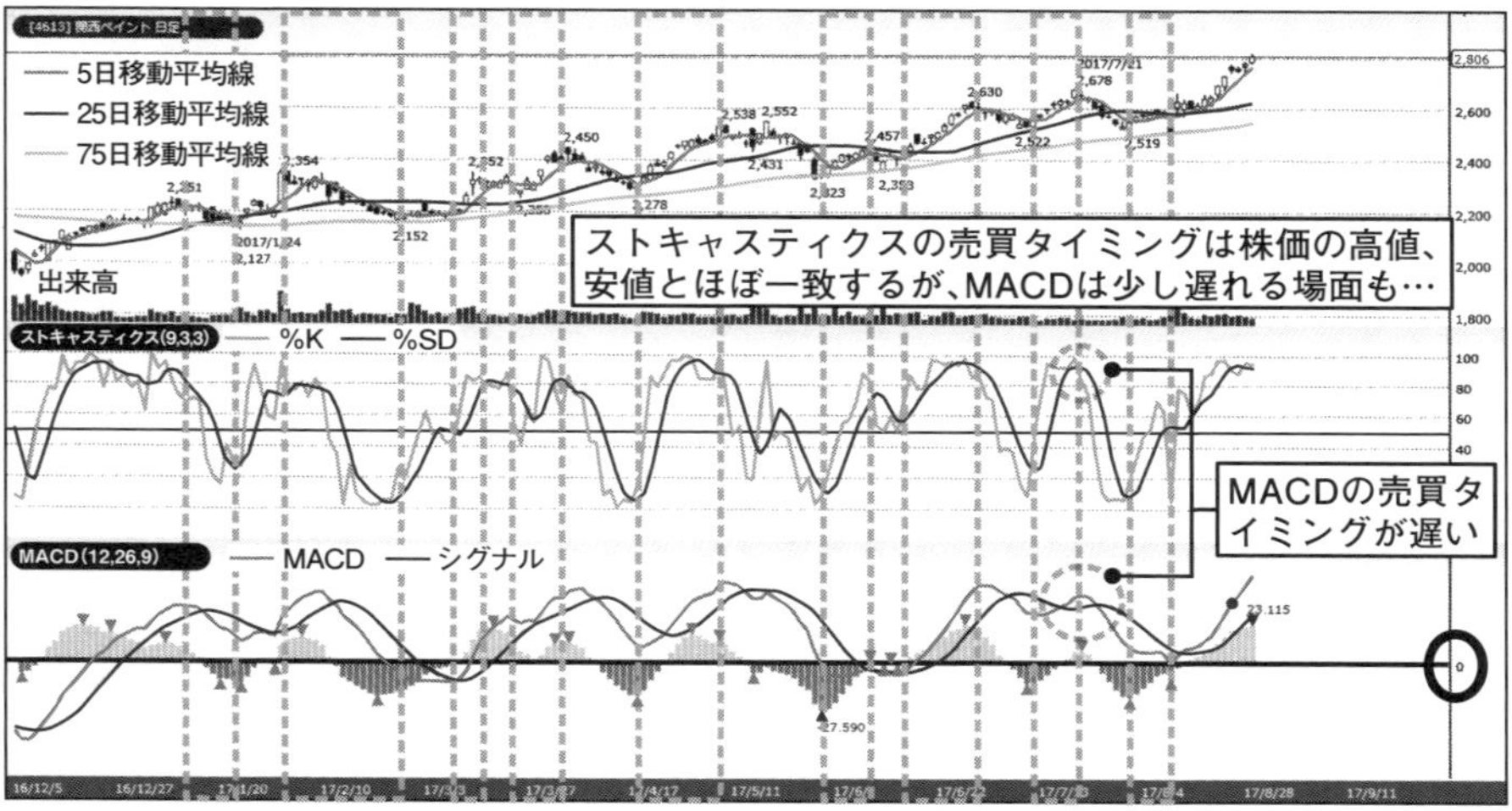

[5-9]ストキャスティクスとMACDを比較すると

	ストキャスティクス	MACD	ヒストグラムによる判断 (注意喚起シグナル)
売買シグナル	○ 高値・安値と連動	△ 少し遅れる場面も	○ ほぼ連動
トレンドの判断	×	○	—
強いトレンド発生時の売買判断	△	○	△
水準による売買判断	△ 逆行現象	○ 逆行現象	○ ボトムアウト・ピークアウト

05 株価急騰時に威力を発揮する組み合わせは？①

移動平均線×RSIを検証

上昇トレンドでも、次のようなパターンではどうでしょうか。

チャート［5－10］は銅、ニッケル大手の住友金属鉱山（5713）で、上段にローソク足と移動平均線（5日、25日、75日）、下段にRSI（14日）を表示しています。

株価が1306・5円の最安値をつけた局面では、RSIの水準がむしろ切り上がっています（逆行現象）。

一方、下降トレンドから上昇トレンドへ移行する場面では、RSIが50％を上回った後、買われ過ぎの水準である**70％超の水準に張りついた状態**です（マルで囲んだ部分）。こうした状況に直面すると、値下がりしたらどうしようかと気が焦り、RSIが低下し始めたところでただちに売ってしまいたくなるかもしれません。

次に同じ局面でストキャスティクスの動きを確認してみます。

［5-10］株価急騰時の移動平均線×RSI（14日）

住友金属鉱山（5713）

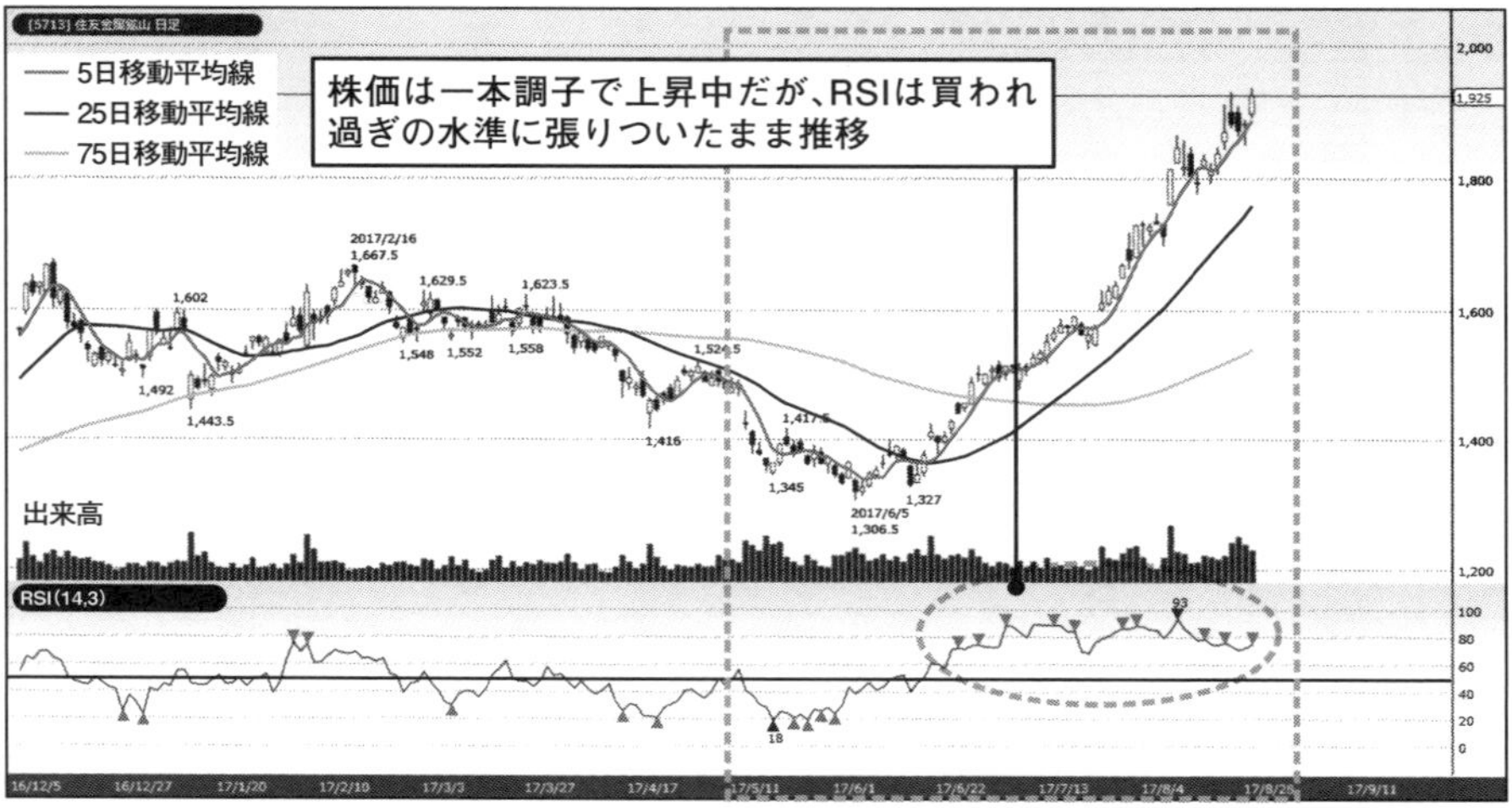

ワンポイント・アドバイス

ＲＳＩが買われ過ぎの水準で張りついてしまうかどうか。これを判断するには、上昇角度に注目しましょう。上昇角度を決めるのは１日あたりの値幅。値幅を伴う上昇が続いているときは、ＲＳＩは買われ過ぎの水準に張りつくと想定されます。この場合は買われ過ぎのシグナルは無視です。

06 株価急騰時に威力を発揮する組み合わせは？②

移動平均線×ストキャスティクスを検証

チャート［5－11］は同じく住友金属鉱山（5713）で、上段にローソク足と移動平均線（5日、25日、75日）、下段にストキャスティクス（スロー）を表示しています。

安値を記録した場面では、ストキャスティクスでもRSIと同様、水準の切り上がる**「逆行現象」**が起きています。安値をつけた後、反発したものの25日移動平均線に押し返されてしまったところでは売りシグナルの後、買いシグナルが立て続けに点灯。株価の急騰局面では買われ過ぎを意味する80％以上に張りついたまま推移し、**売りシグナルが機能しなくなっている**のがわかります。

ストキャスティクスのクロスのタイミングで売ってしまえば、その後の値上がり益は享受できません。「押し目がない」といってもいいほどの勢いで値上がりしている銘柄だとストキャスティクスではむしろ売りシグナルが頻繁に発生し、結果として「ダマシ」になってしまいます。

急角度で上昇している銘柄の場合、RSIやストキャスティクスで売買タイミングを的確に見極めるのは至難の業といわざるを得ません。

［5-11］株価急騰時の移動平均線×ストキャスティクス(スロー)

住友金属鉱山(5713)

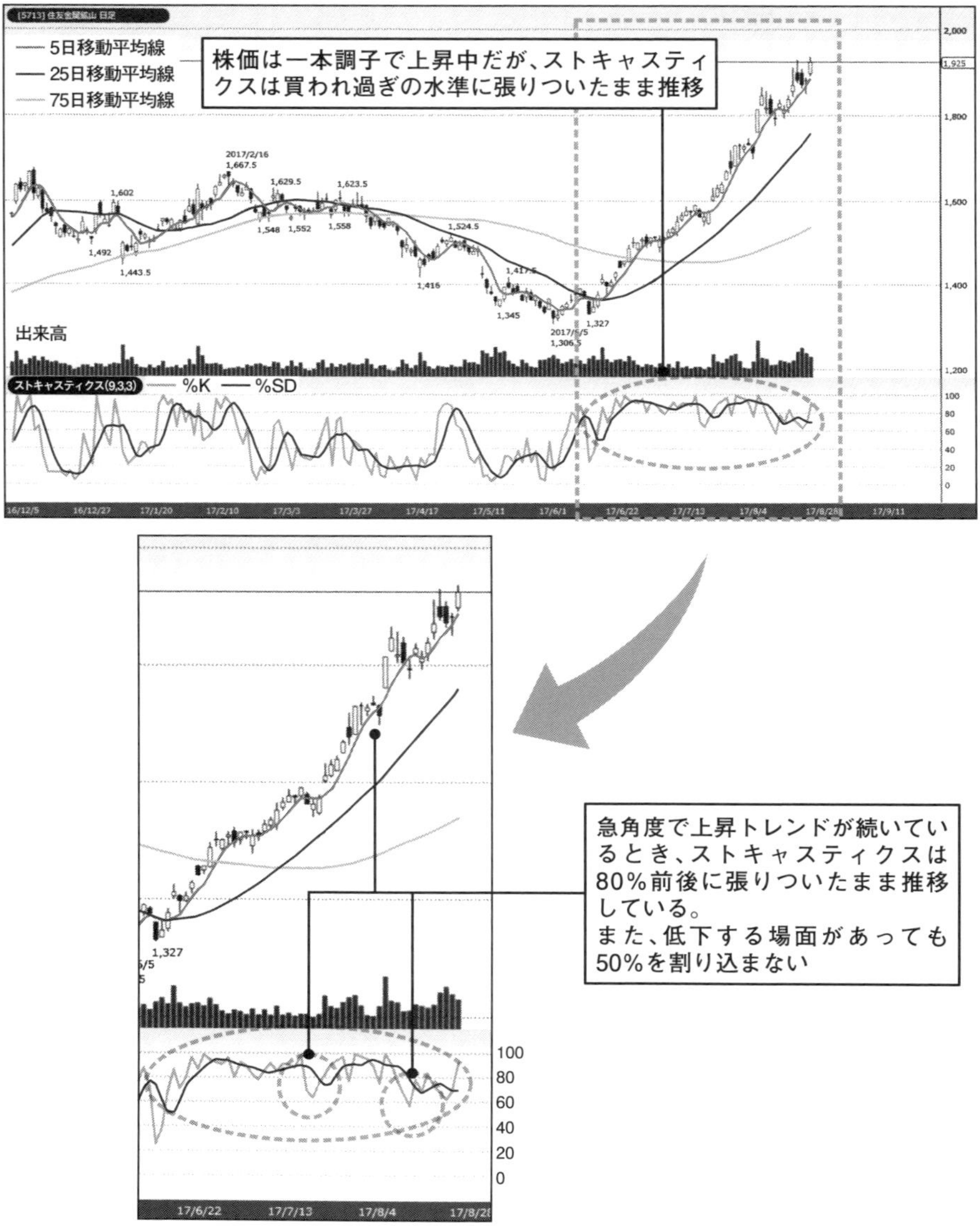

07 株価急騰時に威力を発揮する組み合わせは？③
移動平均線×MACDを検証

最後はMACDとの組み合わせです。チャート［5-12］は同じく住友金属鉱山（5713）です。上段にローソク足と移動平均線（5日、25日、75日）、下段にMACDを表示しています。

株価が安値をつけて底入れする場面ではRSIやストキャスティクスと同様、逆行現象が発生しますが、その後の急騰局面ではMACDとシグナルの2本線が並行して上昇します。

MACDとシグナル両線がトレンド判断の分かれ目となる0ラインを上回った後は、株価が7月24日に5日移動平均線を割り込んだ場面で売りシグナルが点灯しましたが、その直後に買いシグナルが発生。トレンドに沿って2本線も上昇しています。

ただ右端の点線のマルで囲った部分を見ると、株価が高値近辺にあるタイミングでMACDが横ばいに変化してシグナル線と絡み合い、売買シグナルの発生頻度が高まっています。

株価の急騰局面では、ストキャスティクスよりも売買シグナルが遅れて発生しているMACDのほうが、より正確に売買タイミングを教えてくれるのです。

[5-12]株価急騰時の移動平均線×MACD

住友金属鉱山(5713)

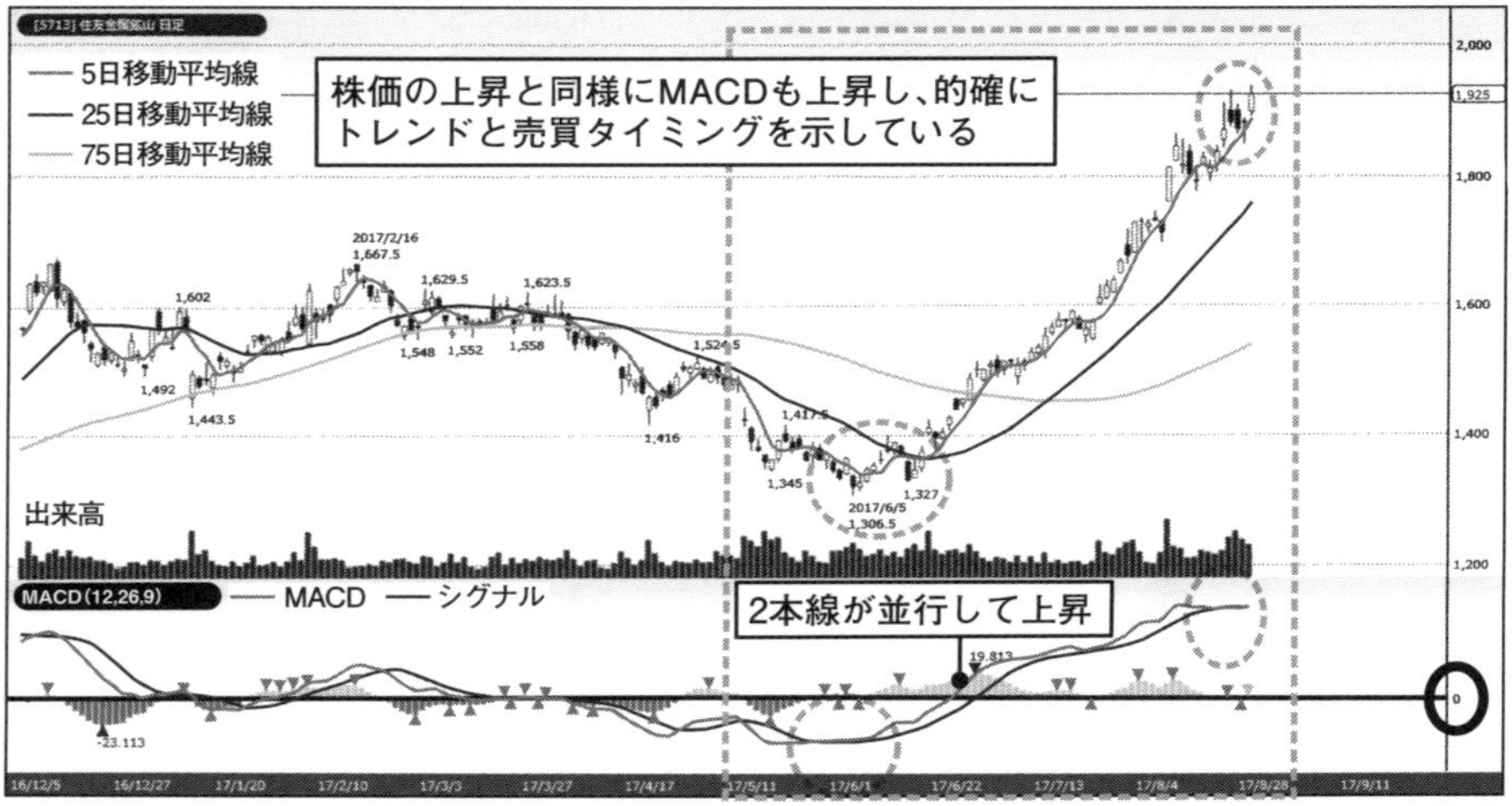

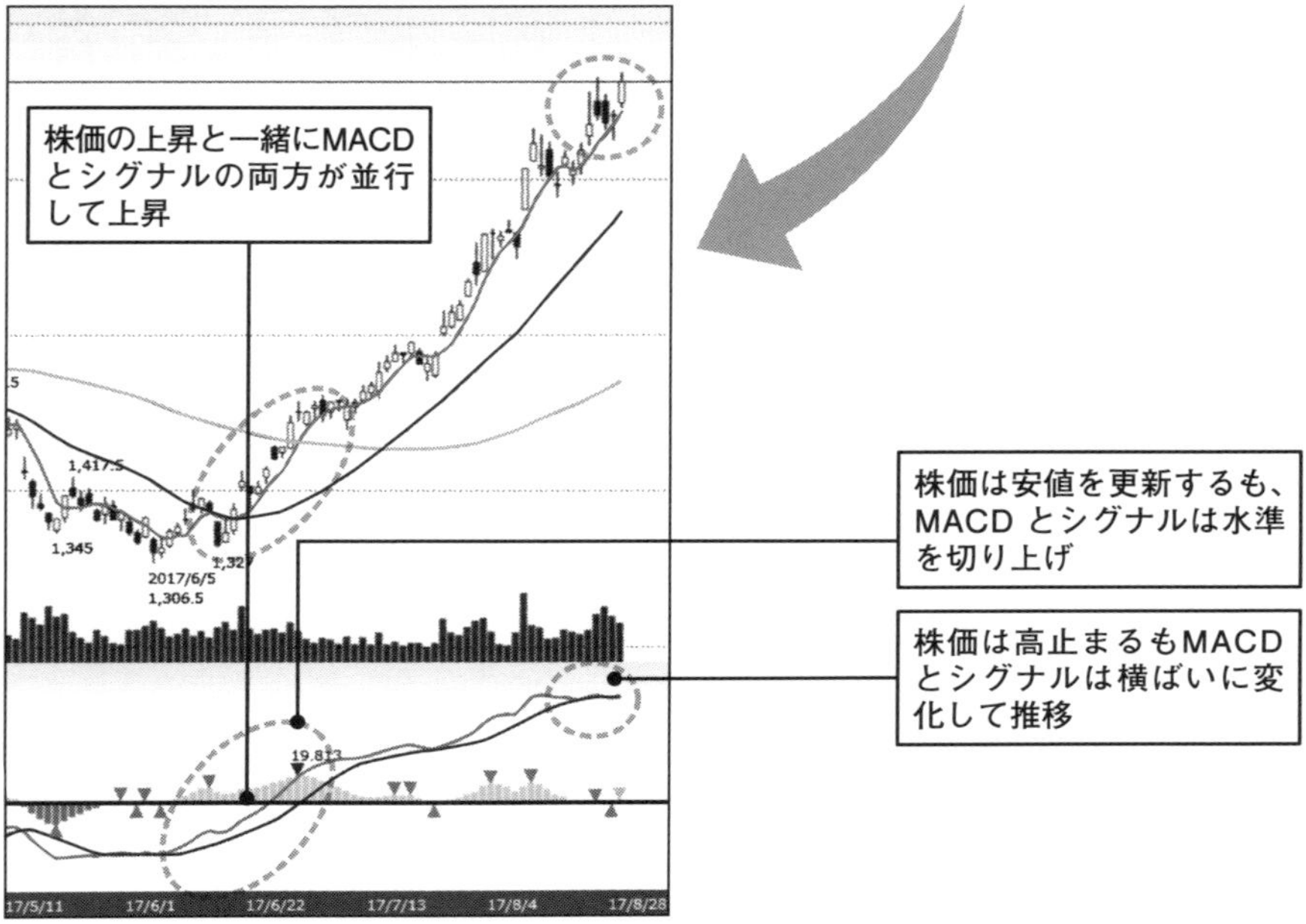

08 下降トレンドの発生時に威力を発揮する組み合わせは？①
移動平均線×ＲＳＩを検証

続いては下降トレンドが発生している例で見ていきましょう。

チャート［5－13］はカタログ通販の大手である千趣会（８１６５）で、上段にローソク足と移動平均線（5日、25日、75日）、下段にＲＳＩ（14日）を表示しています。

下降トレンドの確認事項は上昇トレンドと逆です。四角い点線の枠で囲んだところが、下降トレンドの発生場面です。株価は6月21日に高値８５７円をつけた後、下落。下段のＲＳＩは、高値から下落して最初に下げ止まったところで買いシグナルを発しています。

その後の下落局面でも売られ過ぎ（買い）のシグナルが頻繁に点灯していますが、この売られ過ぎのシグナルに引きずられて売りそびれると損失を抱え込んでしまいます。

逆張り好きな投資家ならば、ここでリバウンドを狙って買うかもしれませんが、利益確定が遅れると塩漬けになってしまいます。

下降トレンドでのオシレーター系指標の買いシグナルはもっとも注意しなければならないものです。

［5-13］下降トレンド時の移動平均線×RSI（14日）

千趣会（8165）

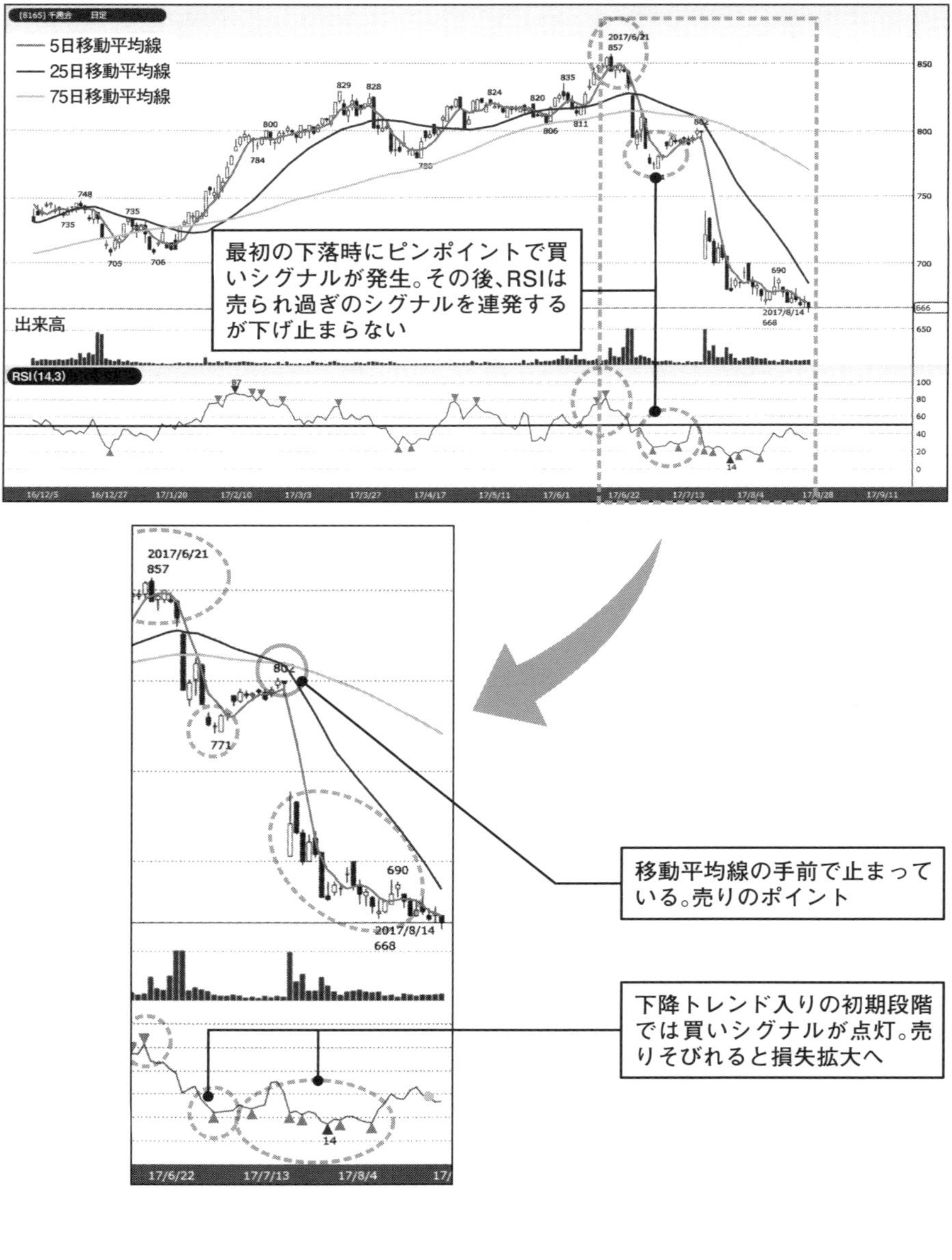
[8165] 千趣会 日足
5日移動平均線
25日移動平均線
75日移動平均線
2017/6/21
857
最初の下落時にピンポイントで買いシグナルが発生。その後、RSIは売られ過ぎのシグナルを連発するが下げ止まらない
出来高
RSI(14,3)
2017/8/14
668
802
771
690
14
移動平均線の手前で止まっている。売りのポイント
下降トレンド入りの初期段階では買いシグナルが点灯。売りそびれると損失拡大へ

09 下降トレンドの発生時に威力を発揮する組み合わせは？②
移動平均線×ストキャスティクスを検証

次は移動平均線とストキャスティクスの組み合わせです。

チャート［5－14］は同じく千趣会（8165）で、上段にはローソク足と移動平均線（5日、25日、75日）、下段にはストキャスティクスを表示しています。

四角い点線の枠で囲んだ部分を見てください。6月21日に高値をつけた場面ではストキャスティクスもRSIと同様、的確に売りシグナルを出しています。高値後に771円まで売られた後のリバウンドで、802円まで戻した場面でも売りシグナルが発生していますが、窓をあけて下落したため、その間は売買ができません。したがって、ストキャスティクスが売りタイミングを知らせてくれても実際に売りを出せるのはそれよりも遅れてしまいます。

その後、株価の下げ止まりとともに、ストキャスティクスは売られ過ぎを示唆。買いシグナルが発生していますが、株価は買いシグナル発生後も上値の重い展開。一方でストキャスティクスが買われ過ぎ（売り）を示唆する80％まで到達することはなく、**ストキャスティクスを見ていただけでは売りどきを逸する可能性があります。下降トレンド発生時の買いシグナルは無視**すべきでしょう。

［5-14］下降トレンド時の移動平均線×ストキャスティクス（スロー）

千趣会（8165）

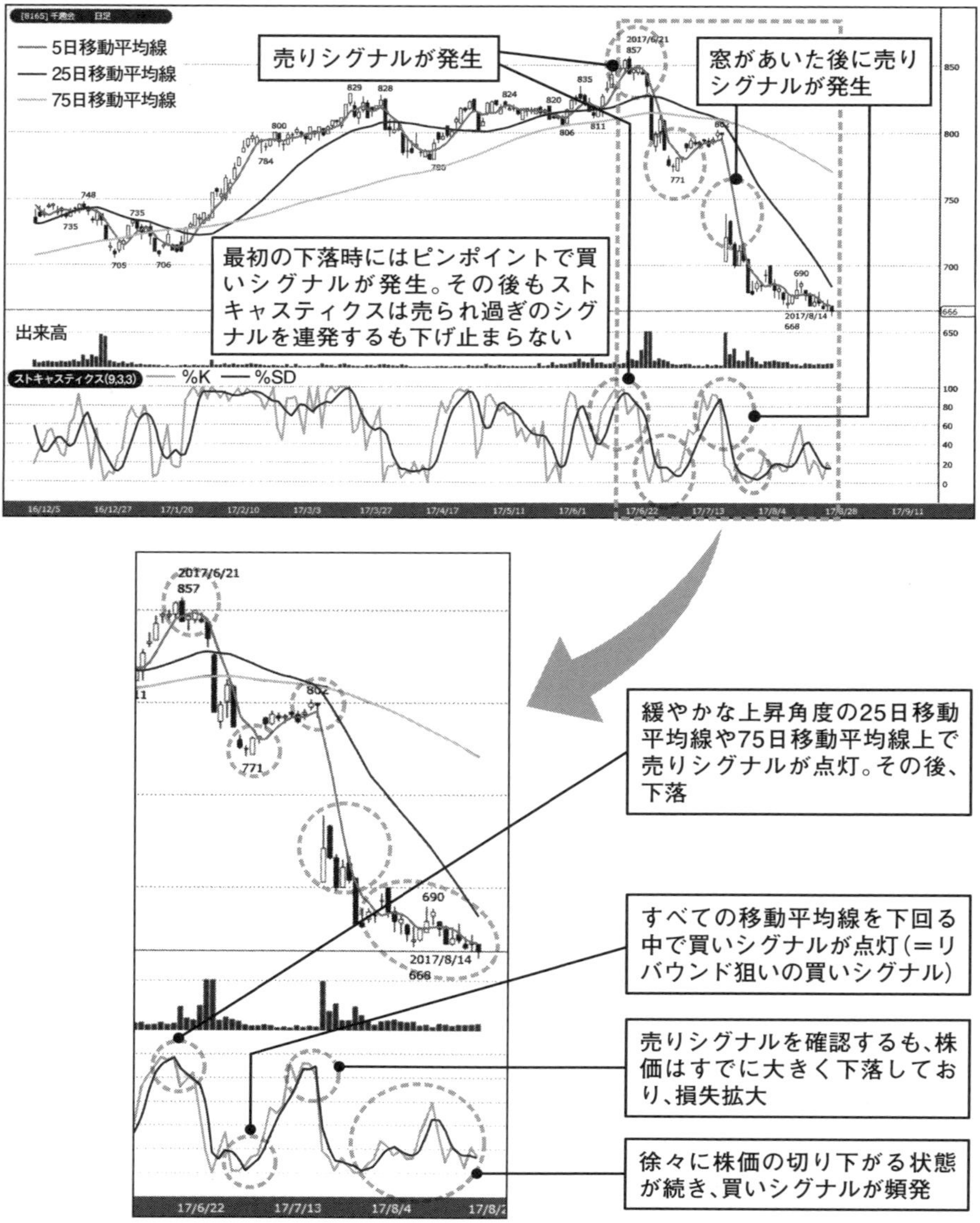

10

下降トレンドの発生時に威力を発揮する組み合わせは？③

移動平均線×MACDを検証

続いて移動平均線とMACDの組み合わせです。チャート［5－15］は同じく千趣会（8165）で、下段にMACDを表示しています。

6月21日の高値の場面では、RSIやストキャスティクスがほぼピンポイントで売りシグナルを点灯させていたのに対して、MACDの売りシグナルは高値をつけた後、数日遅れて点灯しています。一方、7月中旬の窓あけで急落を演じた場面では、ストキャスティクスとほぼ同じタイミングで売りシグナルが発生していますが、その後の下げ止まり局面では、買いシグナルの発生がストキャスティクスよりも遅れています。

以降は株価の上値が重いにもかかわらず、MACDとシグナルの2本線は上向きのまま推移。株価のトレンドとMACDのそれが一致していません。

つまり、**MACDも緩やかな下降トレンドを続けている場面では、発生したシグナルと株価の動きが一致しないことがある**のです。

下降トレンドが続いている場面では、オシレーター系のテクニカル指標が買いシグナルを発した場合でも、新規の買いを控える必要があること、同時に、買ったとしても戻りが鈍いときはすぐに売却しなければならないことを覚えておきましょう。

[5-15]下降トレンド時の移動平均線×MACD

千趣会(8165)

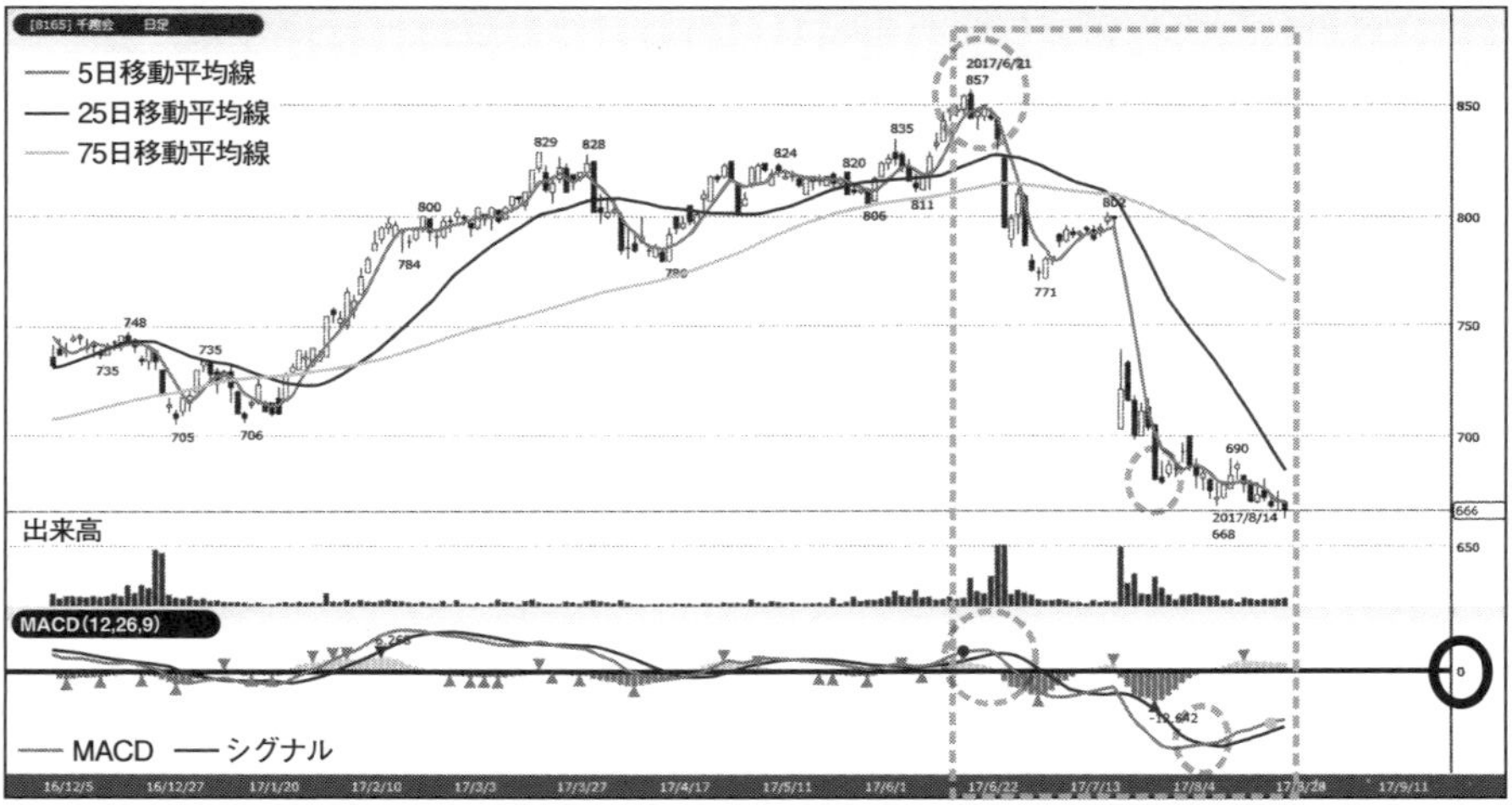

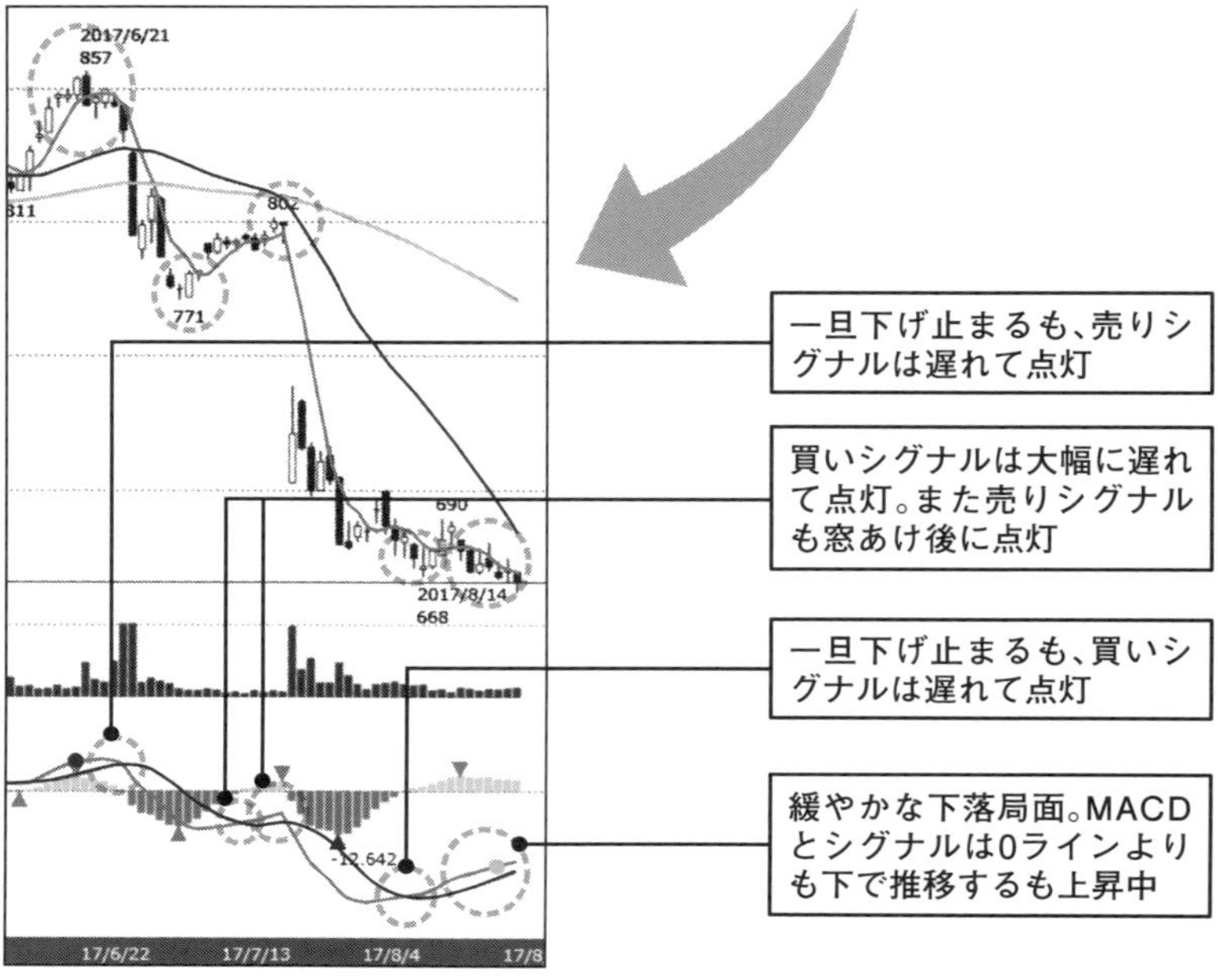

11

株価が横ばい時のオシレーター系指標の威力は？①

移動平均線×ＲＳＩを検証

では、株価のトレンドがはっきりせず、横ばいで推移している場面ではどうでしょうか。ここでは長期の移動平均線が横ばいとなっているケースを想定します。

チャート［5－16］は大手総合商社の丸紅（８００２）で、上段にローソク足と移動平均線（5日、25日、75日）、下段にＲＳＩ（14日）を表示しています。

日足の75日移動平均線は3月下旬ごろからほぼ横ばいで推移。下段のＲＳＩを見ると、株価が75日移動平均線から大きく上下に振れているときは、売りや買いのタイミングが比較的正確に示されています。これに対し、75日移動平均線前後の狭いレンジでの値動きにとどまっているときには、ＲＳＩが買われ過ぎと売られ過ぎのいずれの水準にも到達せず、50％前後で推移しています（マルで囲んだ部分）。

ＲＳＩの売買シグナルはある程度の大きな値動きを伴う局面で威力を発揮するといえそうです。

[5-16] 横ばい時の移動平均線×RSI（14日）

丸紅（8002）

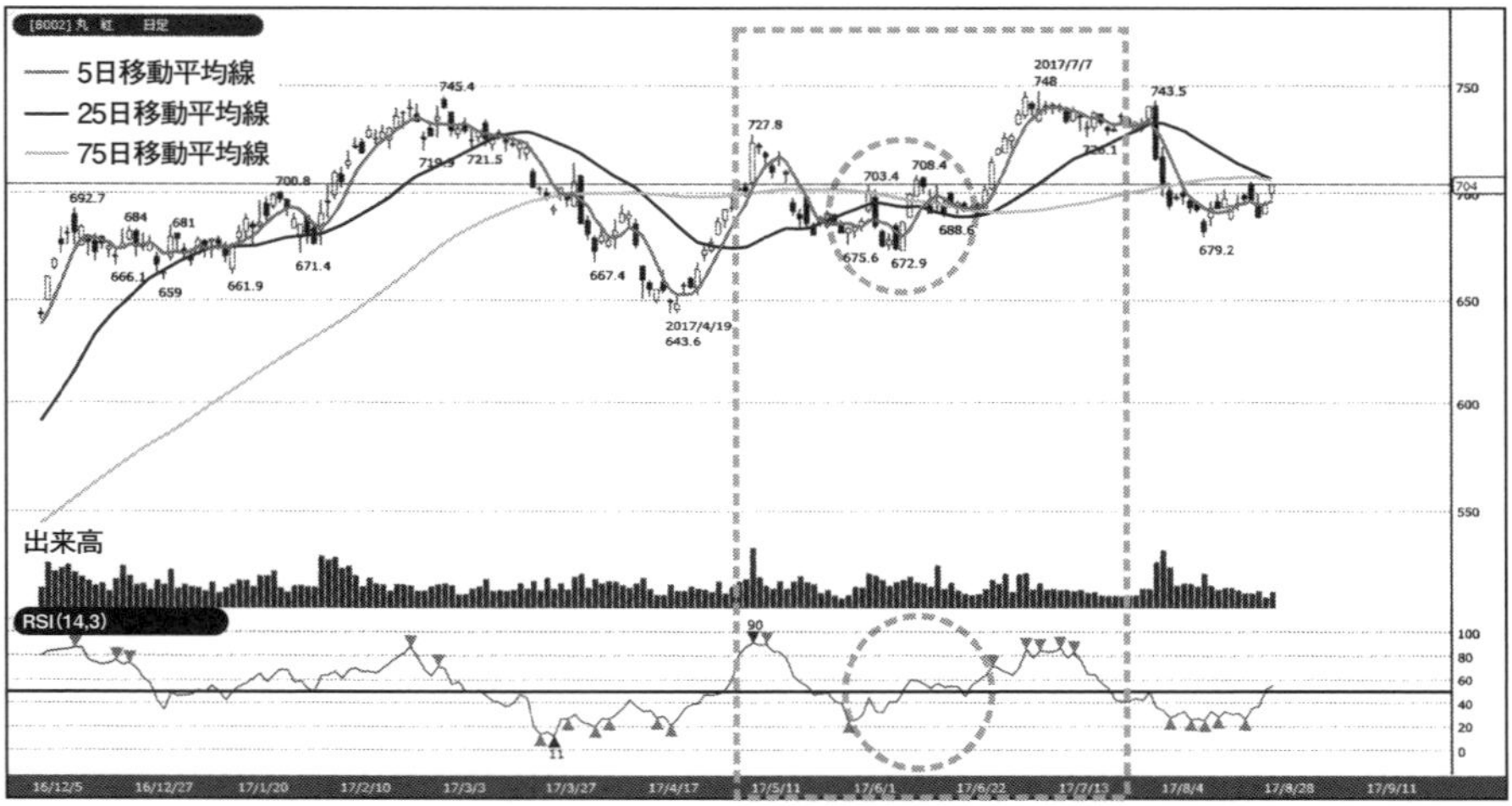

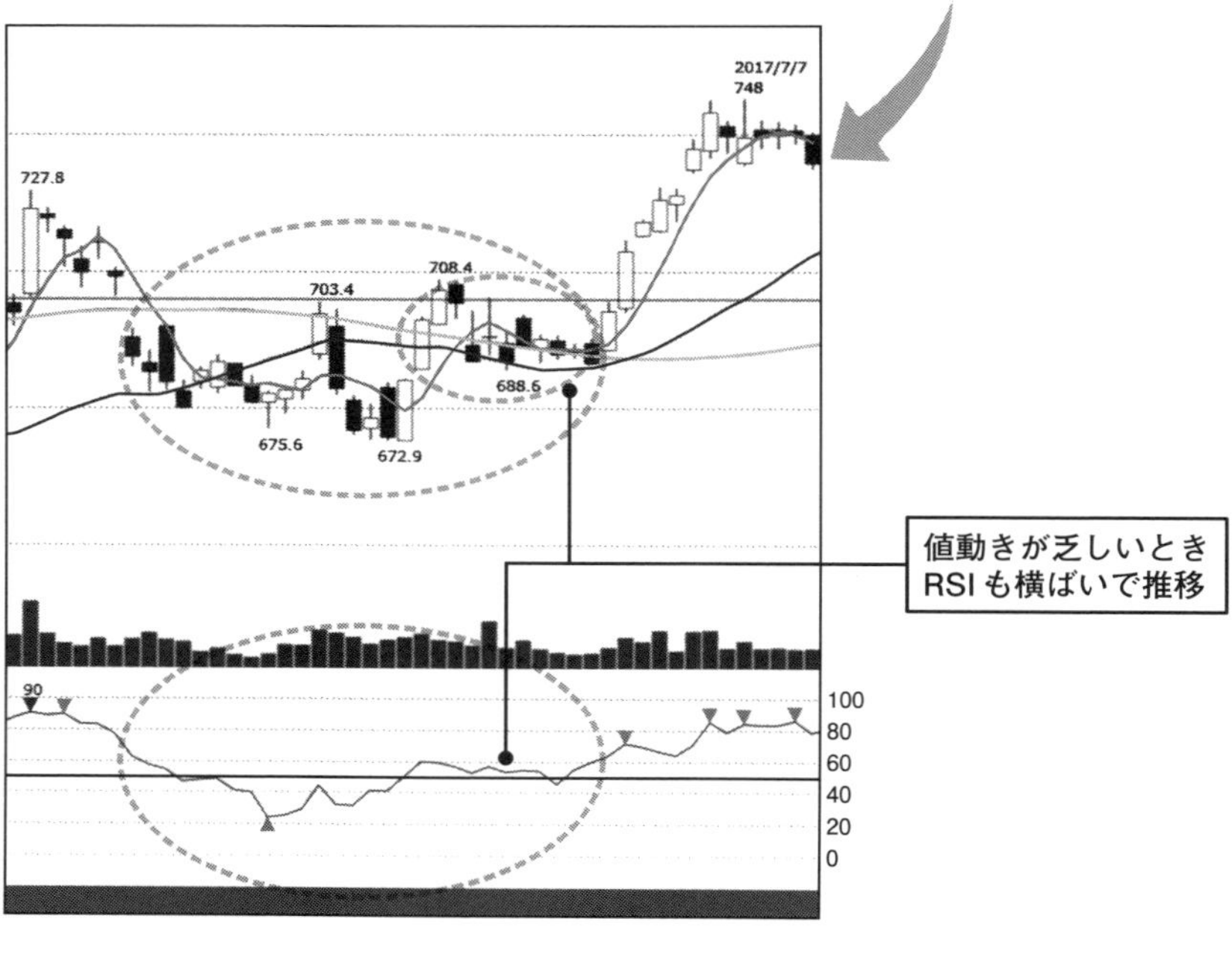

12

株価が横ばい時のオシレーター系指標の威力は？②

移動平均線×ストキャスティクスを検証

次に移動平均線とストキャスティクスの組み合わせです。チャート［5－17］は同じく丸紅（8002）で、下段にストキャスティクスを表示しています。

75日移動平均線を挟んで高値や安値をつけている局面では、比較的正確に売買シグナルを発していますが、四角い点線の枠で囲んだ部分を見ると、買われ過ぎの水準に張りついたまま推移しています。いずれも株価が5日移動平均線をサポートに急角度で上昇し短期的に強い上昇トレンドが発生している場面です。

一方、マルで囲んだところを見てください。レンジ内で一定の値幅で動いている場面では、少し上下に振れただけで、買われ過ぎや売られ過ぎの水準に達しています。ＲＳＩでは売買タイミングがはかりにくかったのに対して、**ストキャスティクスはＲＳＩよりも反応が早い分、横ばいや値幅の狭いレンジ内での値動きのときでも威力を発揮しやすい**ことがわかります。

［5-17］横ばい時の移動平均線×ストキャスティクス（スロー）

丸紅（8002）

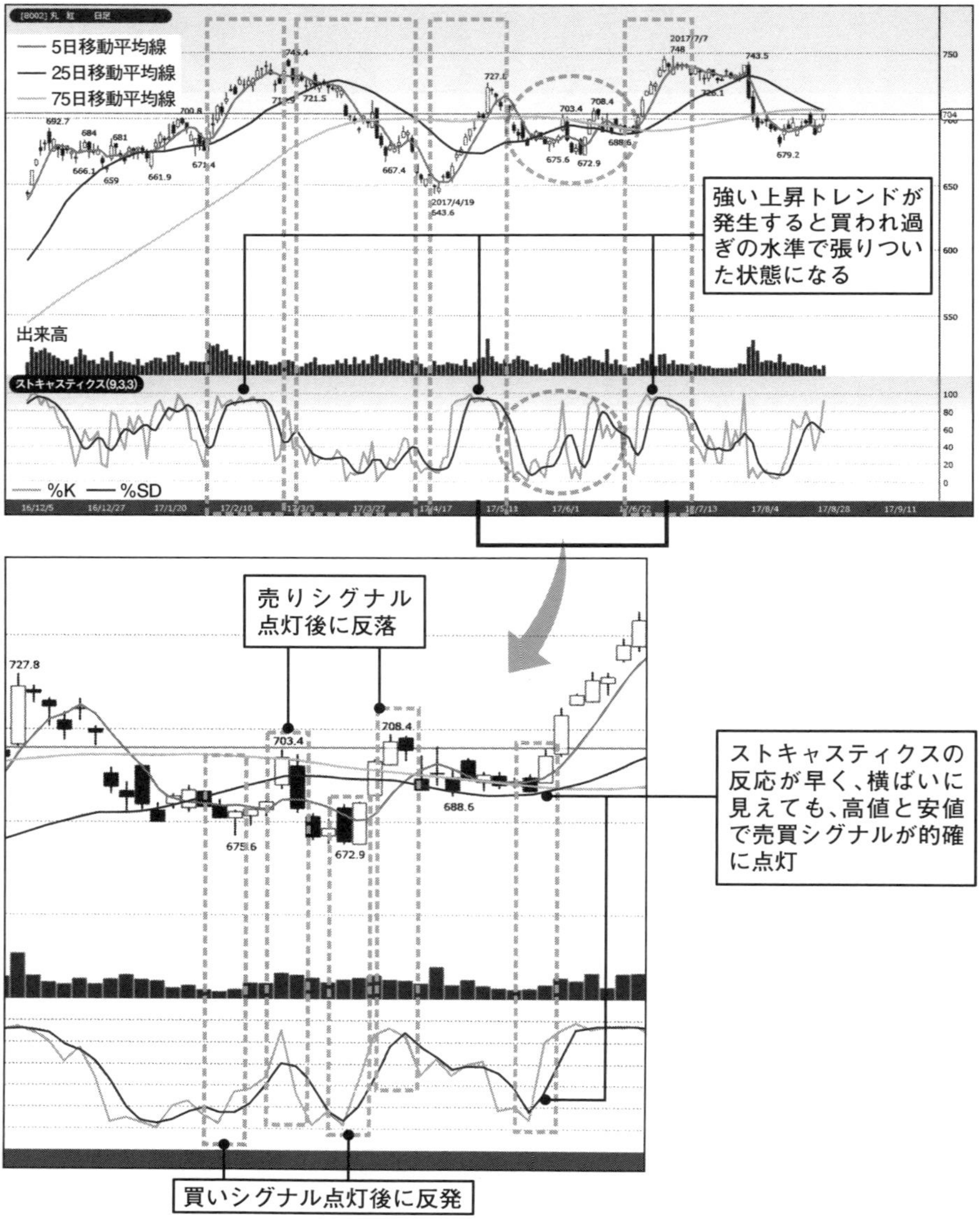

13 株価が横ばい時のオシレーター系指標の威力は？③
移動平均線×MACDを検証

最後に移動平均線とMACDの組み合わせです。チャート［5-18］は同じく丸紅（8002）で、下段にMACDを表示しています。

上昇や下落が1、2週間続くような大きな値動きがあると、RSIやストキャスティクスと同様、高値や安値付近で売買シグナルが発生するなど、タイミングが一致していますが、75日移動平均線を挟んで狭い値動きにとどまっている局面（右から2つ目の黒マルの部分）では、売買シグナルが短期間で立て続けに発生しているものの、そのタイミングは高値や安値をつけた日よりも数日遅れていることがわかります。

株価の上昇や下落が継続しているような場面では、発生した売買シグナルは有効と考えられるものの、値幅が小さく方向もはっきりしないときは売買シグナルが発生しても遅れることが多く、**方向感がなくなった場面でのMACDの活用は避けるのが無難**といえそうです。

[5-18]横ばい時の移動平均線×MACD

丸紅(8002)

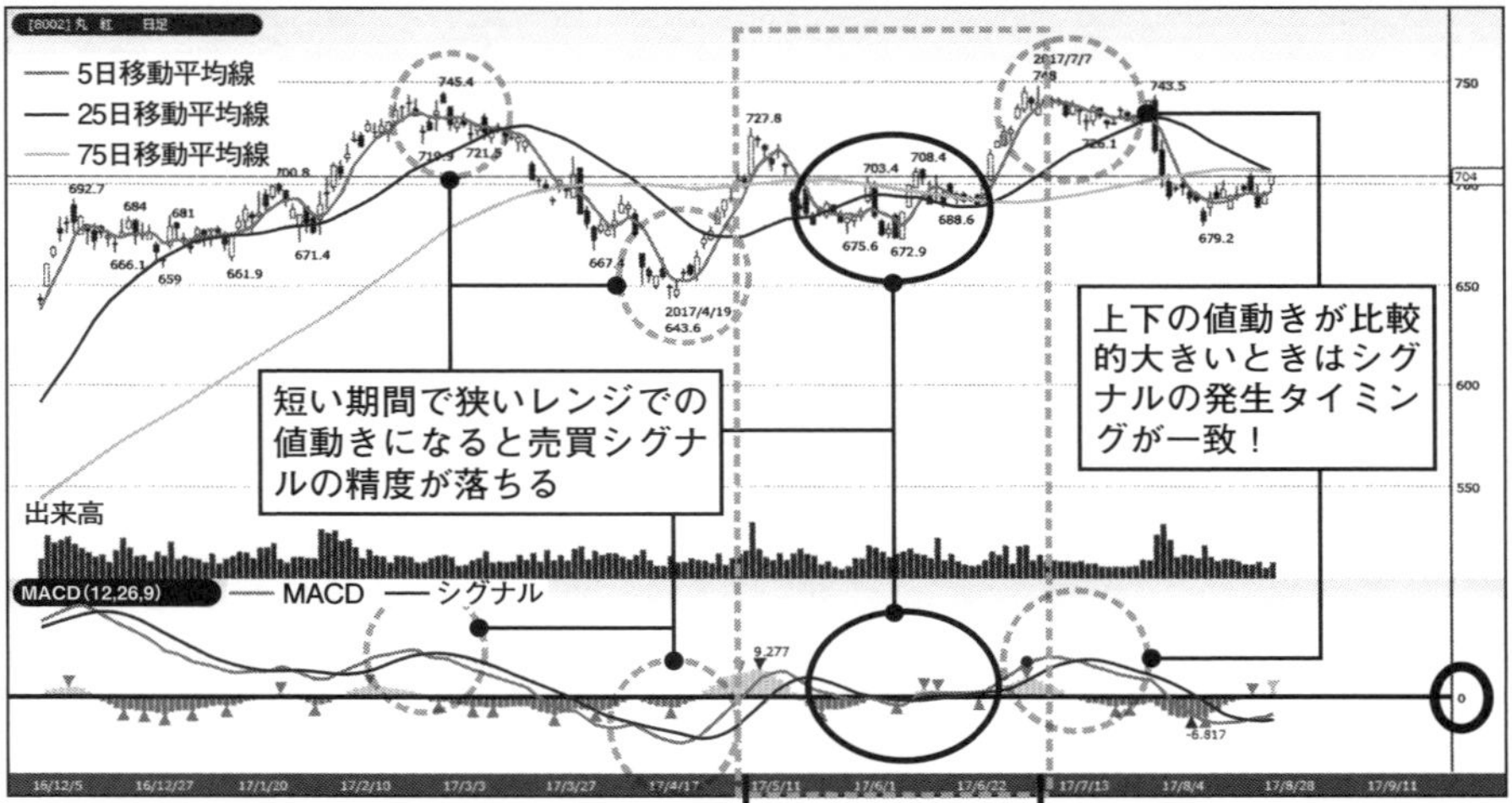

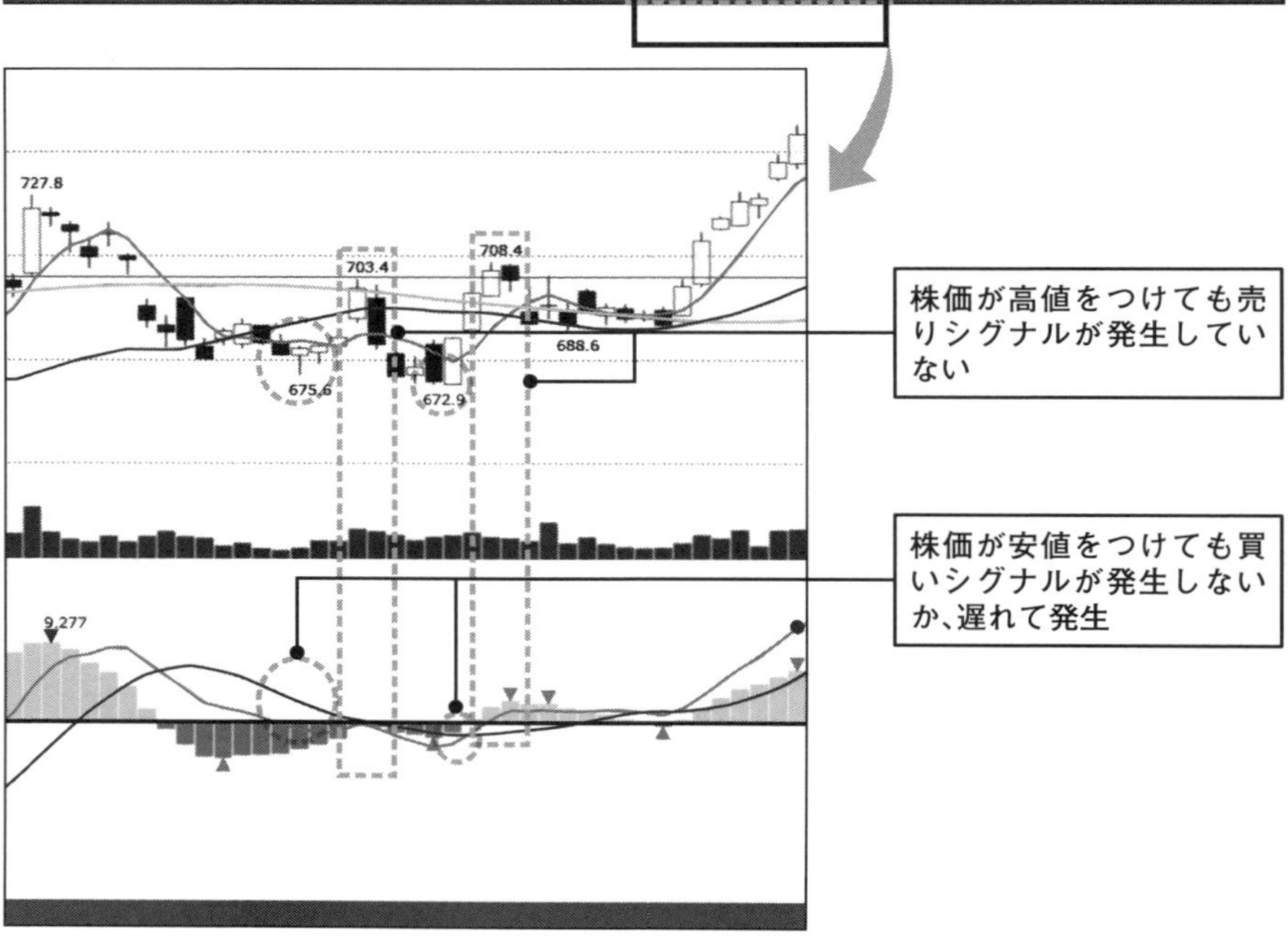

14 移動平均線×オシレーター系指標の有効性のまとめ

ここまで株価の上昇、下落、横ばい（レンジ）の各局面で、移動平均線とオシレーター系チャートの組み合わせの有効性を検証しました。まとめると［5－19］のようになります。

重要なのはトレンドの見極めです。見極めた上で、売買シグナルを実際の取引に活かすかどうかを判断すれば、パフォーマンスの向上につながるでしょう。

トレンド系のテクニカル指標を併用して強い上昇ないしは下落のトレンドが発生しているかチェックすれば、オシレーター系チャートの活用で陥りがちな罠「ダマシ」を回避できる確率が高まるはずです。

[5-19]移動平均線とオシレーター系チャートの組み合わせの有効性

上昇トレンド時

・RSIはデフォルト(14日)のまま使用すると、
売られ過ぎのシグナルの発生回数が減少する

・RSIとストキャスティクスは上昇角度が急だったりするなど、
強いトレンドが発生すると買われ過ぎの水準に張りついてしまう

・上昇角度が緩やかでかつ1、2週間程度の期間にわたる値上がり時には、
RSI、ストキャスティクスやMACDの売りシグナルはピンポイントで的確

・1週間に満たない期間の上昇時には、MACDの売りシグナルは
ストキャスティクスよりも遅れて発生することがある

・MACDの売りシグナルは上下の値動きが大きいときほど的確に発生する

下降トレンド時

・RSIはデフォルト(14日)のまま使用すると、
買われ過ぎシグナルの発生回数が減少する

・RSIとストキャスティクスは下落角度が急だったりするなど、
強いトレンドが発生すると売られ過ぎの水準に張りついてしまう

・下落角度が緩やかでかつ1、2週間程度の期間にわたる値下がり時には、
RSI、ストキャスティクスやMACDの買いシグナルはピンポイントで的確

・1週間に満たない期間の下落だと、MACDの買いシグナルは
ストキャスティクスよりも遅れて発生することがある

・MACDの買いシグナルは上下の値動きが大きいときほど的確に発生する

横ばい(レンジ)

・RSIとストキャスティクスの売買シグナルは、株価の変動幅が狭くなると
50%ライン前後で推移するケースが多く、売買判断の物差しにするのが難しい

・RSIの期間を短くして調整(フィッティング)するとシグナルが的確に発生する

・MACDは株価の変動幅が狭くなると0ライン前後で推移することが多いため、
売買判断に活用するのが難しい

第6章

トレードスタイルごとの最適な組み合わせ術

TECHNICAL ANALYSIS

01 自分に合ったトレードスタイルを見つける

売買精度を上げるには、トレードスタイルに合わせた最適な組み合わせを見つけることが重要です。ここでは、トレードスタイルを3つに分類します。

①デイトレード

買いと売りを同じ日のうちに行う取引を指します。買いで取引が成立したら反対売買で売り。信用取引なら売りで売買が成立したらその日のうちに買い戻して決済し、翌日までポジションを持ち越すことはしません。そのため、現物や信用で取引ができない日本の夜間の時間帯に株価下落につながるような出来事が起きても、心配する必要はありません。ただ、デイトレードはパソコンやスマホなどの端末を取引時間中ずっと、あるいは比較的頻繁に見られることが前提で、日中ほかの仕事がある人には難しい取引かもしれません。

②スイングトレード

数日から数週間のうちに決済する取引です。デイトレードよりも大きな値幅を取ることができる可能性が高い反面、マイナス幅も大きくなるリスクを伴うので**ロスカット（損失確定）が重要**です。

③中長期投資

［6-1］トレードスタイルの3つの分類とメリット・デメリット

分類	返済までの期間	メリット	デメリット
デイトレード	その日のうちに返済する	・価格変動リスクを日中に限定できる	少ない利益を積み上げようとすると売買回数が多くなり、手数料などのコストが増える
スイングトレード	数日から数週間で返済する	・値幅を取ることができる ・売買回数が少なくて済む ・決算期に保有していれば配当や優待をもらえる	返済が遅れると、損失拡大につながる
中長期投資	数カ月から長くて数年など	・値幅を取ることができる ・売買回数が少なくて済む ・決算期に保有していれば配当や優待をもらえる	損失拡大によって、いわゆる「塩漬け」になってしまうことも……

トレンドの判断がとても重要な投資です。それに失敗すると、いわゆる「塩漬け」になることが多々あります。

「中長期投資は、日々の値動きに一喜一憂せずじっくり保有して資産を増やすことが可能」といったイメージを持つ人も多いでしょう。しかし、それはあくまでも株価が右肩上がりで推移していることが前提。安値を更新するような状況が続けば、保有株の評価損が膨らみます。**この時間のロスは投資家にとって非常に大きな問題**です。

「おカネに働いてもらうのが投資」とよくいわれますが、値下がりする会社の株を保有していては、働いてもらうことになりません。中長期投資が「塩漬け」状態にならないためには、**中長期投資に向いたテクニカル分析が必要**です。

大口の資金を扱う機関投資家は、すべての注文を一度に出すと「マーケットインパクト」（価格に与える影響）が大きく、自らの売買自体が株価を押し上げたり、押し下げたりするケースがあります。これでは買いたい価格で購入、あるいは売りたい値段で売却することができません。そのインパクトを最小限に抑えるために、少しずつ買ったり、売ったりするのです。**株価のトレンドに加え売買高の推移を見るのが大事**なのは、マーケットインパクトを見極めるためです。

国内の株式市場で、現在、メインプレーヤーともいえるのが海外投資家、なかでもヘッジファンドの存在感が増しています。彼らの行動も中長期の株価形成に影響を与えていると見られます。そうした投資家の行動を察知する上でもテクニカル分析は重要な役割を担っているのです。

02 ［スイングトレード］基本的な考え方

それぞれのトレードスタイルに最適なテクニカル指標の組み合わせを具体的に見ていきましょう。本書では、3つのトレードスタイルのうち、多くの投資家が使っているスイングトレードと中長期投資の2つのスタイルに絞って解説します。

まずスイングトレードです。スイングトレードは数日から数週間で「買って売る」、あるいは「信用取引で売って買い戻す」など、株を購入（またはカラ売り）してから反対売買（＝現金化）するまでをセットにした取引です。

決算発表直後のスイングトレードはできれば避けたいところです。というのも、決算内容に対する受け止め方はまちまちで、株価が乱高下することも少なくありません。豊富な経験を有する投資家でも売買判断が難しいのです。

銘柄選びの際にはファンダメンタルズ分析を利用し、売買タイミングの判断はテクニカル分析に任せると考え、使い分けるのがスイングトレードでの基本です。

［6-2］指標の組み合わせ例

期間	トレンド系	オシレーター系
日	移動平均線（5日、25日、75日、200日）、ボリンジャーバンド（25日）	RSI（14日）、ストキャスティクス、MACD（12日～26日、9日）
週	移動平均線（13週、26週、52週）、ボリンジャーバンド（26週）	RSI（14週）、ストキャスティクス、MACD（12週～26週、9週）
月	移動平均線（9カ月、12カ月、24カ月、60カ月）、ボリンジャーバンド（9カ月）	RSI（14カ月）、ストキャスティクス、MACD（12カ月～26カ月、9カ月）

指標の組み合わせ例

テクニカル指標には売買タイミングを教えてくれるものがたくさんあります。スイングトレードの場合、「数日から数週間で売買を行う」をキーワードにテクニカル指標の組み合わせを考えるのが基本です。

買いでエントリーするのか、あるいは信用売りでエントリーするのかによって、組み合わせる指標は異なります。買いでエントリーする場合には上昇トレンドのチャートを選び、売りでエントリーする際には下降トレンドのチャートを選択するなど、それぞれのトレンドに合った売買タイミングを教えてくれるテクニカル指標を組み合わせる必要があります。トレンドと売買タイミングの組み合わせの最適化が失敗を減らすことにつながるのです。

03 ［スイングトレード］動きの激しい銘柄は5日移動平均線を活用

株価の上昇角度に着目

チャート上での値動きが活発な銘柄選びの物差しになるのが、**株価の「上昇角度」**です。たとえば、1000円の銘柄が1日に20円ずつ上昇するよりも、1日に40円ずつ上昇するほうが1200円に到達するのが早いのは当たり前のことです。この場合の「上昇角度」の違いは40円から20円を差し引いた20円分です。

その上昇角度を判断することのできるテクニカル指標が移動平均線です。短期的な値動きの激しさについていくには5日移動平均線が最適です。

図［6－3］のように、株価の上昇角度が急になると、その分5日移動平均線の上昇角度も同様に急で上向きになります。

5日移動平均線の上昇角度が急な銘柄であれば、それだけ株価も大きく値上がりしており、短期間で値幅が取れる可能性があります。スイングトレードでは、**5日移動平均線の角度が急激に変化した銘柄**を選ぶのがポイントです。

チャート［6－4］は染色加工大手のサカイオーベックス（3408）でローソク足と5日移動平均線、25日移動平均線、75日移動平均線を表示しています。すべての移動平均線が上向きで、しかも株価が5日移

[6-3] 株価の上昇角度に注目する

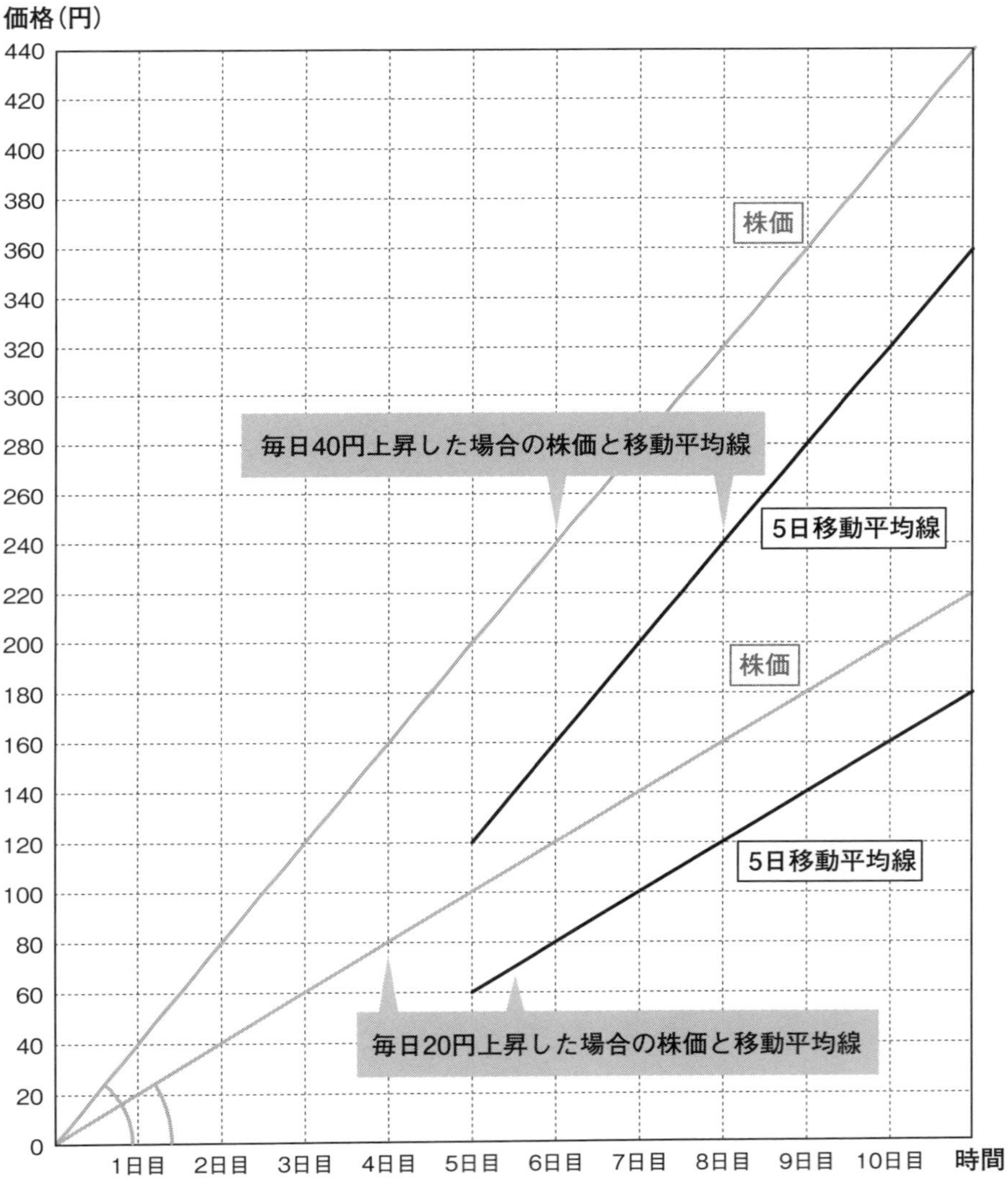

結果 毎日40円ずつ上昇したほうがその角度は急

［6-4］スイングトレードでの移動平均線

サカイオーベックス（3408）

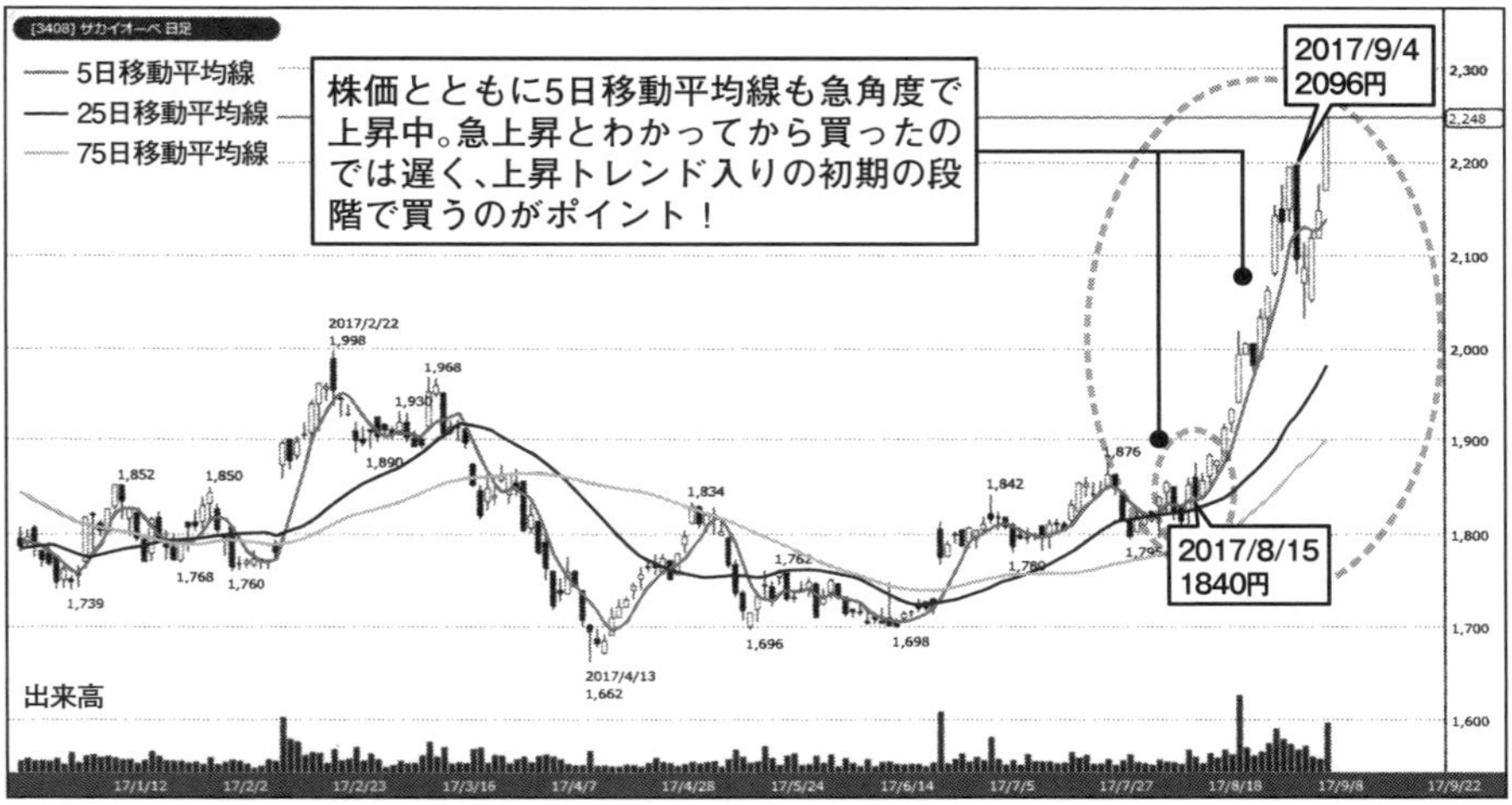

動平均線を上回った（小さいマルをつけたところ）タイミングで買うと、どうなるでしょうか。

５日移動平均線を上回った8月15日の終値（１８４０円）で購入し、上向きとなっている５日移動平均線よりも高い水準を株価が維持している間は保有。終値が５日移動平均線を下回った９月４日の段階（２０９６円）で売ると、差額は２０９６円－１８４０円＝２５６円。１００株購入していれば２万５６００円の利益です（手数料は考慮せず）。

土日も含めて保有していた20日間で２万５６００円の利益を上げたことになります。

次に移動平均線と他の指標の組み合わせ例を考えます。

04 ［スイングトレード］動きの激しい銘柄での指標の組み合わせ方①

移動平均線×ストキャスティクス×RSI

スイングトレードで複数のテクニカル指標を使うケースです。具体的に2つのオシレーター系指標を活用します。

チャート［6－5］は同じくサカイオーベックス（3408）で、ローソク足と移動平均線（5日、25日、75日）、そしてオシレーター系の指標であるストキャスティクス（ファースト）、RSI（14日）を表示しています。ここでは**RSI、ストキャスティクスとも「50％ライン」に注目**します。

株価が8月に5日移動平均線を上回った場面を見ると、ストキャスティクスは買いタイミングを示唆する水準である50％を超えたのに対し、RSIは49・5％と、50％に達していません。そのためRSIに基づく買いのエントリーはストキャスティクスが50％を上回った翌営業日以降、ということになります。

一方、売り、つまり株価が5日移動平均線を下回ったタイミングではどうでしょうか。ストキャスティクス、RSIの両指標とも、株価が5日移動平均線を上回る前に買われ過ぎを示唆する水準に達した後、5日移動平均線割れ時点ではストキャスティクスが％D＝83・31％となりました。これに対してRSIは74・24％。ストキャスティクスでも先行して動く％Kはこの時点で60・85％と一気に低下しています。

［6-5］スイングトレードでの移動平均線×ストキャスティクス（ファースト）×RSI（14日）サカイオーベックス（3408）

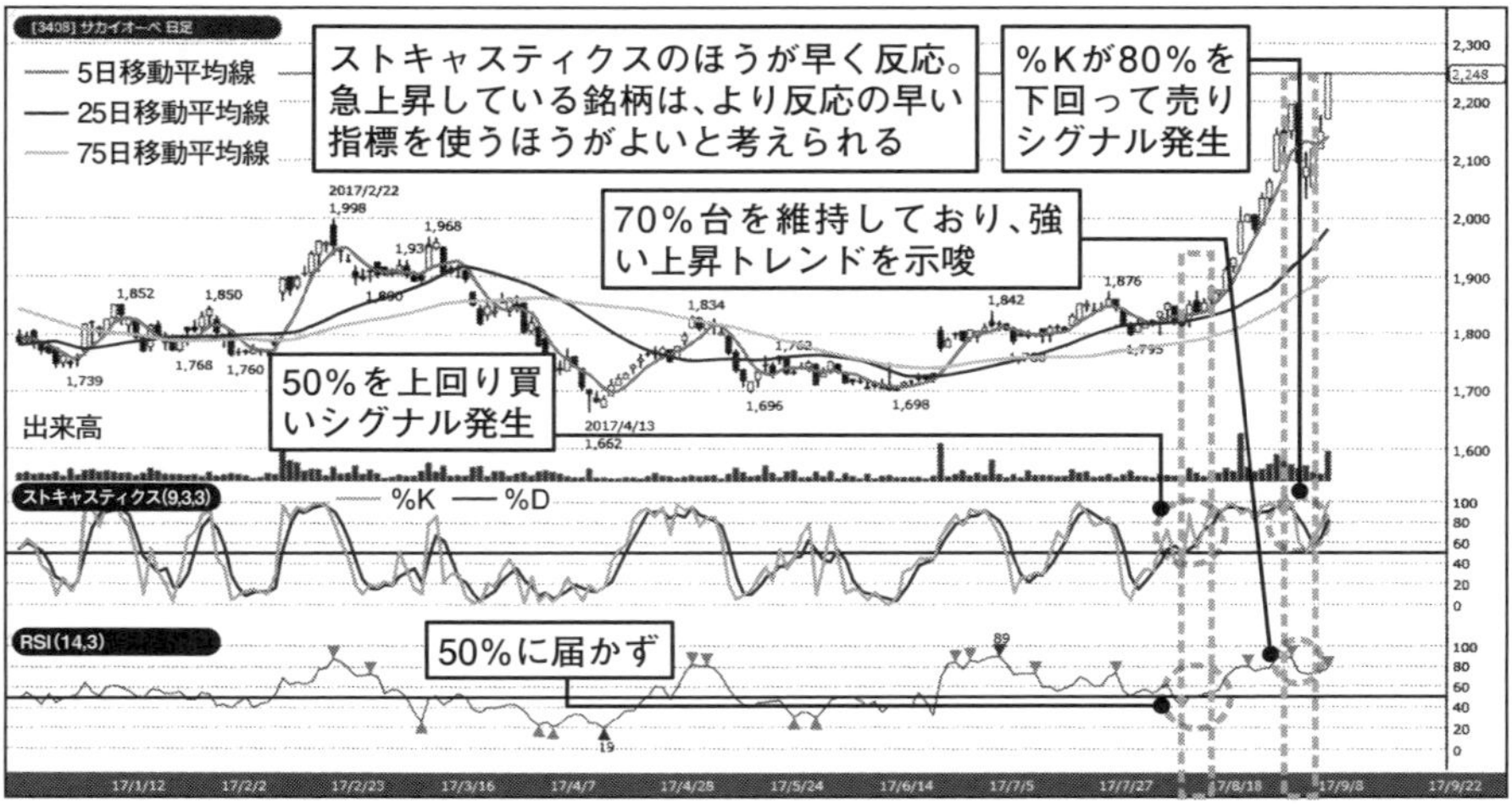

結果的には株価が高値を更新、５日移動平均線を下回った後再び大きく反発しました。そうなるとＲＳＩのほうが組み合わせとしてよいと考える人がいるかもしれません。ストキャスティクスは売りシグナルが発生、一方、ＲＳＩは買われ過ぎを示唆していたものの、明確な売りシグナルは発生しなかったためです。

しかし、そう判断するのは早計です。この日の大陰線の形成でわかるように、上昇後の反動はとても大きく、売りどきを逃すと売り気配で売れなくなることも考えられます。そうなると、せっかくの含み益を吹き飛ばしてしまうことにもなりかねません。

５日移動平均線割れやＲＳＩ、ストキャスティクスの売りシグナル発生を見逃さないようにしましょう。

05 ［スイングトレード］動きの激しい銘柄での指標の組み合わせ方②

ボリンジャーバンド×ストキャスティクス

ボリンジャーバンドはトレンド系のテクニカル指標ですが、売買タイミングも教えてくれます。移動平均線やＴＰ（ティピカルプライス＝「高値＋安値＋終値」÷３）を中心にして、上下に２本または３本のバンド（線）を引いたものです。統計学の標準偏差に基づく指標で、バンドは変動の範囲の目安を示しています。

標準偏差は学校のランキングなどで用いられる「偏差値」に近い概念で、25日移動平均線を中心に、この平均線からもっとも近い上下のバンドがプラスマイナス１σ（シグマ）を意味します。標準偏差の考え方では、プラスマイナス１σの範囲に収まる確率が約68％、プラスマイナス２σの範囲に収まる確率が約95％、プラスマイナス３σの範囲に収まる確率は99・７％です（バンドを何本引いても１００％にはなりません）。

株式投資に活用する際には、プラスマイナス２σに達したところで反転すると想定。横ばいのプラス１σやプラス２σに到達して反落したら売りタイミング、横ばいのマイナス２σやマイナス１σに達して反発したら買いタイミング、などと判断します。

チャート［６－６］は同じくサカイオーベックス（３４０８）で、ローソク足、ボリンジャーバンド、ストキャスティクス（ファースト）が表示されています。以下、［６－５］も参照しながらお読みください。

[6-6]スイングトレードでのボリンジャーバンド×ストキャスティクス(ファースト)

サカイオーベックス(3408)

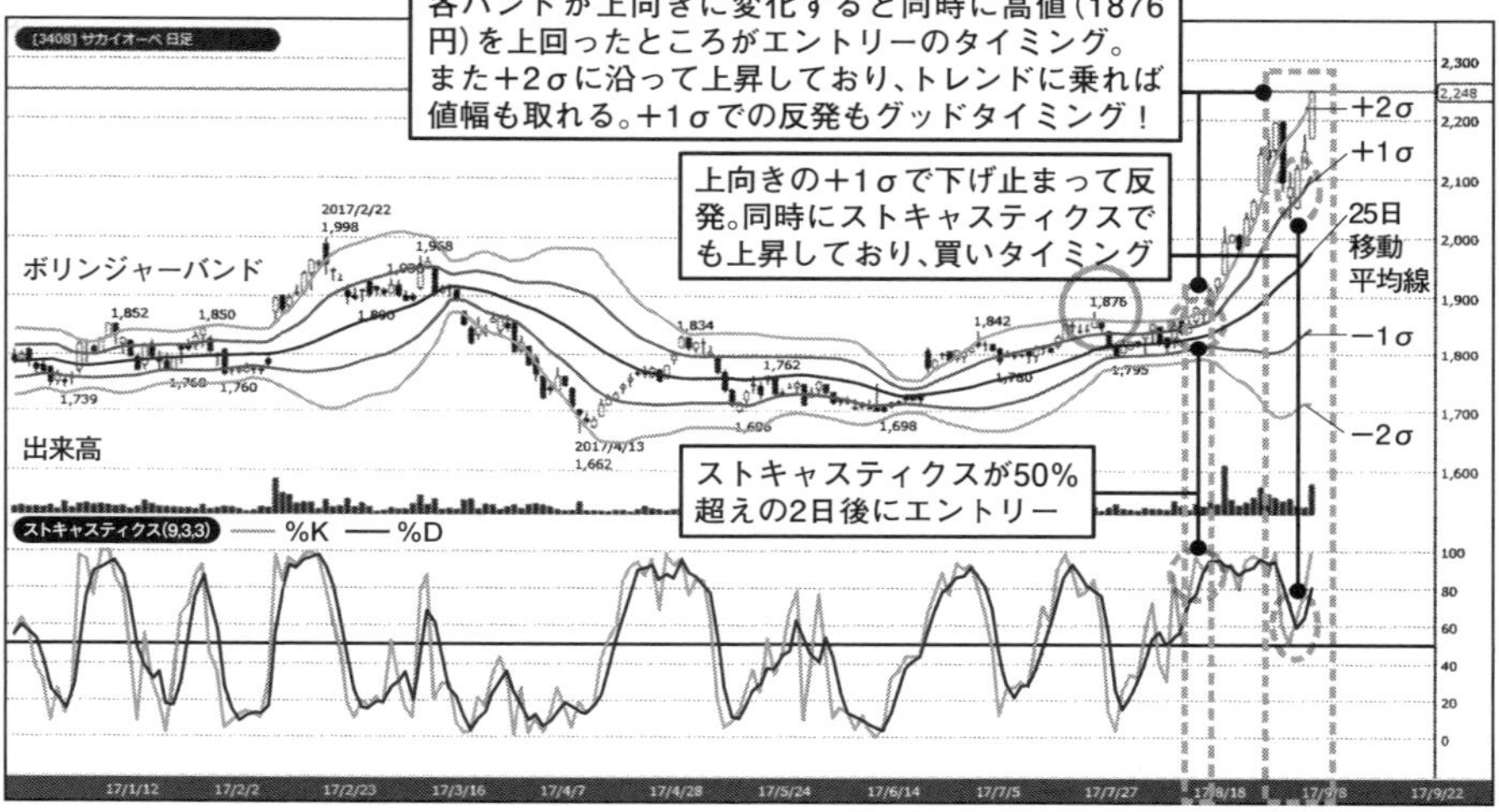

ボリンジャーバンドでは、各バンドが上向きに変化すると同時に直近の高値(1876円)を上回ったところが買いエントリーのタイミングです。これは、5日移動平均線を上回ったタイミングより2日遅れの8月17日。一方、売りのタイミングは5日移動平均線割れと同じ9月4日です。ボリンジャーバンドに基づいた売りは、上向きのプラス2σを終値が下抜いたタイミング。「トレンドが崩れる可能性がある」との判断によるものです。

株価はその後、9月7日に再び5日移動平均線の水準を回復。ボリンジャーバンドでは上向きのプラス1σで下げ止まって反発したところを買いエントリーのタイミングと捉えることができます。

ストキャスティクスでも%Kが急反転して%Dを上回り、5日移動平均線よりも早く買いシグナルが発生しています。

どうやら**株価の急上昇時にはボリンジャーバンドとストキャスティクスの相性がよさそう**です。激しい価格変動にも臨機応変に対応できる組み合わせといえるでしょう。

06

［スイングトレード］

動きの鈍い銘柄での指標の組み合わせ方

移動平均線×ストキャスティクス×RSI

続いては比較的値動きが鈍く、価格変動も規則正しいケースです。ここでも、「50％ライン」を売買タイミングとします。

チャート［6－7］は検査薬大手の栄研化学（4549）で、上段にローソク足と移動平均線、中段にストキャスティクス（ファースト）、下段にRSI（14日）を表示しています。

オシレーター系の指標である**ストキャスティクスとRSIは似たような動き**をしています。枠で囲んだのは、株価が天井をつけた場面や、押し目買いが有効と見られる局面です。

目先の天井をつけた左端のケースでは、両指標ともほぼ同じタイミングで買われ過ぎのシグナルを発しています。右隣の枠の押し目買い局面では、ストキャスティクスが売られ過ぎの水準から上昇して買いシグナルを示唆。RSIも50％ラインを上回ったところでエントリーすれば、押し目買いが有効だったことがわかります。

左から3つ目の枠で囲まれた部分では、ストキャスティクス、RSIともに買われ過ぎ水準に達した後、株価に連動する形で上下に変動しています。ストキャスティクスでは％Kが％Dを二度にわたって下回り、

[6-7] スイングトレードでの移動平均線×ストキャスティクス(ファースト)×RSI(14日)

栄研化学(4549)

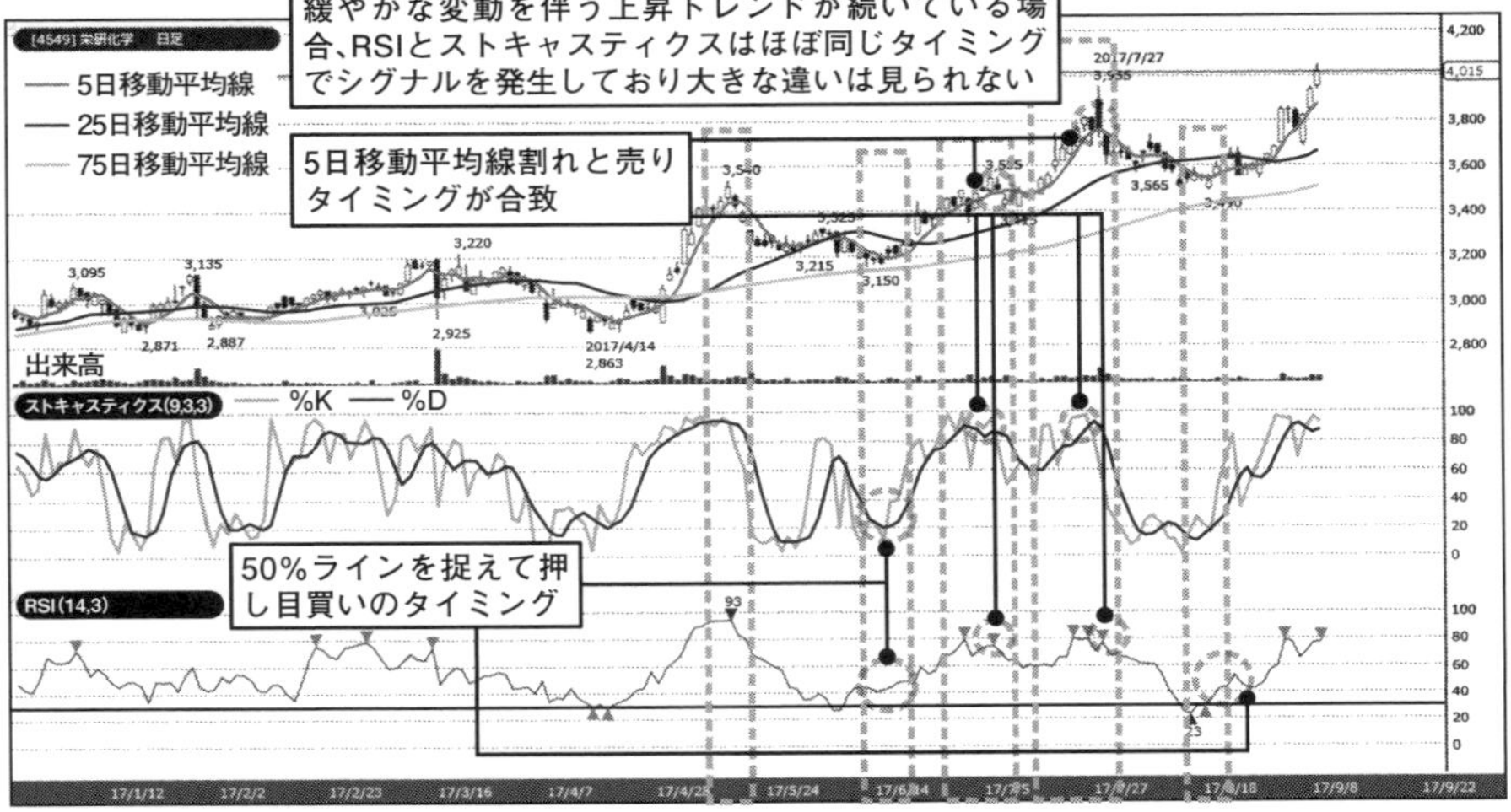

売りシグナルが点灯。ＲＳＩも70％割れで、下向きの▼、つまり売りの注意喚起シグナルが二度発生しています。

左から４つ目の枠の部分はどうでしょうか。株価が最高値まで上昇したタイミングです。株価が上向きの５日移動平均線よりも上方で推移している間に発生した売りシグナルを無視すると、ストキャスティクス、ＲＳＩともに、高値をつけて上ヒゲ陰線が形成されたところで売りシグナルが出ています。

トレンド系指標とオシレーター系指標のシグナルが売りで一致したときは無視せずただちに売る必要があります。

最後に右端の枠で囲まれた部分では、株価は右肩上がりの25日移動平均線、75日移動平均線をサポートにして上下に変動していますが、ＲＳＩ、ストキャスティクスの両指標ともに売られ過ぎの水準まで低下した後、ほぼ同じタイミングで買いシグナルが点灯しました。どちらのテクニカル指標を使っても大きな違いはなさそうです。

07

［スイングトレード］精度を上げるためにランキング情報を活用

値動きの激しさやトレンドが読み取れる

前項までで見たように、値動きの激しい銘柄ではトレンド系指標とストキャスティクスの併用が有効。値動きが鈍く、規則正しく変動する銘柄だと、トレンド系のテクニカル指標にストキャスティクスとＲＳＩのどちらを組み合わせても大きな違いがないことがわかりました。

重要なのは個別銘柄の値動きが激しいのか鈍いのかを予測して対応することです。

東証１部上場だけで２０００超の銘柄がある中で、予測することなど難しいと思われるかもしれませんが、実は少しの工夫で解決できる問題です。

その工夫とは、銘柄選びにランキング情報を活用することです。株式市場にはさまざまなランキングがあります。売買代金、売買高、日中売買高急増、値上がり率、値下がり率……。ランキング以外に新高値、新安値などの情報も銘柄選択に役立ちます。

ランキングは個別銘柄の値動きの激しさやトレンドを教えてくれます。売買高や売買代金のランキングは、その銘柄の人気度合いを映し出しています。

日々、ランキング上位の銘柄をチェックして上昇トレンドや下降トレンドといった条件に合致したものを

[6-8] ランキングの活用法

スイングトレードに利用可能なランキング情報等	特徴	トレンド
売買代金ランキング	価格の高い銘柄が上位を占めることが多い	上昇トレンド、下降トレンドどちらの可能性もある
売買高ランキング	価格の安い銘柄が上位を占めることが多い	上昇トレンド、下降トレンドどちらの可能性もある
売買代金急増ランキング	高価格帯で人気化した銘柄が出てくることが多い	上昇トレンド、下降トレンドどちらの可能性もある
売買高急増ランキング	低価格帯で人気化した銘柄が出てくることが多い	上昇トレンド、下降トレンドどちらの可能性もある
値上がり率ランキング	価格帯に関係なく人気化した銘柄が出てくることが多い	上昇トレンドが発生している可能性がある
値下がり率ランキング	価格帯に関係なく悪材料など悪いニュースの出た銘柄が出てくることが多い	下降トレンドが発生している可能性がある

ピックアップ。実際にトレードを行ったほうが売買タイミングをはかりやすいでしょう。

ランキングを毎日チェックしていると、新顔の存在にも気づくでしょう。そうした銘柄が人気化することも珍しくありません。

ランキング初登場の銘柄でなくても、上位に以前、顔を出していた銘柄が復活するケースもあります。一度、人気化した銘柄はその後もフォローしておくのが投資対象選びでは重要です。

08

［スイングトレード］

銘柄ごとの微調整に挑戦①

期間を変えて売買シグナル発生を前倒しする

ただ、ランキングからピックアップした銘柄でも想定した値動きにはならないことがあります。その対処法は大きく2つ。

ひとつ目は、テクニカル指標の期間を短くして売買シグナルの発生を早くさせる方法。2つ目は、逆にテクニカル指標の期間を長くして売買シグナルの発生を遅くさせることです。

それぞれに利点があります。前述したように、普段から使い慣れたテクニカル指標を使ってシグナル発生のタイミングを微調整することを「フィッティング」と呼びます。洋服を買うときをイメージしてみてください。フィッティングルームで試着をして自分に合うかどうかを判断するでしょう。袖や裾が長ければ、お直しをすることがあるかもしれません。

テクニカル指標も同様にフィッティングするとシグナルの点灯、つまり売買タイミング到来を示すサインの発生がその銘柄に合ったものになるのです。

具体的な例で検証してみましょう。

チャート［6－9］はキャラクター商品大手のサンリオ（8136）で、上段には5日、25日、75日の各

[6-9] RSIはスイングトレードに向いていない？

サンリオ(8136)

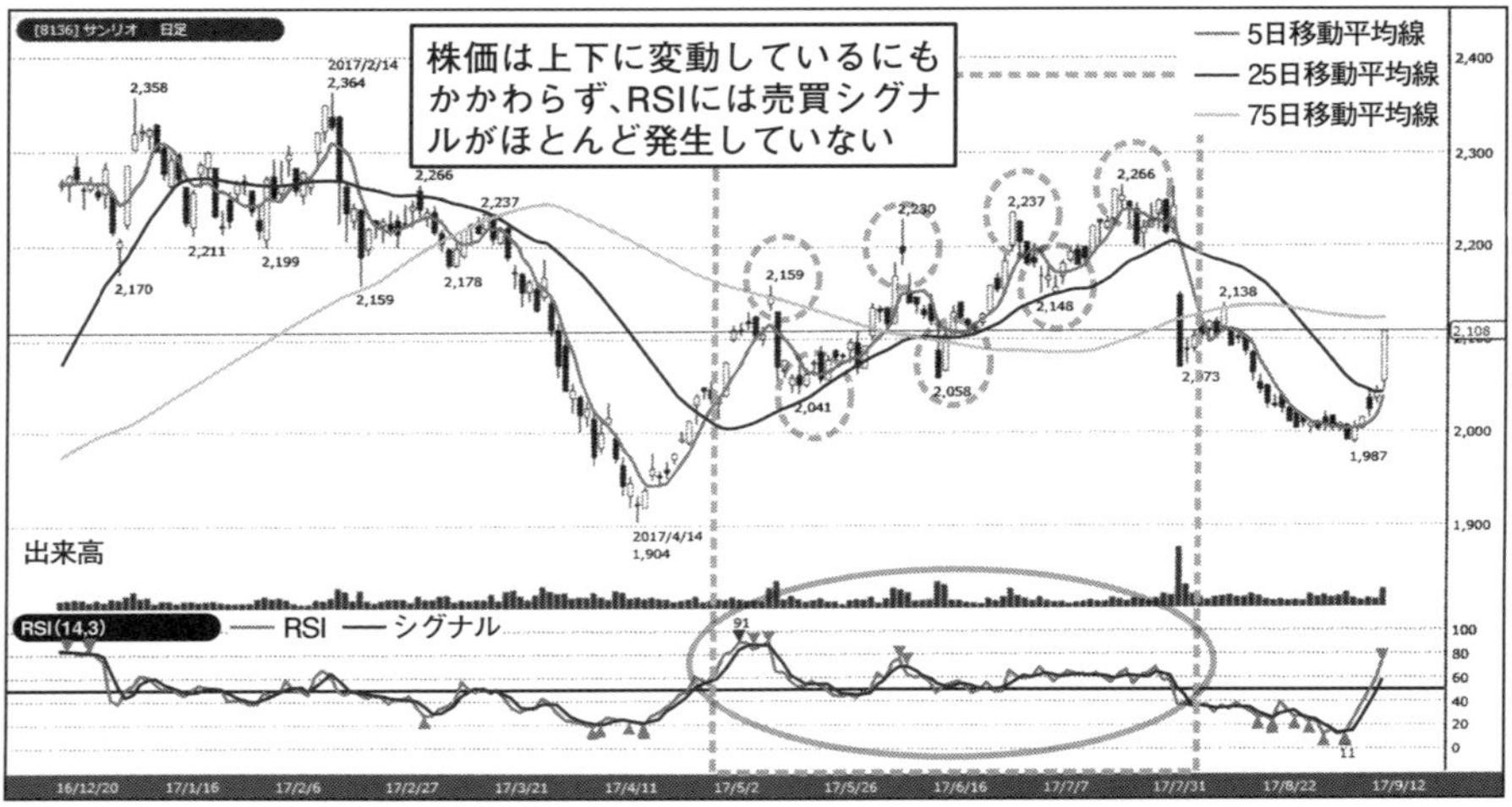

移動平均線を表示。下段がＲＳＩ（14日）と3日のシグナル（ＲＳＩの3日移動平均線のこと）です。ＲＳＩとシグナルの2本線を示すのは、ストキャスティクスと同じく、クロスと水準自体をもとに売買判断を行うためです。

売買シグナルとローソク足の値動きを比較すると、**株価が上下に変動しているにもかかわらず、ＲＳＩの売買シグナルはさほど発生していません。**数日から数週間で売買を完結させるスイングトレードには向いていないといえます。

だからといって、ＲＳＩの活用をあきらめるのは早計です。

ここで有効なのがフィッティングです。**ＲＳＩの算出対象期間を変えてみましょう。**

次のチャートをご覧ください。

［6-10］RSIの期間を14日→9日に変更すると大変化が！

サンリオ(8136)

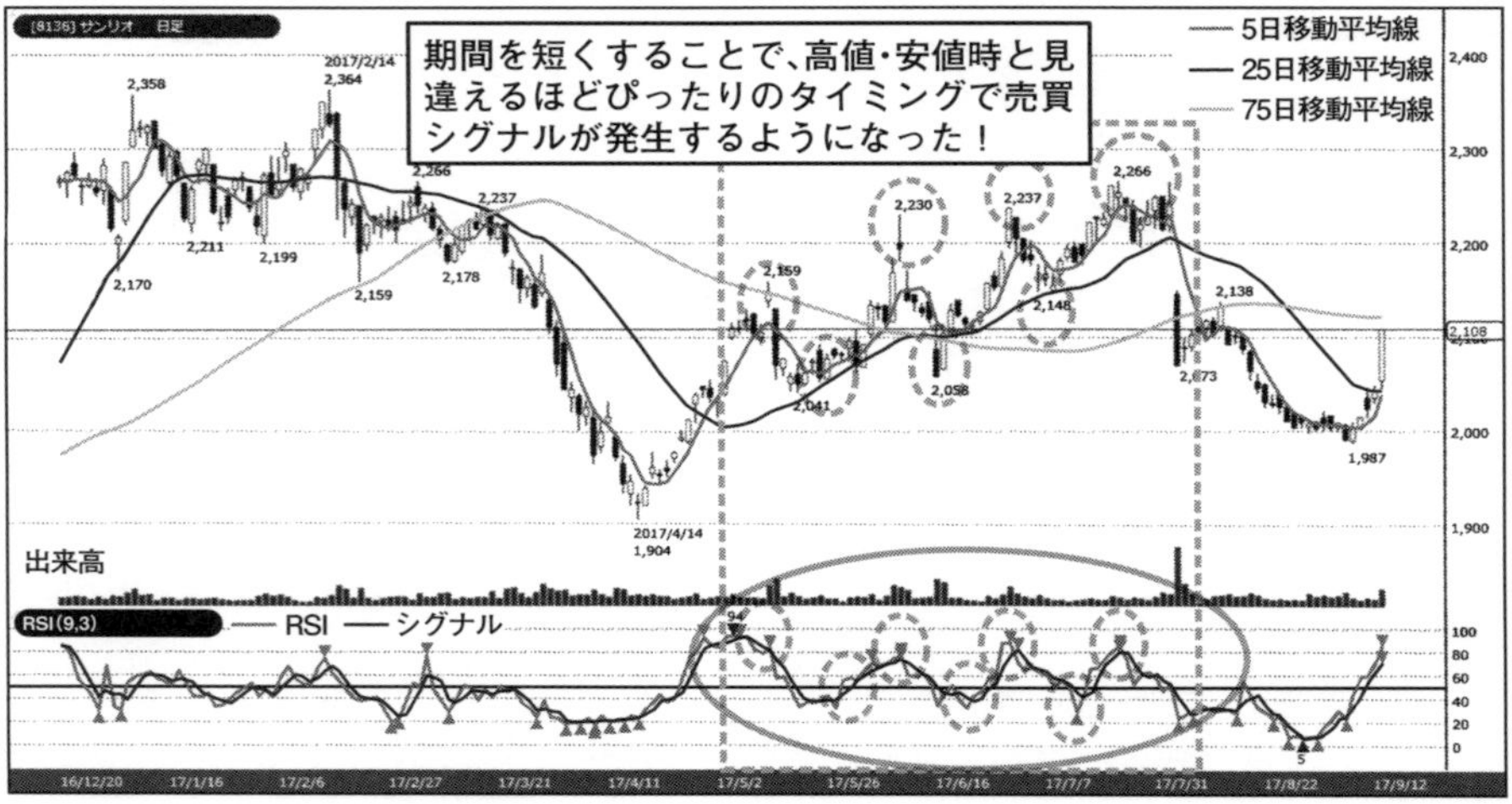

このチャート［6－10］もサンリオ（8136）です。ここでは、**RSIの算出対象期間を14日から9日に変更**しました。ローソク足は前ページのチャートと同じです。

RSIを見ると、売買シグナルが頻繁に点灯。株価の高値並びに安値時にはほとんど正確にシグナルを発しています。こうしてみると、同じRSIなのかと疑ってしまうほどですね。

RSIが30%以下にならなかった場合でも、50%ラインを活用します。上昇トレンドが発生しているので、この水準を上回ったときだけエントリーすれば、買いタイミングも逃さずに済むことがわかります。

このように**期間を変えるだけで最適化が可能**です。たとえランキングに入っていない銘柄でも、フィッティングすることで最適な売買タイミングを見つけることができるでしょう。

オシレーター系のテクニカル指標を使っても売買シグナルの発生が少ない場合には、算出対象期間を短くするのがポイントです。

09 [スイングトレード] 銘柄ごとの微調整に挑戦②

次は、前の例とは逆に売買シグナルの発生が多すぎる銘柄のフィッティングです。

チャート[6-11]は映画興行や不動産賃貸業を営む東京楽天地（8842）で、上段にローソク足と移動平均線（5日、25日、75日）、下段にRSI（14日）を表示しています。RSIの弱点である強いトレンド発生時に買われ過ぎ（売り）のサインが頻発しているのがわかるでしょう。

ここで、オシレーター系のテクニカル指標を、RSIからストキャスティクスに変えてみるとどうでしょうか。それがチャート[6-12]です。

強い上昇トレンドが発生している局面では買われ過ぎの水準に張りついたままです。ストキャスティクスのほうがRSIよりも反応が早いため、買われ過ぎの水準に張りついてしまっており、「ダマシ」が多くなっているのがわかります。

この例のように**急角度で上昇している銘柄の場合、一旦売ってしまうとついていけなくなるため、「ダマシ」を無視することが肝心**です。

上昇トレンドが発生していることに加え、上昇角度も急であることがイメージできれば、このチャートにあるような「ダマシ」を無視することができると同時に、そもそもストキャスティクスを使ってはいけないことも頭に浮かぶのではないでしょうか。

そこで、再びRSIを活用。フィッティングで対応してみます。

[6-11] RSI(14日)でサインが頻発

東京楽天地(8842)

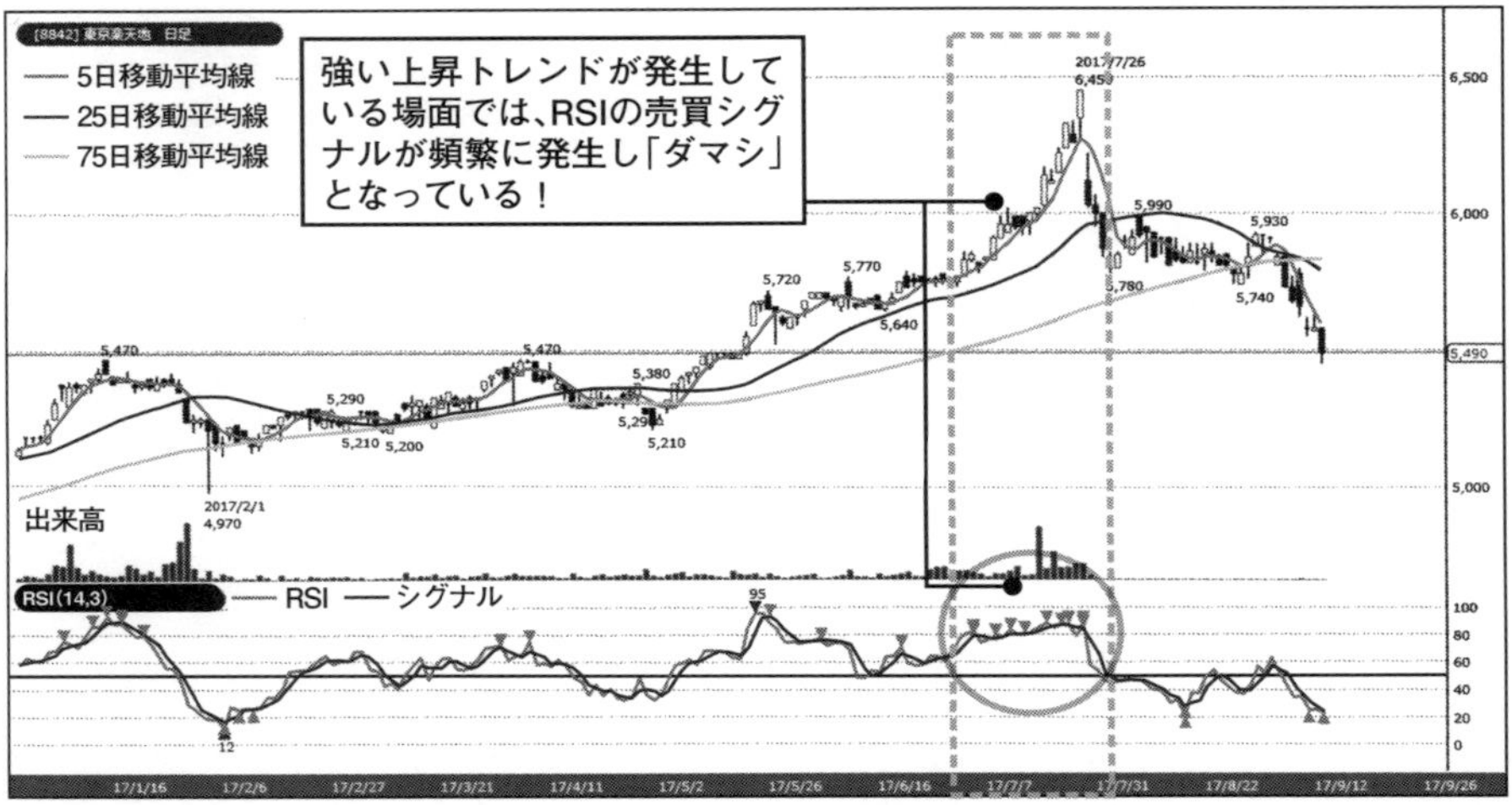

[6-12] ストキャスティクスでも買われ過ぎに張りついたまま

東京楽天地(8842)

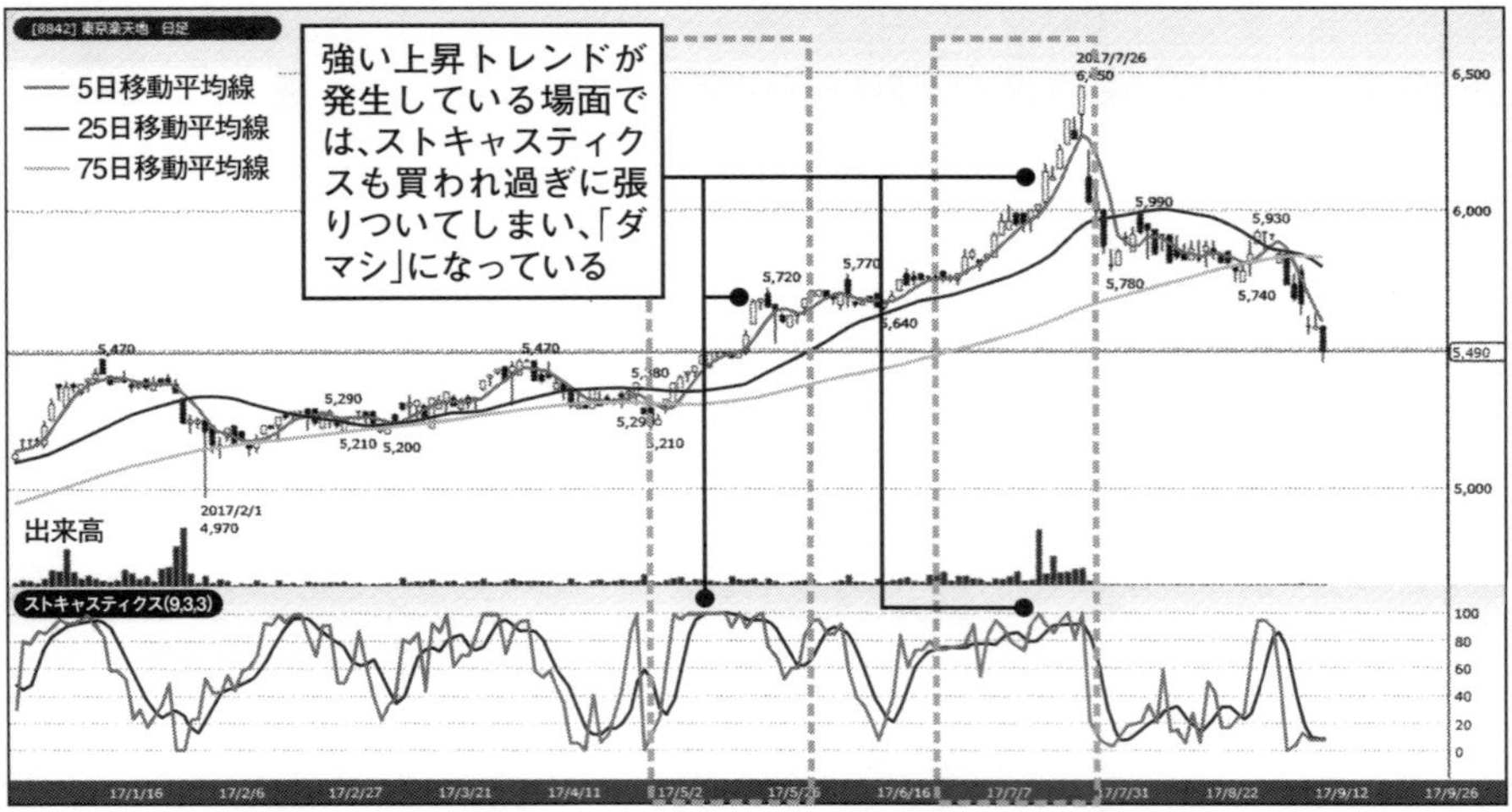

［6-13］RSI（20日）で売買タイミングが合致！

東京楽天地（8842）

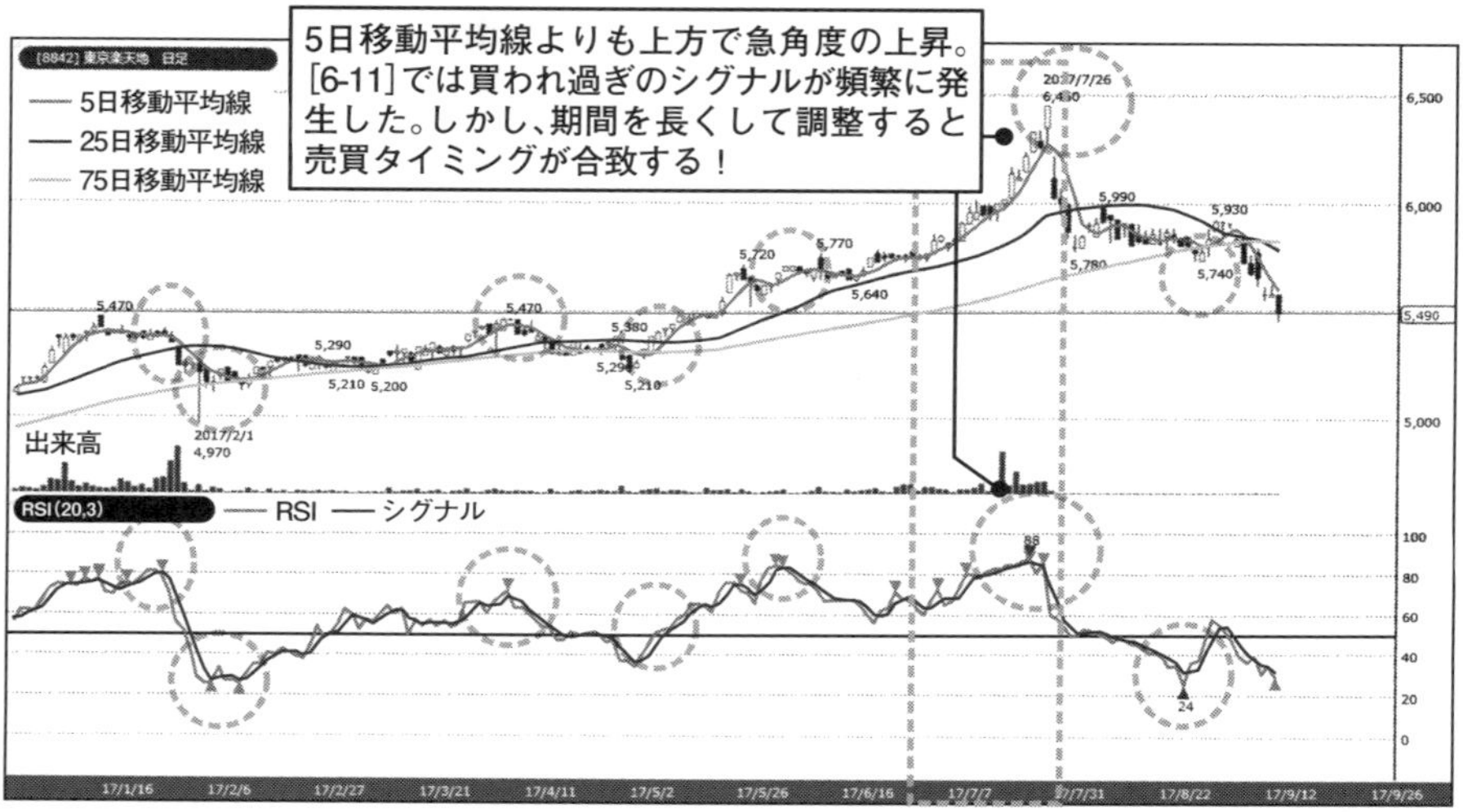

チャート［6－13］を見てください。ＲＳＩの算出対象期間を一般的に使われている14日からほとんど使われていない**20日に変更**しました。

四角い枠で囲んだ強い上昇トレンドの発生局面では売買シグナルが減少しているのがわかります。マルで囲んだ株価の転換点ではシグナルが的確に発生しており、14日のＲＳＩよりも「ダマシ」が少なくなっています。

このようにオシレーター系指標は最適な組み合わせを選択することに加え、フィッティングすれば、トレードの成果が格段に向上するでしょう。

期間の調整については、**「ダマシ」となる売買シグナルが多く発生している場合は期間を長く**する。一方、**売買シグナルそのものが発生しない場合は、期間を短くする**のがコツといえます。基本設定（デフォルト）から少しずつ期間を延ばしたり、短くしたりすることで高値や安値と売買シグナル発生のタイミングが合致する期間を見つけ出すのが成功のカギです。

10 ［中長期投資］トレンド分析に重点を置く

時間を味方につける

　ここまではスイングトレードにおけるテクニカル指標の最適な組み合わせを説明してきました。続いて中長期投資における最適化です。ひと口に中長期投資といっても、解釈はさまざまです。まずは私がイメージする中長期投資について説明しましょう。

「中期投資」＝週足チャートを使った、数カ月から2、3年程度の期間の投資
「長期投資」＝月足チャートを使った、3年以上の期間を念頭に置いた投資

中長期投資で大事なのは、投資する際の時間を味方につけることです。そのために右肩上がりの銘柄か、右肩上がりになる可能性のある銘柄を選択する必要があります。
　一方、中長期投資でもっとも危険なのは、当初、スイングトレードをするつもりで購入したにもかかわらず、いつの間にか中長期投資に変わってしまうことです。損失が拡大したまま持ち続ける**「塩漬け」状態**になっているケースなどがこれに該当します。

[6-14] トレンド分析に重点を置いたテクニカル指標の組み合わせ例

トレードスタイル	トレンド系	オシレーター系
中期投資	週足　移動平均線 (13週、26週、52週)	MACD、RSI、ストキャスティクス (すべて初期値) 反応のスピード: ストキャスティクス ＞ MACD ＞ RSI
長期投資	月足　移動平均線 (12カ月、24カ月、60カ月)	MACD、RSI、ストキャスティクス (すべて初期値) 反応のスピード: ストキャスティクス ＞ MACD ＞ RSI

それだけに、**トレンド分析は大事**です。トレンド分析に重点を置いたテクニカル指標の組み合わせは図［6－14］の通りです。

各期間の中でもっとも期間が短い移動平均線上を株価が推移しているときは、反応が遅めのテクニカル指標を使い、上下動が激しいときは反応のスピードが速いテクニカル指標を使うか、ＲＳＩのフィッティングが有効に機能します。

11

［中期投資］

指標の組み合わせ例

移動平均線×MACD×ストキャスティクス

それでは、中長期投資における組み合わせの例を見てみましょう。まずは中期投資です。

チャート［6－15］はトヨタ自動車（7203）で、上段にローソク足（週足）と移動平均線、中段にMACD、下段にストキャスティクスを表示しています。

ここで週足のチャートを3つのパートに分けてみました。中期投資で必要なのは、買ってから上昇が続くかどうかです。左端の四角い枠で囲んだ部分は、「上昇トレンド」と考えられます。株価がすべての移動平均線を上回って推移しているとともに、すべての移動平均線が上向きで推移しているからです。中期投資の場合、値動きが大きくてもトレンドに変化がなければそのまま持ち続けるのが基本的な考え方です。

このときにMACDとストキャスティクスの売買シグナルがどうなっているのか比べてみましょう。両指標の買いシグナルはほぼ同じタイミングで点灯しています。トレンドに変化がない限り保有することを前提にすれば、この後両指標の発するそれぞれの売りシグナルを「ダマシ」と判断することもできるでしょう。

一方で、発生した売りシグナルが**「ダマシ」かどうか見極めが難しい場合**にはどのように対応すればよいのでしょうか。

［6-15］中期投資での週足×移動平均線×MACD×ストキャスティクス
トヨタ自動車（7203）

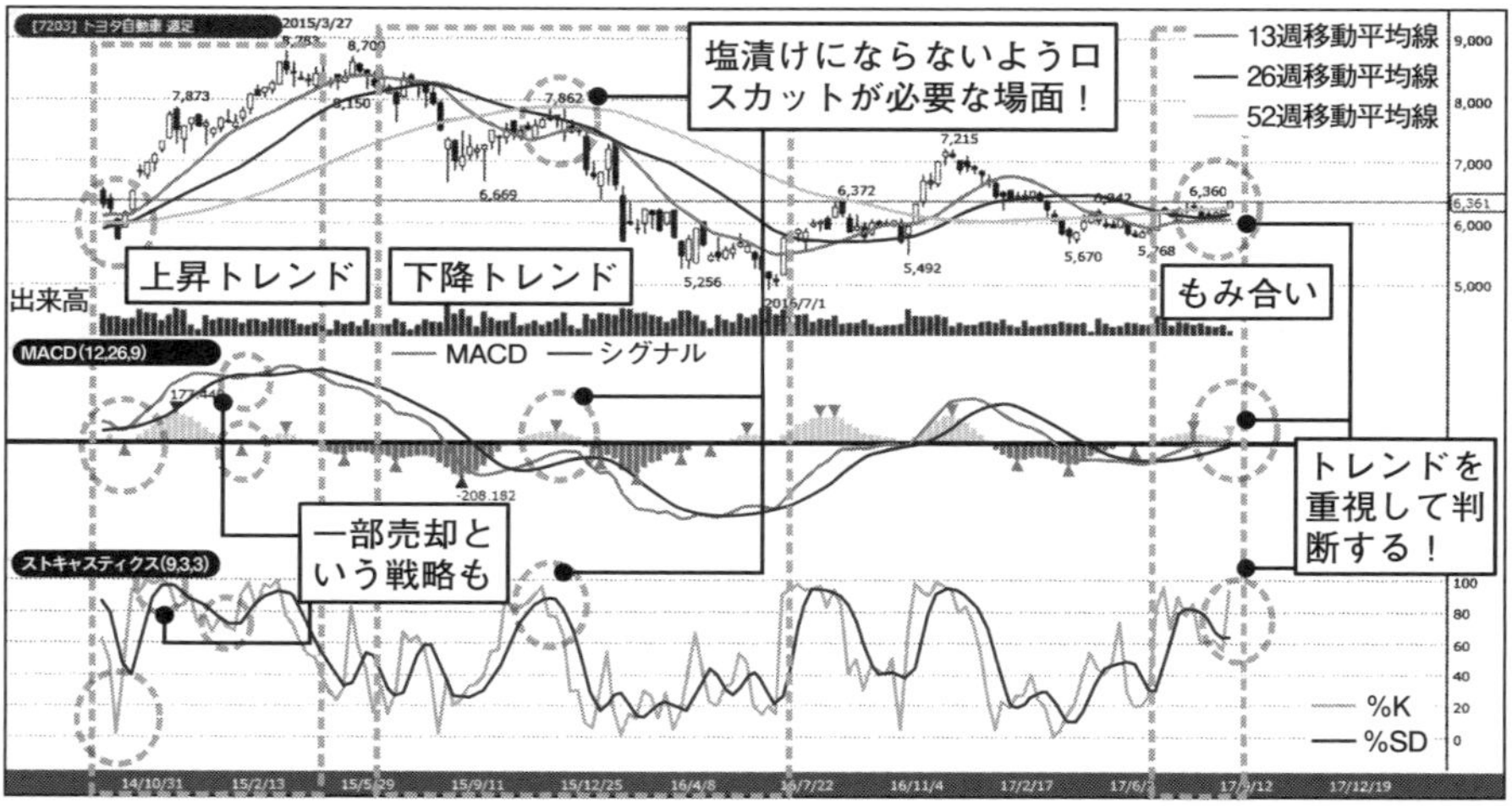

そのときは全保有銘柄を売るか、あるいは保有する半分の銘柄を売る戦略があります。売りそびれて塩漬けになってしまうことが心配な人は、一部の保有株を売却することで不安がある程度解消でき、上昇が続けば手元に残した株の含み益も膨らみます。そのため、投資の初心者でも複数単元を保有するほうがいいのではないかと思います。

ただ、ストキャスティクスを活用すると、同じ銘柄を再び買い増すのは難しいかもしれません。なぜなら、ストキャスティクスが買われ過ぎの水準に張りついているからです。一方、ＭＡＣＤを見ると、売りシグナルが発生した直後に買いシグナルが発生。買いの「注意喚起シグナル」も発生しており、上昇トレンドについていくのが望ましいことを示唆しているのがわかります。

中期投資は上昇トレンドの続く限り保有し続けるのが原則だとすれば、**ＭＡＣＤと移動平均線の組み合わせのほうがストキャスティクスと移動平均線の組み合わせよりも相性がいい**といえそうです。

指標の発するシグナルが異なる場合は？

次に真ん中の四角で囲んだ部分です。株価は下降トレンド。中期投資では「買ってはいけない」局面です。特に注意したいのが、株価が3本の移動平均線を割り込んでから、反発して7862円をつけた後、MACDとストキャスティクスの両指標が売りシグナルを発している場面です。この場面では、52週移動平均線が上向きを続けており、株価もこの平均線の水準を回復するのではないかと考えがちですが、実際には、52週移動平均線を上回ることができずに押し返されて下落基調に戻っています。

MACDとストキャスティクスの両方に売りシグナルが点灯していることを踏まえると、ここはロスカットをしなければならない場面でしょう。そうすれば損失は限られている上、底入れからの反発局面を捉えることができれば安く買い戻すことも可能です。

最後は右端の四角で囲んだ部分です。ここはMACDとストキャスティクスの発するシグナルに違いがあります。**MACDは上向きでようやく0ラインを超えようとしているのに対し、ストキャスティクスはすでに買われ過ぎの水準**に達しています。

この場面でいったいどちらの指標が発するシグナルを信じればいいのでしょうか。

私はMACDのシグナルを選びます。13週と52週移動平均線が上向きで、26週線が上向きに変化しつつあるからです。このため、MACDが0ラインを超えてくれば上昇トレンド入りすることが考えられます。逆にストキャスティクスの発するシグナルにしたがって売却すると、その後に想定される上昇トレンドについていけない可能性があります。中期投資は売買タイミングも重要ですが、それ以上に**トレンドを重視したテクニカル指標を使う**ほうがパフォーマンスの向上に役立ちます。

12 ［長期投資］指標の組み合わせ例①

移動平均線×MACD×ストキャスティクス

次に長期投資に役立つチャートを確認します。その前に利用している移動平均線について簡単に説明しておきましょう。

ここで使うのは12カ月、24カ月、60カ月の移動平均線です。12カ月は1年、24カ月は2年、60カ月は5年の終値の平均価格を示しています。株価が各移動平均線を上回り、かつ移動平均線が上向きで推移している場合には「上昇トレンド」が継続していると考えられます。

経験則では**12カ月、24カ月の両移動平均線を使ってトレンドの判断を行い、オシレーター系の指標を使って売買タイミングをはかる**のが一般的です。ただ、できれば**60カ月移動平均線も併せて活用**したいところです。12カ月移動平均線や24カ月移動平均線を下回って下落の値幅が大きくなったときの支持線や、反発局面での上値の抵抗線として機能することもあるからです。

60カ月移動平均線には株価が長期低迷しているときにサポートになるかどうかで買いのタイミングをはかったり、12カ月移動平均線、24カ月移動平均線が60カ月移動平均線を下回って長期上昇トレンドが崩れるかどうかを判断したりするなどの活用法があります。

［6-16］長期投資での月足×移動平均線×MACD×ストキャスティクス（ファースト）

トヨタ自動車（7203）

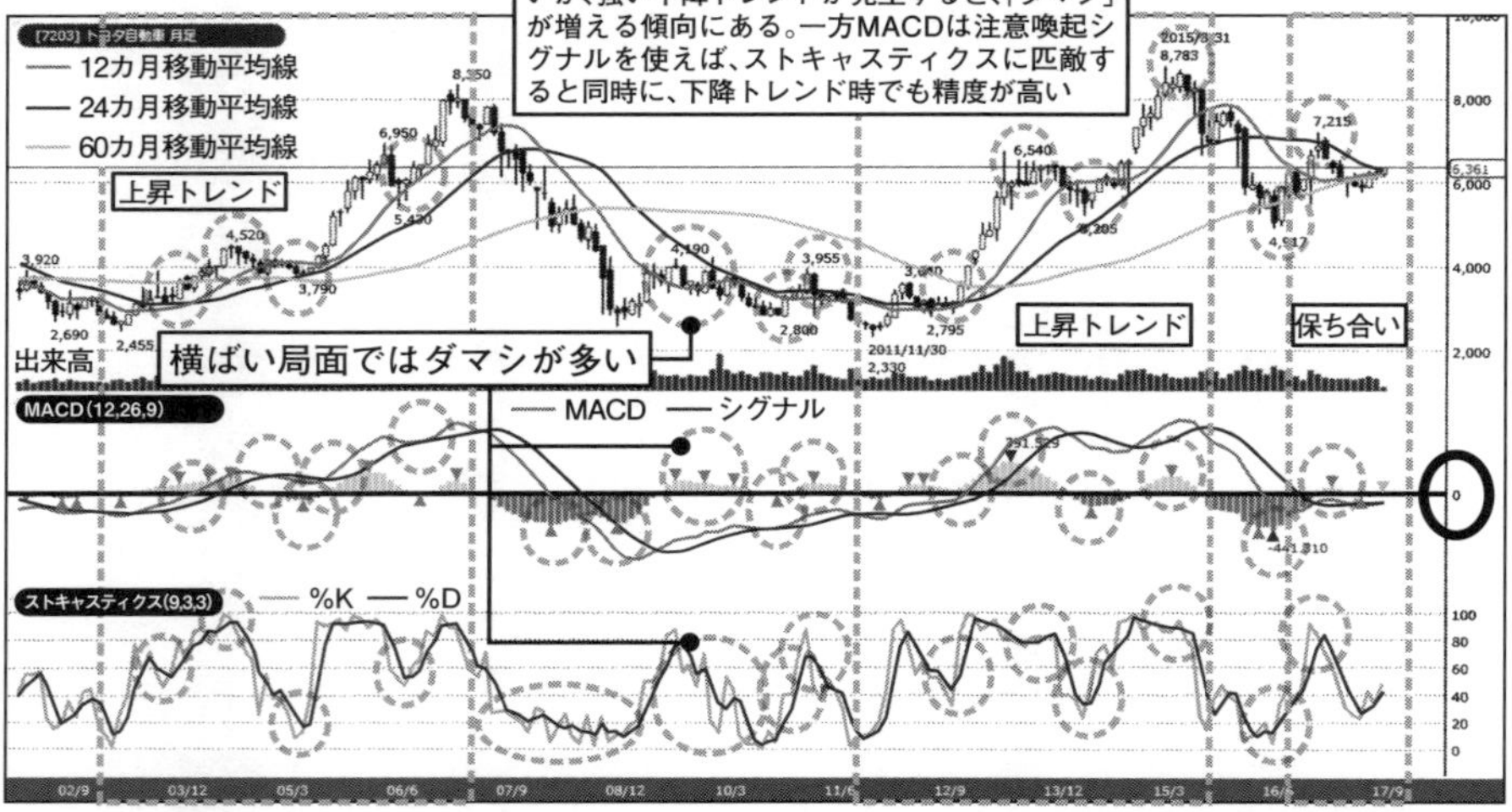

もみ合い場面での投資判断は？

それでは、実際のチャートで確認しましょう。チャート［6―16］はトヨタ自動車（7203）で、上段にローソク足（月足）と移動平均線（12カ月、24カ月、60カ月）、中段にMACD、下段にストキャスティクス（ファースト）を表示しています。

ここでも3つの局面に分けて検証してみます。左端と真ん中の四角で囲んだ部分は上昇トレンド。右端は保ち合い局面です。

左端の枠で囲んだ部分では、トレンド判断の分かれ目となる0ラインをMACDが下から上へ突き抜けています。そのタイミングで株価も上昇トレンド入り。株価が一旦もみ合う局面では、上向きの24カ月移動平均線がサポートしています。

長期投資の観点から考えると、もっとも悩ましいのがこの**もみ合い場面で売買**するかどうかです。その後の推移を見れば、上昇トレンドが続いたので売買する必要はなかったのですが、あくまでも結果論に過ぎません。

たとえば、70円で買ったものを100円で売った後、80円で再び購入し、その後140円まで上昇したとしましょう。その際の実現益＋含み益は次のようになります。

①実際に売買した場合：（100円－70円）＋（140円－80円）＝90円の予想利益
実現益30円　　含み益60円

②売買しなかった場合：140円－70円＝70円の予想利益
含み益70円

実際に売買したほうが、予想利益が大きいことがわかります。長期投資でも一旦利益を確定し、その後再び買い直したほうが、ひたすら持ち続けるよりも運用パフォーマンスが高いというわけです。

13 【長期投資】指標の組み合わせ例②

MACDかストキャスティクスか

では、長期投資ではMACDとストキャスティクスのいずれのテクニカル指標を活用するのが最適なのでしょうか。チャート［6－17］を見てください。前項のチャートの再掲ですが、2つの指標を比較すると、ストキャスティクスの売買シグナルのほうがMACDよりも早く点灯しています。

上昇トレンドが続く中での一時的な反落場面では、ストキャスティクスが一旦50％を割り込んだ後に反転して再び50％を回復したタイミングで買いを入れると、トレンドについていくことができそうです。

下降トレンドが続いている場面ではどうでしょうか。四角で囲んでいないところが下降トレンドの局面です。ストキャスティクスの売られ過ぎシグナルが頻繁に発生していますが、売買タイミングを見極めるのは難しそうです。ちなみに、月足チャートだけで売買判断を行った場合、1本のローソク足の値幅が大きく、いきおい売買タイミングの遅れにつながる恐れがありますので、**日足チャートも併用**することが重要です。

一方、MACDは、その移動平均線とのクロスに伴うシグナルの点灯がストキャスティクスに遅れているものの、注意喚起シグナルはMACDの発するシグナルよりも少し早めに発生。ストキャスティクスの上下動が激しいときにも比較的、ピンポイントで売買タイミングを示唆しています。

[6-17]MACDかストキャスティクスか

トヨタ自動車(7203)

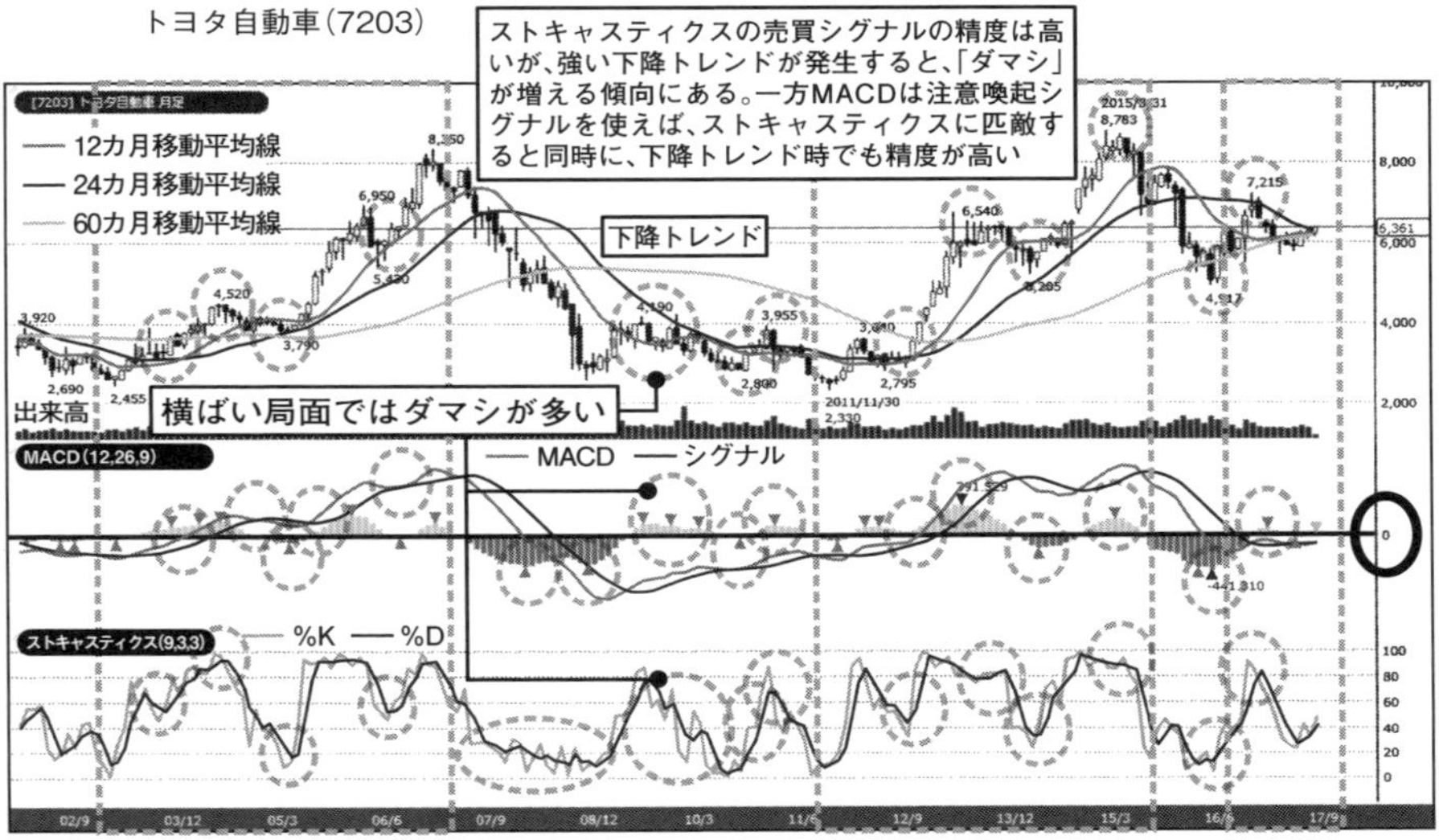

上昇トレンド時にはＭＡＣＤとストキャスティクスともに株価の天井や底で売買シグナルが発生しており、両指標のシグナル発生のタイミングに大きな違いは見られません。しかし、下降トレンド時には、ストキャスティクスの売られ過ぎシグナルが頻繁に点灯しています。

これに対して、ＭＡＣＤの売買シグナルは遅れることもありますが、注意喚起シグナルを併用することで、ある程度カバーすることが可能。株価の高値や安値と売買タイミングがほぼ一致します。

ストキャスティクスよりもＭＡＣＤを移動平均線と組み合わせて使うのが有効と見られます。

弱点	売買判断
保ち合いや強いトレンドが発生したときに弱い	・トレンド系指標の方向を重視する ・上昇トレンドでは買いシグナル重視、下降トレンドでは売りシグナルを重視 ・トレンドと併せて50%ラインを活用する
保ち合いや激しい値動きに弱いが「注意喚起シグナル※」を使えば克服が可能	・トレンド系指標の方向を重視する ・上昇トレンドでは買いシグナル重視、下降トレンドでは売りシグナルを重視 ・トレンドと併せて0ラインを活用する
フィッティングで克服が可能(強い上昇トレンド発生時は期間を長く、保ち合いのときには期間を短くする)	・トレンド系指標の方向を重視する ・上昇トレンドでは買いシグナル重視、下降トレンドでは売りシグナルを重視 ・トレンドと併せて50%ラインを活用する
保ち合いや強いトレンドが発生したときに弱い	・トレンド系指標の方向を重視する ・上昇トレンドでは買いシグナル重視、下降トレンドでは売りシグナルを重視 ・トレンドと併せて50%ラインを活用する
保ち合いや激しい値動きに弱いが「注意喚起シグナル※」を使えば克服が可能	・トレンド系指標の方向を重視する ・上昇トレンドでは買いシグナル重視、下降トレンドでは売りシグナルを重視 ・トレンドと併せて0ラインを活用する
フィッティングで克服が可能(強い上昇トレンド発生時は期間を長く、保ち合いのときには期間を短くする)	・トレンド系指標の方向を重視する ・上昇トレンドでは買いシグナル重視、下降トレンドでは売りシグナルを重視 ・トレンドと併せて50%ラインを活用する
保ち合いや強いトレンドが発生したときに弱い	・トレンド系指標の方向を重視する ・上昇トレンドでは買いシグナル重視、下降トレンドでは売りシグナルを重視 ・トレンドと併せて50%ラインを活用する ・日足のトレンドや売買タイミングも確認する
保ち合いや激しい値動きに弱いが「注意喚起シグナル※」を使えば克服が可能	・トレンド系指標の方向を重視する ・上昇トレンドでは買いシグナル重視、下降トレンドでは売りシグナルを重視 ・トレンドと併せて0ラインを活用する ・日足のトレンドや売買タイミングも確認する
フィッティングで克服が可能(強い上昇トレンド発生時は期間を長く、保ち合いのときには期間を短くする)	・トレンド系指標の方向を重視する ・上昇トレンドでは買いシグナル重視、下降トレンドでは売りシグナルを重視 ・トレンドと併せて50%ラインを活用する ・日足のトレンドや売買タイミングも確認する

※注意喚起シグナルは株式会社インベストラストが特許を取得しています

[6-18]指標の組み合わせ例(まとめ)

種類	トレンド系&期間	オシレーター系	利用場面
日足	移動平均線 期間(5日、25日、75日、200日) ボリンジャーバンド 期間(25日)	ストキャスティクス (%K、%Dまたは%SD)	激しい値動きに適している
		MACD(12日〜26日、9日)	比較的緩やかな 値動きに適している
		RSI(14日)	比較的緩やかな 値動きに適している
週足	移動平均線 期間(13週、26週、52週) ボリンジャーバンド 期間(26週)	ストキャスティクス (%K、%Dまたは%SD)	激しい値動きに適している
		MACD(12週〜26週、9週)	比較的緩やかな 値動きに適している
		RSI(14週)	比較的緩やかな 値動きに適している
月足	移動平均線 期間(12カ月、24カ月、52カ月) ボリンジャーバンド 期間(9カ月)	ストキャスティクス (%K、%Dまたは%SD)	激しい値動きに適している
		MACD (12カ月〜26カ月、9カ月)	比較的緩やかな 値動きに適している
		RSI(14カ月)	比較的緩やかな 値動きに適している

第7章 大型株、中型株、小型株に最適な組み合わせ術

TECHNICAL ANALYSIS

01 規模別でも指標の組み合わせは異なる

前章では、スイングトレードと中長期投資という2つのトレードスタイルでのテクニカル指標の組み合わせを紹介しました。この章では、**「時価総額の規模別」**という切り口で、それぞれに適した組み合わせについて解説していきましょう。

時価総額が大きく流動性の高い大型株と、時価総額が小さく比較的流動性の低い小型株では当然、値動きにも違いが出てきます。**値動きに違いがある場合には、それに応じてテクニカル指標も使い分ける**必要があります。そうしないと最適な売買タイミングを見つけることもできません。

最適なテクニカル指標の組み合わせを考えるために、まずは大型株、中型株、小型株の値動きの特徴を確認しましょう。

大型株の特徴

株価指数のＴＯＰＩＸ１００構成銘柄はいずれも大型株です。銘柄を見ると、テレビＣＭなどでの認知度が高く、有名企業ばかりといっても過言ではありません。これらの銘柄は日々の取引も活発で、売買高や売買代金ランキング上位の常連です。個人投資家だけでなく、生損保などの機関投資家や外国人投資家、投資信託までほとんどの投資主体が売買しています。

取引に参加している投資家の裾野が広いため売り注文、買い注文ともに多く、いきおい株価の値動きは比較的安定しています。むろん、「安定している」とはいっても株価が値上がりしたり値下がりしたりしないという意味ではなく、「値動きがなだらか」というのが正しいでしょう。

なだらかな値動きは一般の投資家からすると、売買しやすい面があります。反面、短期の値幅取りを狙う投資家にはさほど妙味がないかもしれません。どのテクニカル指標を使うか選ぶ際には、こうした大型株の値動きの特徴を頭に入れておき、**慣れてくれば「フィッティング（期間調整）」も行う**ようにしたいところです。

中型株の特徴

中型株の代表例はTOPIX Mid400という指数の算出対象銘柄です。大型株に対して若干流動性で劣る面があるものの、新興株市場銘柄などとの比較では売買高や売買代金が圧倒的に多いといえます。大型株と同様、機関投資家や外国人投資家に加え、個人投資家も売買を行う「全員参加型」の銘柄です。時価総額や流動性は大型株と異なり、値動きも大型株に比べて若干激しい傾向があります。

それは**「呼び値」の違い**が一因です。「呼び値」とは、売買注文を出す際の値段の刻みの単位のこと。TOPIX100に採用されている大型株だと1000円以下で0・1円、3000円以下で0・5円など、1円未満です。つまり、大型株の売買単位は100円、100・1円、100・2円といった0・1円単位です。

これに対して、中型株など他の銘柄だと、価格帯が3000円以下ならば「呼び値」は1円。100円、101円、102円といった1円単位の値段でしか売買注文を出すことができません。価格が3000円を上回る場合にも両者の呼び値は異なります。詳細は日本取引所グループ（ＪＰＸ）のサイトをご覧ください（http://www.jpx.co.jp/equities/trading/domestic/07.html）。**呼び値の違いは値動きにも大きな影響**を与えており、チャート分析でも見過ごすことはできません。

単純に考えると、各呼び値に1万株の売り注文があったとき、０・１円刻みの呼び値ならば、１円動くために10万株の買い注文が必要ですが、１円刻みの呼び値の場合、１円動くために１万株の買い注文があればよいことになります。大型株では商いが増加しないとき、こうした細かい呼び値が株価上昇時や下落時のブレーキとして働きます。中型株では、大型株よりも値動きが軽い分、**売買タイミングも少し早めに知る必要が出てくる**のです。

小型株の特徴

小型株は中型株よりもさらに値動きが軽いのが特徴です。特に商いが増加すると大型株や中型株よりも変動幅が大きくなる傾向があります。中型株で説明したように、呼び値が比較的大きいのが一因です。さらに発行済み株式数が大型株や中型株よりも少ないため、買いや売りの注文が増加すると、それだけで値動きが激しくなってしまうのです。

需給面でも大型株や中型株とは異なります。信用取引の貸借銘柄（カラ売りも可能な銘柄）などに指定されている小型株の場合、信用取引の買い残高や売り残高が増加すると、持ち高が傾いた方向とは逆に株価が動きやすい傾向があります。買い残高が増加すれば株価は下落しやすく、逆に売り残高が増えると、上昇しやすいのです。

信用取引の買い手は売り、売り手は買い戻しとそれぞれ反対売買をして決済します。ところが、流動性の

［7-1］規模別銘柄の特徴

規模	具体例	流動性	値動き
大型株	時価総額と流動性が高い、 上位100銘柄（TOPIX100の算出対象）	高い	安定的
中型株	大型株についで時価総額と流動性が高い、 TOPIX100に次ぐ、 上位400銘柄（TOPIX Mid400の算出対象）	比較的高い	比較的軽い
小型株	大型株・中型株に含まれない全銘柄 （TOPIX Smallの算出対象）	低い	軽い （激しい場合も）

低い銘柄だと、買い手の返済売りを吸収するだけの買い注文がなかなか入りません。一方、売り残高が積み上がっていると、買い戻しの需要に見合うだけの売り注文が出てこないため、売り手は損失覚悟で高い値段で買い戻しせざるを得なくなります。その結果、株価の上昇にはずみがつくようなケースが少なくありません。

もちろん、常にこうした価格形成になるとは限りませんが、小型株では頻繁に見られる値動きです。業績だけでなく、需給も株価の決定要因になるのです。

それだけに、**需給動向の確認**はテクニカル分析では重要なポイントです。特に、小型株は流動性が乏しいため、需給の影響を受けやすいといえます。需給動向に左右されることから、株価も上下ともに一方向に動きやすい（＝トレンドが発生しやすい）傾向があります。こうした値動きを考慮した上で売買タイミングをはかることが重要です。

02 株価が安い大型株でのスイングトレードの場合①

移動平均線×ストキャスティクス

では、実際に規模別の銘柄の値動きをチャートで確認し、最適なテクニカル指標の組み合わせを探っていきましょう。最初の銘柄は大型株でも価格の安い、みずほフィナンシャルグループ（ＦＧ）（８４１１）。傘下に銀行、証券、ノンバンクなどを持つみずほグループの統括会社です。

チャート［７－２］は上段に日足のローソク足、5日、25日、75日の各移動平均線、下段にストキャスティクスを表示しています。株価は3月13日に２１４・４円の高値をつけた後、下落。4月17日には１８６・７円まで売られています。スイングトレードの基本は、上昇トレンドの押し目買いです。となると、株価が３本の移動平均線を下回るとともに、すべての平均線が下向きになっている4月安値時点でスイングトレードのエントリーを行うべきではありません。

結果的に大きく反発していることから、ここは買いだと思われるかもしれませんが、**下降トレンドでのリバウンド（＝一時的な反発）局面**であり、戻っても下向きの25日移動平均線や75日移動平均線までの価格差を考えると、**小さな値幅しか取れません。**そもそも下降トレンドが続いているため、スイングトレードで買うタイミングではないのです。

［7-2］株価が安い大型株でのスイングトレード〜移動平均線×ストキャスティクス（ファースト）

みずほFG（8411）

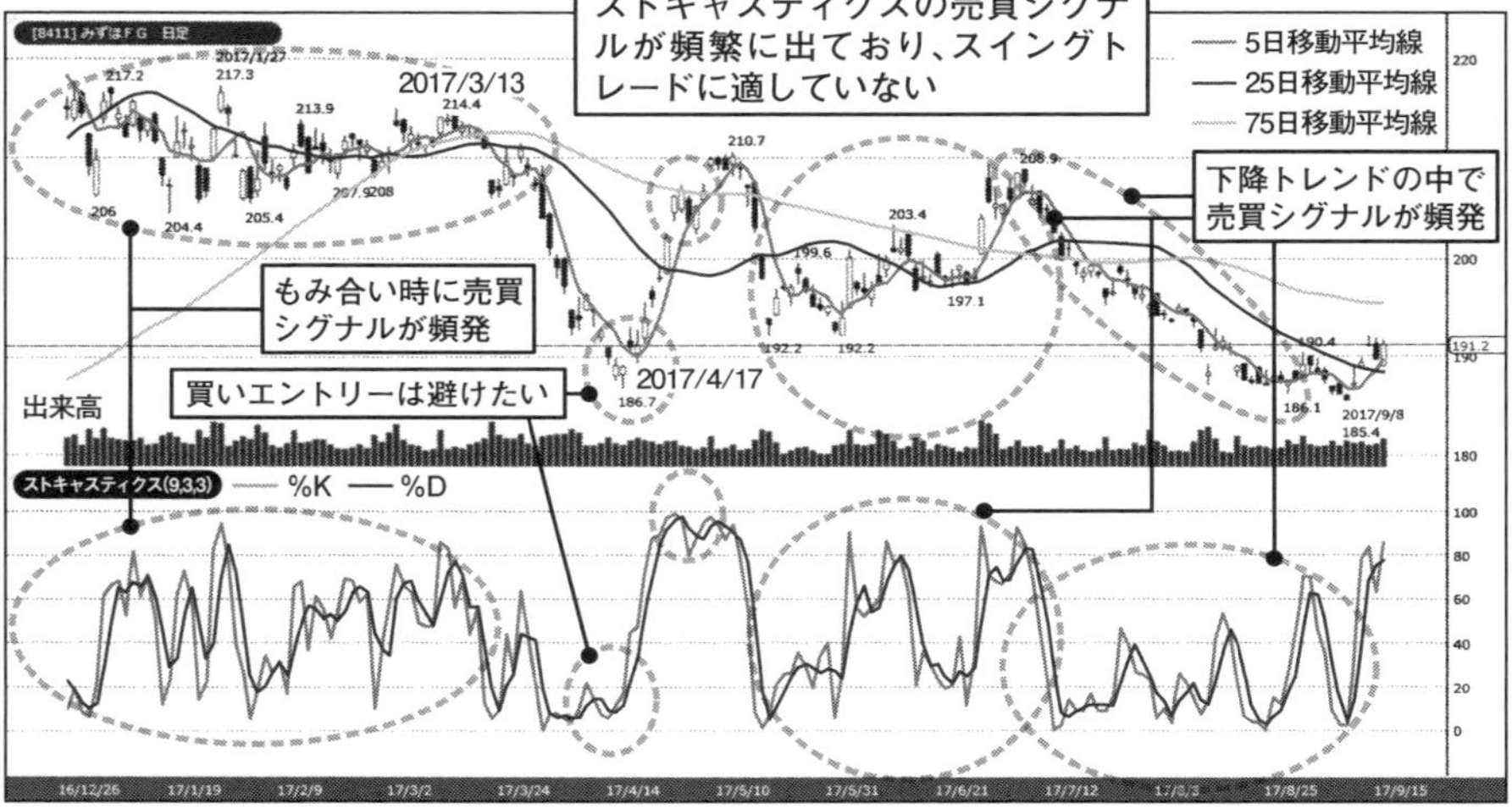

一方、売買タイミングだけをストキャスティクスでチェックすると、株価が１８６・７円をつけた後、５日移動平均線を上回ると同時に同平均線が上向きで推移している間は上昇が続いていますが、そのほかの場面では、売買シグナルの発生頻度が多すぎ、実際の売買には向かないことがわかります。

特に右から２つ目のマルで囲まれた部分は、上下に変動する25日移動平均線を挟んで動く中、ストキャスティクスの方向が定まらず、売買シグナルの判断が難しい状況です。

スイングトレードの売買シグナルは、その発生頻度が多すぎると**取引の回数が増えコストが膨らむ**ばかりです。パフォーマンスの向上にはつながりません。

みずほＦＧ（８４１１）のような**低位株とストキャスティクスはあまり相性のよくない（スイングトレードに向いていない）**組み合わせといえます。

03 株価が安い大型株でのスイングトレードの場合②

移動平均線×MACD

次に移動平均線とMACDの組み合わせで売買タイミングを検証します。

チャート［7－3］は同じくみずほFG（8411）で、上段に日足のローソク足、5日、25日、75日の各移動平均線、下段にMACDを表示しています。

ストキャスティクスに比べると、MACDの売買シグナル、つまりMACDとシグナル線のクロス発生は比較的少なく、株価の高値・安値のタイミングとほぼ一致していることがわかります。特に右から2つ目の大きなマルで囲んだ上昇局面では、価格の低い大型株にありがちな数円から10円程度の変動に対して、ストキャスティクスの方向がつかみづらく、売買シグナルが株価の高値や安値のタイミングとは関係なく頻繁に発生していました（［7－2］参照）。それに比べて、MACDのシグナルは株価の高値圏や安値圏で点灯しています。

一方、右端のマルで囲んだ場面では、MACDとシグナル線がいずれも下向きで、0ラインを下回る中、注意喚起シグナルが頻発。こうした**下降トレンドの中で注意喚起シグナルが頻発**するケースは、MACDが下降を続けていることを意味しており、**トレンドの転換とはなりません。**ストキャスティクス同様に、スイ

［7-3］株価が安い大型株でのスイングトレード〜移動平均線×MACD

みずほFG（8411）

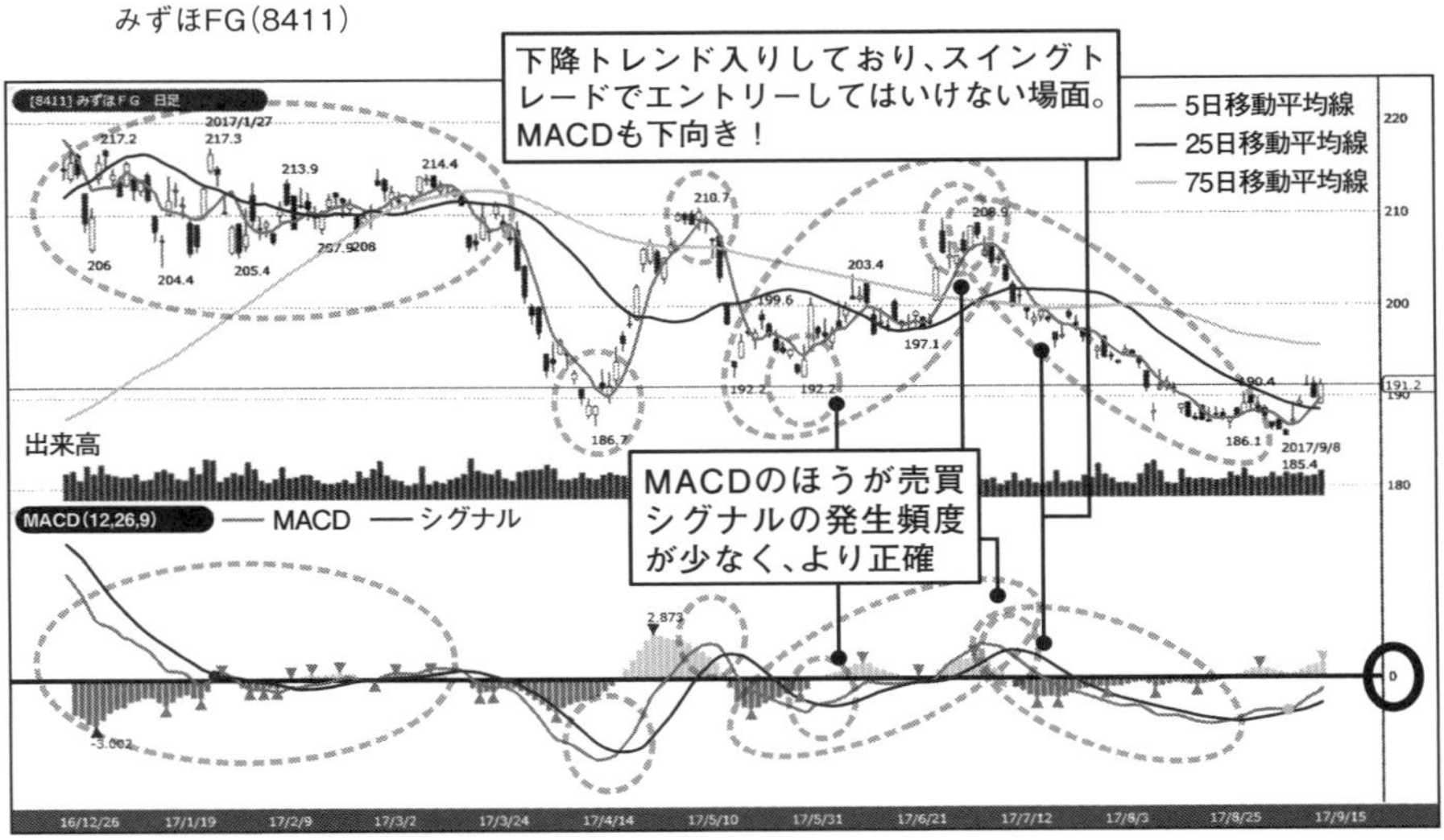

ングトレードの買いを入れてはいけないことになります。

テクニカル指標はどれを使っても同じというわけではありません。対象となる銘柄の値動きの特徴に応じ、どのような場面で利用するのかを十分に考える必要があります。

そのためにも、再三述べている通り、使おうとする指標の強みや弱みを把握し、弱点を補うにはどのような指標と組み合わせるのが最適なのかをしっかりと考えるのが大事で、成功への最短距離でもあります。

04 値がさ中型株でのスイングトレードの場合①

移動平均線×ストキャスティクス

続いては、中型株のスイングトレードの例を確認します。チャート［7－4］は乳業・菓子大手の明治ホールディングス（HD）（2269）で、TOPIX Mid400の算出対象です。上段に日足のローソク足、5日、25日、75日の各移動平均線、下段にストキャスティクスを表示しています。この銘柄は株価の高い値がさ株です。株価は2017年5月の高値をピークに下落基調へ変化。会社側が同月に公表した2018年3月期業績見通しは、営業利益が前期比6・9％増、純利益も0・4％増と増益を見込んでいました。収益は堅調であるにもかかわらず、需給関係の悪化に伴う売り物に押されている格好です。

移動平均線とストキャスティクスの組み合わせでチェックすると、**上昇トレンド時と下降トレンド時では売買シグナル発生の傾向が異なります。**

まず、左枠の部分を見ると、上昇トレンド時に買われ過ぎ（売り）のシグナルが多く点灯しているのに対し、右枠の下降トレンドの部分では売られ過ぎ（買い）のシグナルが頻発しています。

これらは「ダマシ」ですので、左側では「買い」、右側では「売り」のシグナルに従って売買をトレードを行うのです。

［7-4］株価が高い中型株でのスイングトレード～移動平均線×ストキャスティクス（ファースト）
明治HD（2269）

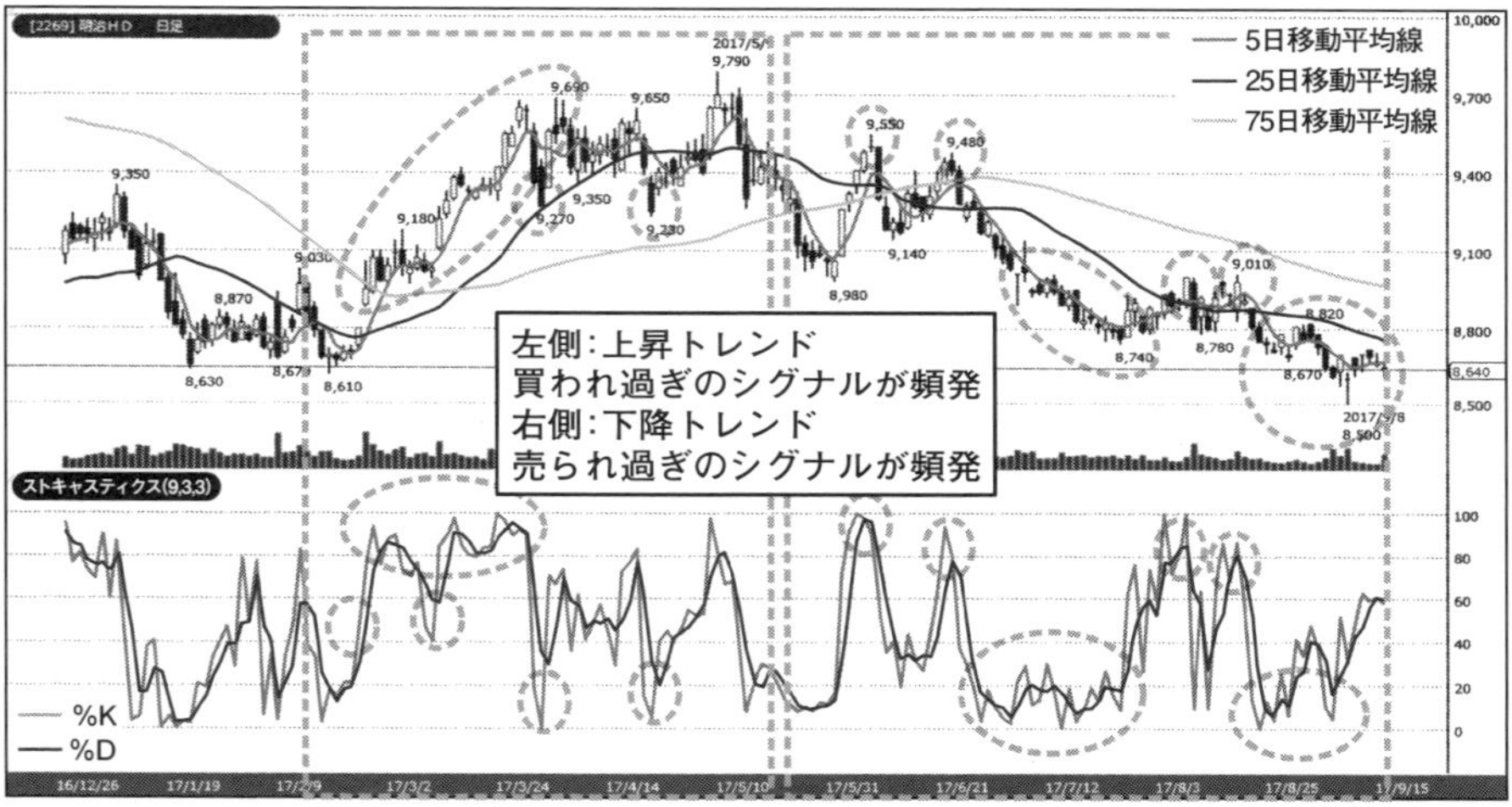

ストキャスティクスは反応の早いテクニカル指標であるため、**上昇局面では買われ過ぎ、下降局面では売られ過ぎのシグナルが大型株のケースよりも比較的早めに点灯**している印象があります。

その理由として考えられるのが**値幅**です。低位大型株の場合、チャート上での値動きが大きく見えても、実際の値動きは小幅にとどまっています。

前掲のみずほFG（８４１１）の場合、９カ月あまりの期間の値動きが上下30円強に過ぎません。一方、明治ＨＤ（２２６９）は同じ期間内で上下１３００円近い値動きとなっています。呼び値の違いもあり、値がさ中型株の変動幅は大きくなる傾向があるのです。

低位大型株では、ローソク足の高値や安値がはっきりと確認できるような場面でも売買シグナルの点灯しないケースがある一方、値がさ中型株だと売買シグナルが機能しているように見えます。ＲＳＩでもストキャスティクスと同様の判断が可能ですし、フィッティングも活用したいところです。

05 値がさ中型株でのスイングトレードの場合②

移動平均線×MACD

次に、移動平均線とMACDの組み合わせで同じ銘柄の売買タイミングを検証していきます。チャート［7－5］を見てください。同じく明治HD（2269）で、上段には日足のローソク足、5日、25日、75日の各移動平均線、下段にMACDを表示しています。

株価の上昇・下落いずれの局面でも、MACDとシグナル線のクロスするタイミングと高値・安値を形成するタイミングがほぼ一致しています。ただ、ストキャスティクスがほぼ的確に売買のタイミングを示唆しているのに比べると、**MACDのシグナルは若干遅れぎみ**です。

値動きの大きな銘柄を売買する際には無視できない問題かもしれません。**値がさ中型株の取引では移動平均線とストキャスティクスの組み合わせを活用するのが賢明**といえそうです。

[7-5] 株価が高い中型株でのスイングトレード～移動平均線×MACD

明治HD（2269）

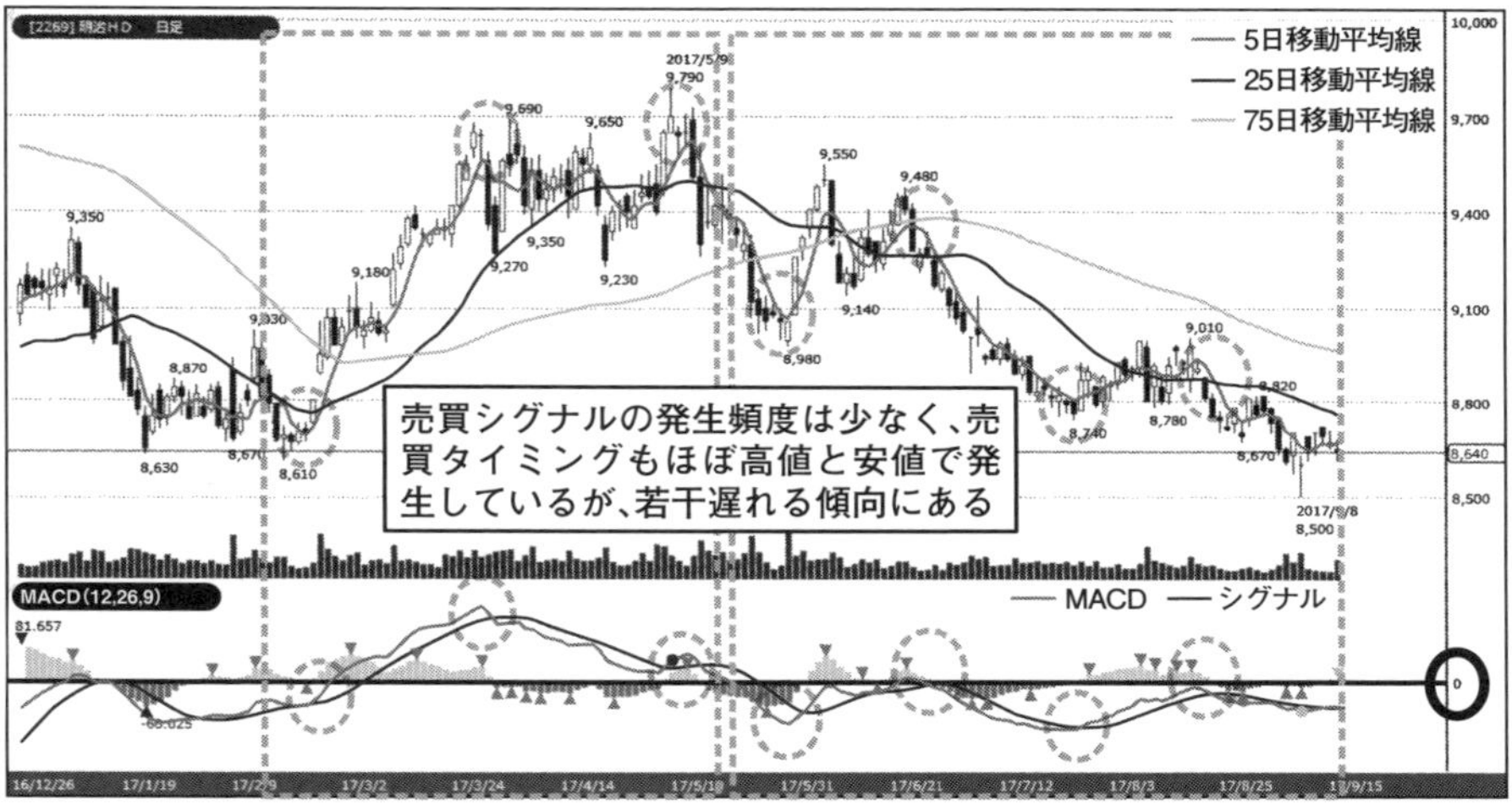

ワンポイントアドバイス

このようにシグナルの発生が遅れぎみのＭＡＣＤですが、ヒストグラムを活用すれば、売買タイミングの遅れを修正できます。ＭＡＣＤとシグナル線がクロスして売りシグナルが発生するより先に、ＭＡＣＤとシグナル線の乖離であるヒストグラムの長さがピークアウトして低下し始めます。このヒストグラムがピークを示した翌営業日が売りのタイミングです。このタイミングを逃さなければ、ＭＡＣＤの売りタイミングより早く利益確定やロスカットを行うことができます。

06 新興株市場の小型株に適した組み合わせ

規模別の組み合わせの最後は新興株市場の小型銘柄との相性です。

テクニカル指標を使うに際して考慮しておきたい小型株の最大の特徴は、**値動きが一方向に動きやすい**点です。これは**トレンドが発生しやすい**ことを意味しており、トレンドが発生すると、**そのトレンドが継続しやすい**ともいえます。こうした値動きの発生には、需給が大きく関係しています。

新興株市場の小型銘柄には、カラ売りのできない信用銘柄が少なくありません。このため、需給ではしばしば買いが一方的になるケースがあります。反面、株価が天井打ちしたとの見方が強まると、それまで買っていた人がいっせいに売りに回ることもあります。すると、需給面ではカラ売りの買い戻しが入らないため売り一辺倒となって、強い下降トレンドが発生します。指標を選ぶ際にはこうした特徴を頭に入れた上でトレンド系、オシレーター系のいずれを使うかを決める必要があります。トレンド系の指標はトレンドを追いかける（＝フォローする）のに向いていますが、**勢いが強いときにはトレンド系のテクニカル指標でも何を使用するかで、その後のパフォーマンスが決まる**といっても過言ではありません。

急激な値上がりでも機能するボリンジャーバンド

ここで活用したいのが**ボリンジャーバンド**です。第6章でも述べた通り、ボリンジャーバンドはトレンドと売買タイミングを教えてくれるテクニカル指標で、移動平均線にない特徴もあります。それは、**上昇角度が急な株価の動きもフォローしてくれる**という点です。

株価上昇の勢いが強すぎると、通常、日足ベースでは一時的にもっとも算出対象期間の短い5日移動平均線でも株価との乖離率が拡大して値動きについていけなくなります。期間を3日まで短くすると、急角度の上昇時にはサポートとして機能しますが、一旦上昇角度が緩やかになると株価が3日移動平均線を下回ったり、3日移動平均線が下向きに変化したりした後、ただちに反発するなどトレンドの判断で「ダマシ」が多く発生するというデメリットがあります。

上昇角度が急で勢いの強い銘柄にテクニカル指標がついていけなければ、どこでトレンド転換するのか判断できません。そのようなときに出番となるのがボリンジャーバンドです。

コラム

2017年11月にボリンジャー氏ご本人をお呼びして私が所属する日本テクニカルアナリスト協会主催の講演会とパネルディスカッションを開催しました。モデレーターを務めさせていただきましたが、株、為替、商品といったそれぞれの分析を専門としている国内の著名テクニカルアナリストにも参加いただき、各金融商品における使い方やポイントについて議論するなど大変有意義なものとなりました。ボリンジャー氏は気さくな方であると同時に、どんな質問に対しても真面目に回答してくださり、とても素晴らしい方だということを申し添えておきます。

07 小型株でのスイングトレードの場合①

ボリンジャーバンド

具体的に検証していきましょう。チャート［7－6］はサーミスタ、温度センサーを主力とする大泉製作所（6618）の日足とボリンジャーバンドです。マルで囲んだところは材料が出て急上昇した局面です。3日と5日と25日の各移動平均線、ボリンジャーバンド（プラス3σ～マイナス3σ）を表示しました。大陽線の終値ともっとも近いのがプラス3σの水準。以下、3日移動平均線、プラス2σ、5日移動平均線、プラス1σという順です。

上昇トレンドの勢いが強まると、5日移動平均線だけではトレンド判断ができない面があるのです。なぜなら、5日移動平均線と株価の乖離が広がりすぎ、過熱感から売りと判断してしまうことが考えられるからです。一方で、短期間に値幅を伴う強い上昇トレンドが発生すると株価が一方向に大きく動くとともにトレンドが変わった後の値動きも激しくなるため、トレンドの転換をいかに早く知るかが重要なカギになります。

こうしたときに活用したいのがボリンジャーバンドです。**トレンド系指標でもっとも株価に近い値動きを示すボリンジャーバンドを活用**することでいち早く動きを知ることができます。次に、オシレーター系の指標を組み合わせてみます。

[7-6] 小型株でのスイングトレード～ボリンジャーバンド

大泉製作所（6618）

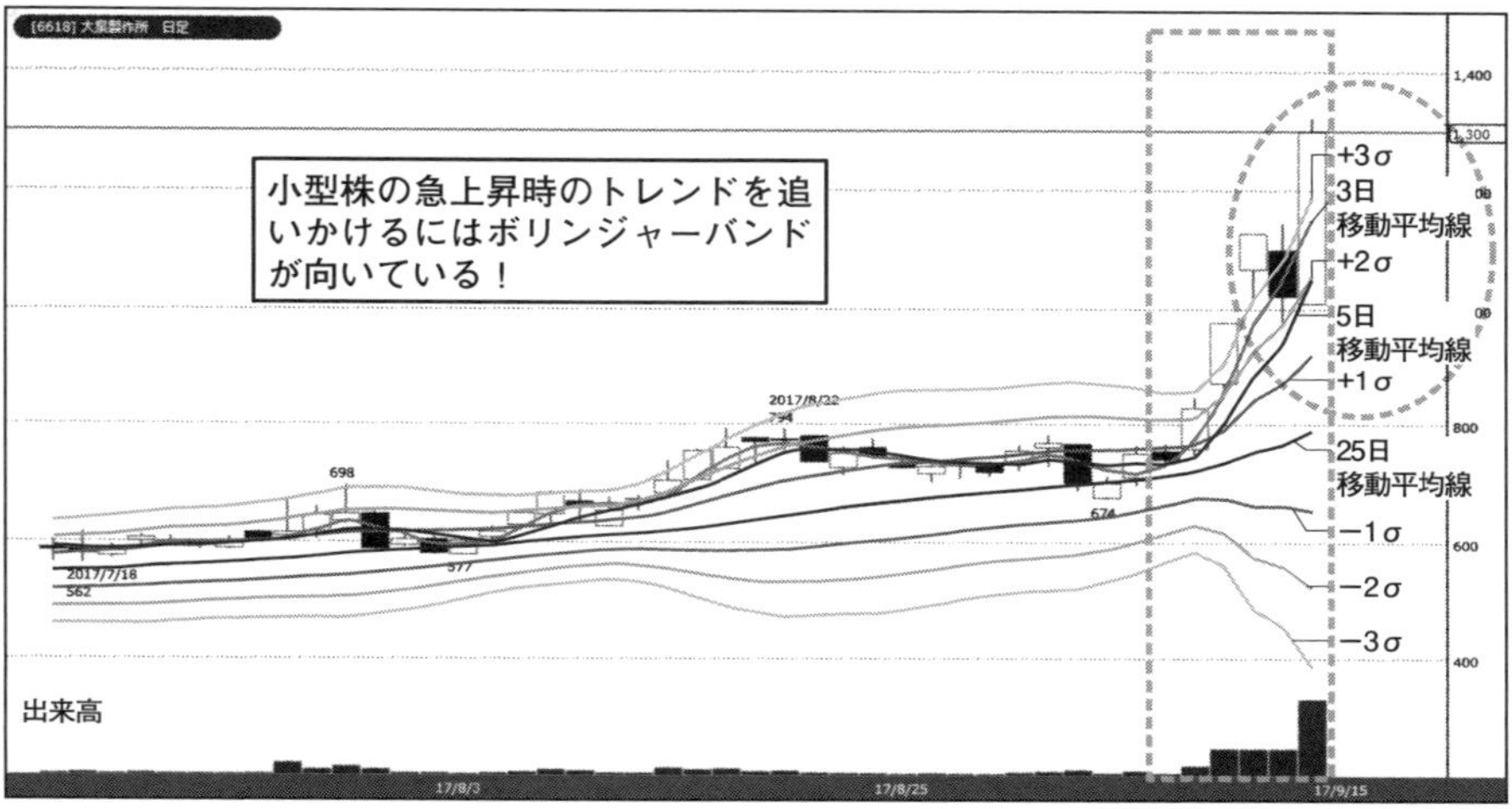

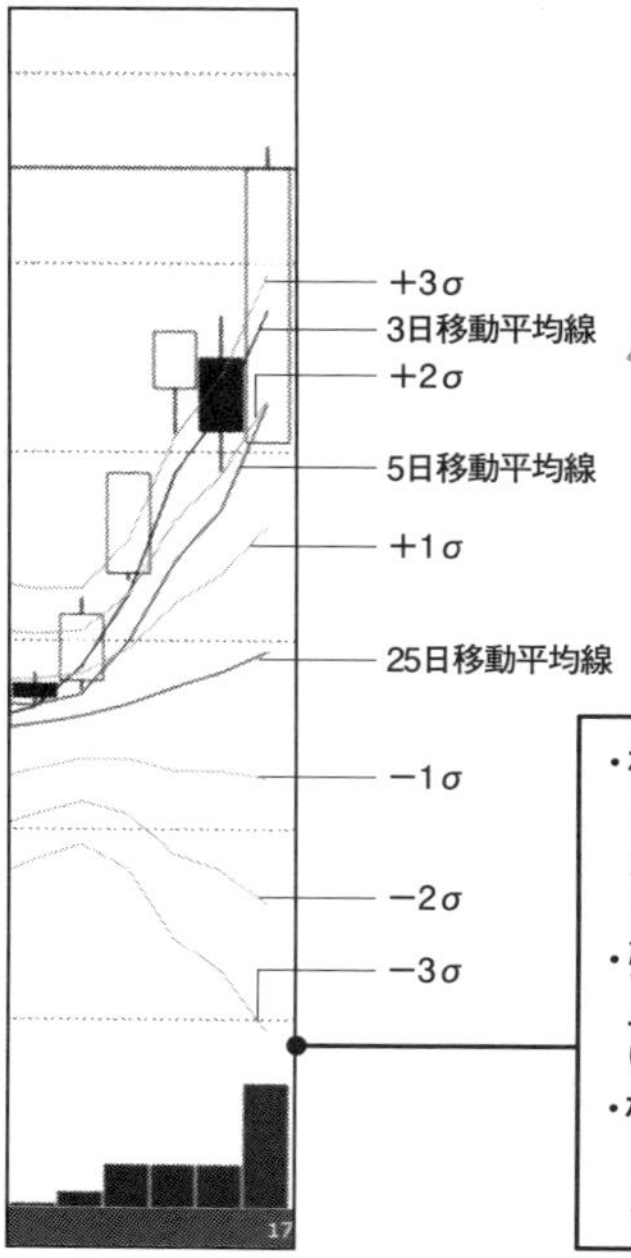

・株価が3日移動平均線と＋2σを上回ると同時に＋2σと＋3σ、3日移動平均線がそれぞれ上向きに変化したら、上昇トレンドの発生を示唆
・強い上昇トレンドが発生している間は上向きの＋2σを終値で下回ることはない
・株価が5日移動平均線の上にあり、かつ5日移動平均線が上向きの間は持ち続けることで利益を伸ばすことができる

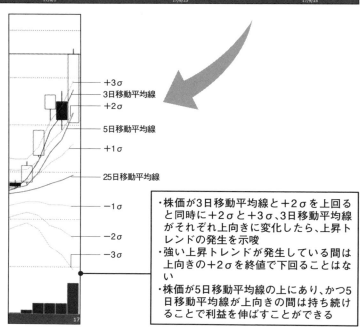

08 小型株でのスイングトレードの場合②

ボリンジャーバンド×MACD×ヒストグラム

次はボリンジャーバンドとオシレーター系指標の組み合わせです。チャート［7-7］は同じく大泉製作所（6618）で、25日移動平均線、ボリンジャーバンド（プラス3σ～マイナス3σ）、さらにMACD、ヒストグラムを表示しました。

株価の急上昇場面でボリンジャーバンドと組み合わせて利用したいのがMACDです。ストキャスティクスやRSIはMACDよりも素早く反応する分、**強いトレンド時には逆に「ダマシ」が多く発生**する傾向があります。そのためここでは**MACDとヒストグラムを一緒に表示**しました。

ヒストグラムとは、MACDとシグナル線の乖離を棒グラフで表示したものです。ヒストグラムの頂点には三角印（呼び名＝注意喚起シグナル）をつけています。この三角印が表示されているところがトレンド転換のサインとなります。

株価が勢いよく上昇している間は、MACDがシグナル線を上回って推移しているため、ヒストグラムは伸び続けています。MACDとシグナル線の乖離が縮まるとヒストグラムが短くなって最終的にはMACDとシグナル線がクロスすることになります。通常はこのクロスが売買タイミングを示唆しますが、上昇の勢

［7-7］小型株でのスイングトレード～ボリンジャーバンド×MACD×ヒストグラム

大泉製作所（6618）

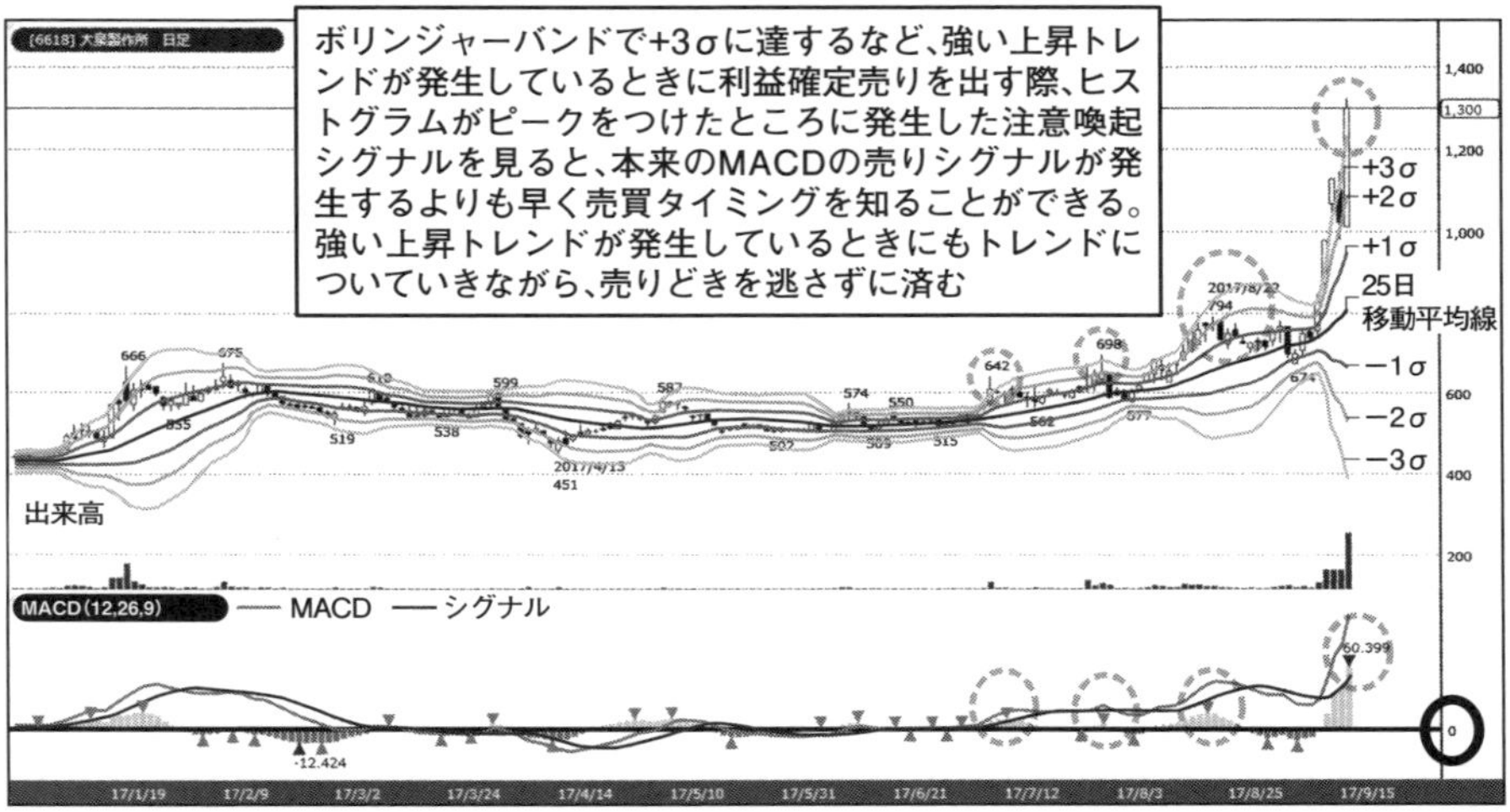
ボリンジャーバンドで+3σに達するなど、強い上昇トレンドが発生しているときに利益確定売りを出す際、ヒストグラムがピークをつけたところに発生した注意喚起シグナルを見ると、本来のMACDの売りシグナルが発生するよりも早く売買タイミングを知ることができる。強い上昇トレンドが発生しているときにもトレンドについていきながら、売りどきを逃さずに済む
+3σ
+2σ
+1σ
25日
移動平均線
−1σ
−2σ
−3σ
出来高
MACD(12,26,9)
MACD
シグナル
2017/8/22
2017/4/13
60.399
-12.424
17/1/19
17/2/9
17/3/2
17/3/24
17/4/14
17/5/10
17/5/31
17/6/21
17/7/12
17/8/3
17/8/25
17/9/15

いが強い状況でシグナルが発生するのを待っていると利益が目減りしてしまうケースもあります。なぜなら勢いの強さの反動でクロスが発生したときには大幅反発していることが多いからです。そのため、**ヒストグラムの頂点を売買タイミングの判断材料**にします。

マルで囲んだのはいずれもボリンジャーバンドのプラス3σを上回るような強い上昇トレンドの局面です。左の3回とも株価の頂点付近で注意喚起シグナルが発生しているのがわかります。チャートの右端ではヒストグラムが伸び続けていますが、ヒストグラムの伸びがピークアウトするようだと株価も天井を打つシナリオもあり得るだけに警戒が必要です。

小型株で値動きの激しい銘柄は、ここで取り上げたテクニカル指標の組み合わせを使えば短期間で値幅を取れる可能性が高まる上、利益の目減りも防げそうです。

09 中長期投資での組み合わせの考え方

ここからは大型、中型、小型すべての規模別銘柄に共通する中長期投資でのテクニカル指標の使い方や組み合わせ術について説明しましょう。中長期のテクニカル分析といってもピンとこないかもしれません。テクニカル分析はどちらかというとデイトレードなどの短期売買に適した手法と考えられがちです。中長期投資には、いわゆるバイアンドホールドで株を買ったら持ち続けるという暗黙のルールのようなものもあります。これが売りのタイミングを遅らせるなど足かせになっているのではないかと考えるのは私だけでしょうか。

投資では、長期保有そのものが目的になってはいけないのです。バイアンドホールド戦略については、保有の意義がクローズアップされがちで、いつ売るのかといった具体的手法に言及した本は多くありません。そうなると買ったはいいが、そのままほったらかしになってしまいます。また、売りどきがつかめず、結果的に中長期投資になってしまったという人も多いでしょう。

長く持ち続けると、下降トレンドに転換した場合、購入時点の株価に比べてマイナスになることもあり得ます。それを避けるために、**中長期投資でも利益を確保していく必要がある**のです。

トレンド分析に重きを置きつつ、ノイズに注意

では、トレンド系とオシレーター系の指標をどのように組み合わせるとよいのでしょうか。

［7-8］中長期投資での指標の組み合わせの考え方

期間	トレンド系	オシレーター系
週足、月足	・移動平均線（13週、26週、52週、12カ月、24カ月、60カ月） ・ボリンジャーバンド（26週、9カ月）	・MACD（12週～26週、9週、12カ月～26カ月、9カ月）＆ヒストグラム ・RSI（14週、14カ月）＆フィッティング ・ストキャスティクスファースト（9週、3週、9カ月、3カ月）＆スロー（9週、％D3週、9カ月、％D3カ月）

［ポイント］

- ・トレンド系を重視して大きな流れに乗る
- ・オシレーター系は通常の売買シグナルに加え、MACDはヒストグラムを併用し、RSIはフィッティングで対応する
- ・ストキャスティクスの売買タイミングが合致せず、RSIをフィッティングしても合わない場合は、MACD＆ヒストグラムを利用する

中長期投資で保有する銘柄は少なくとも上昇トレンドを維持していることが条件です。下降トレンドの銘柄だと含み損の拡大につながるおそれがあります。一旦「塩漬け」になってしまうと株価が買い値まで戻らないことも多く、これでは何のための中長期投資なのかわかりません。

テクニカル指標を選ぶ際にはトレンド分析に重きを置くと同時に、上下に変動するノイズにだまされて、売った途端に上がってしまったなどとならないよう対応するのが賢明です。

その条件を満たすテクニカル指標として挙げられるのが、**月足や週足の移動平均線、ボリンジャーバンド**です。ここでは過去に大相場を形成した銘柄を具体例として取り上げます。

10 中長期投資の場合①

ボリンジャーバンド

チャート［7－9］はファーストリテイリング（9983）で、月足とボリンジャーバンドをプラスマイナス3σまで表示しました。中央に位置するのは9カ月の移動平均線です。

株価が上昇している局面の特徴を探ってみましょう。マルで囲んだのが強い上昇トレンドが発生している場面。プラス2σとプラス3σの間や、プラス1σとプラス2σの間で推移しています。

マルで囲んだ部分で株価が天井をつけたのは、いずれもプラス2σとプラス3σの間隔が広がるとともにプラス3σへ接近した場面です。天井を打った後は上ヒゲの長い陰線を形成したり、翌月に大陰線を形成してプラス2σの水準を割り込んだりするなど過熱感が高まっていることを示唆するサインが出ています。他の例もいくつか紹介しましょう。

チャート［7－10］は創薬ベンチャーのそーせいグループ（4565）、チャート［7－11］は任天堂（7974）、チャート［7－12］は国内の粗鋼シェア1位の新日鐵住金（5401）です。新興市場の小型株、大型株の3銘柄ですが、いずれもマルで囲んだ局面で天井をつけた形となり、その後は下降トレンド入りしています。月末にかけて値を保てないときは、利益確定が賢明でしょう。

［7-9］中長期投資でのボリンジャーバンド①
ファーストリテイリング(9983)

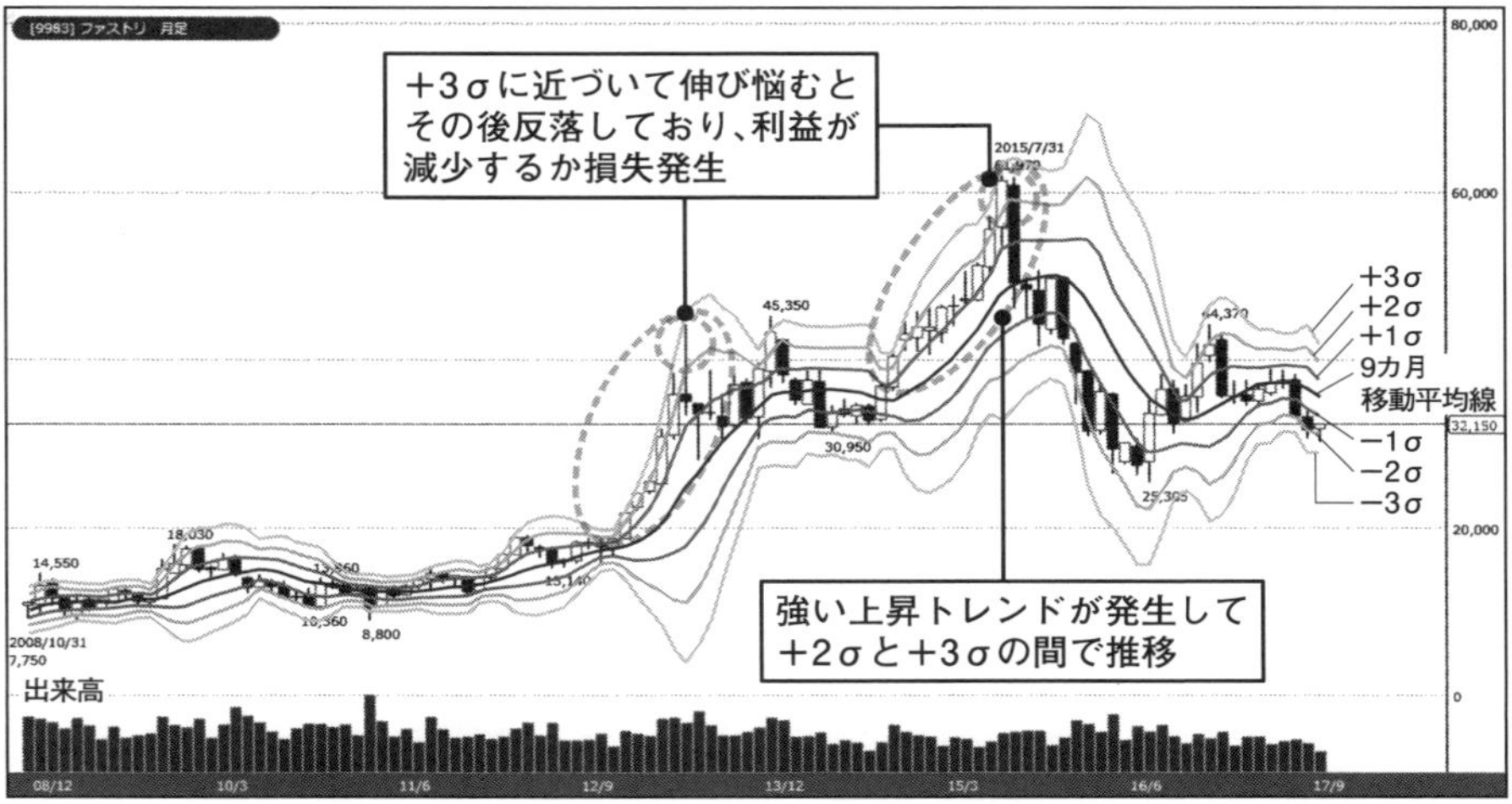

一方、中型株の場合はどうでしょうか。

チャート［７－13］は九州を中心にドラッグストアを展開するコスモス薬品（３３４９）です。ボリンジャーバンドのプラス３σの水準に接近する場面が何度もありますが、上昇トレンドが続いていきます。売り急ぎは禁物ですが、**どのような物差しで「持続」と判断**したらいいのでしょうか。

こうした状況下で出番となるのが、オシレーター系の指標です。

［7-10］中長期投資でのボリンジャーバンド②

そーせいグループ(4565)

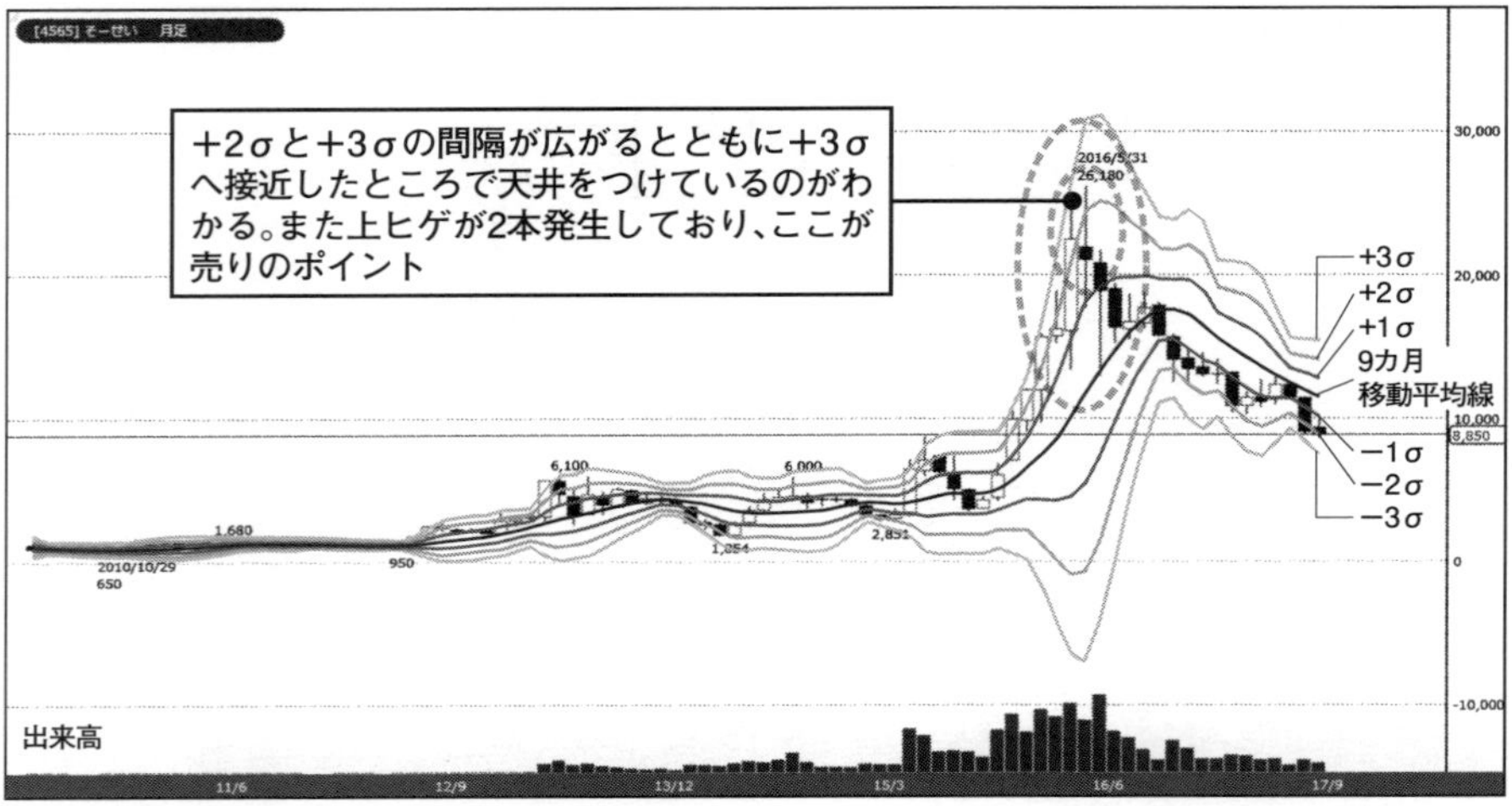

［7-11］中長期投資でのボリンジャーバンド③

任天堂(7974)

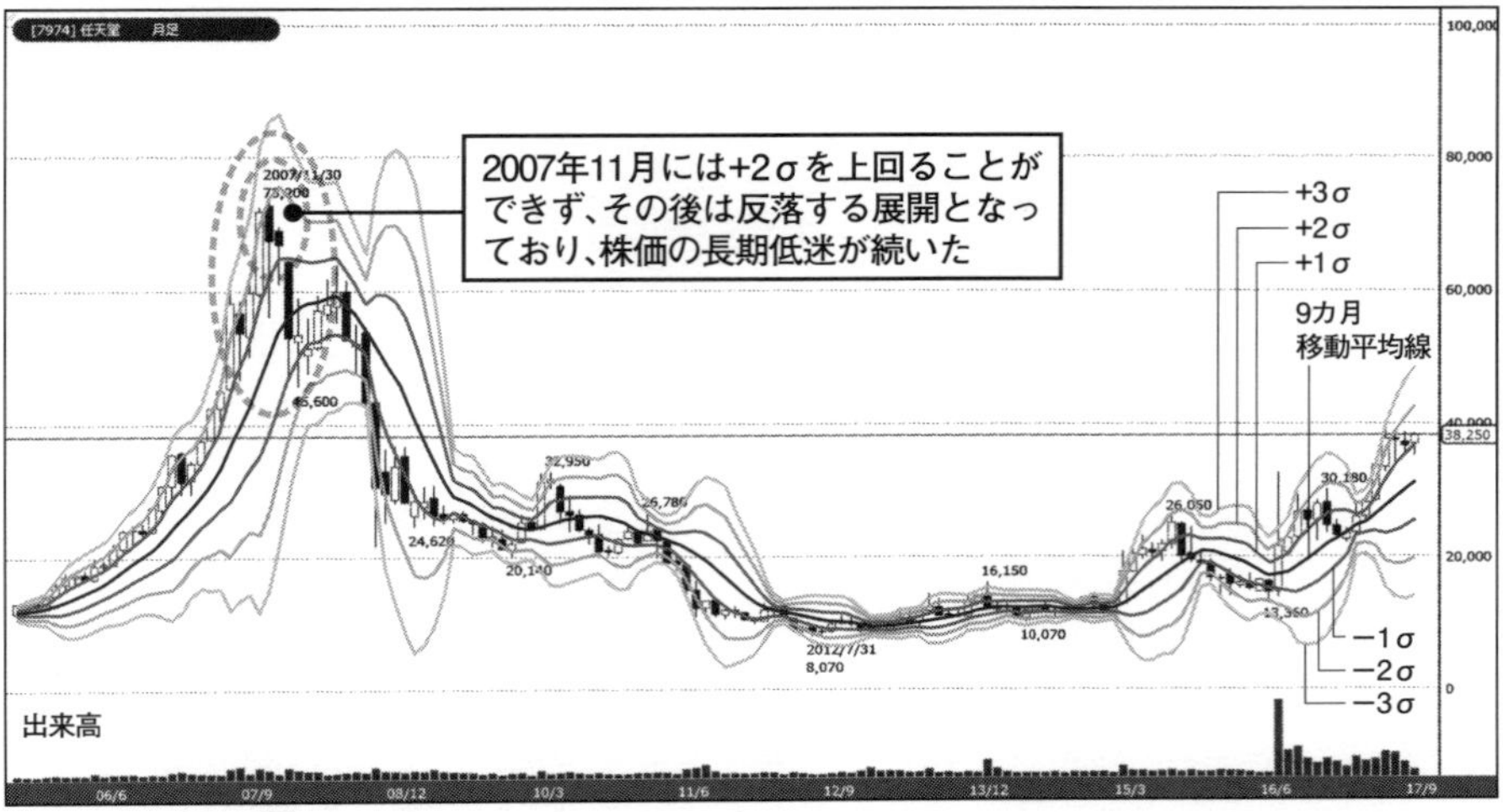

[7-12]中長期投資でのボリンジャーバンド④

新日鐵住金(5401)

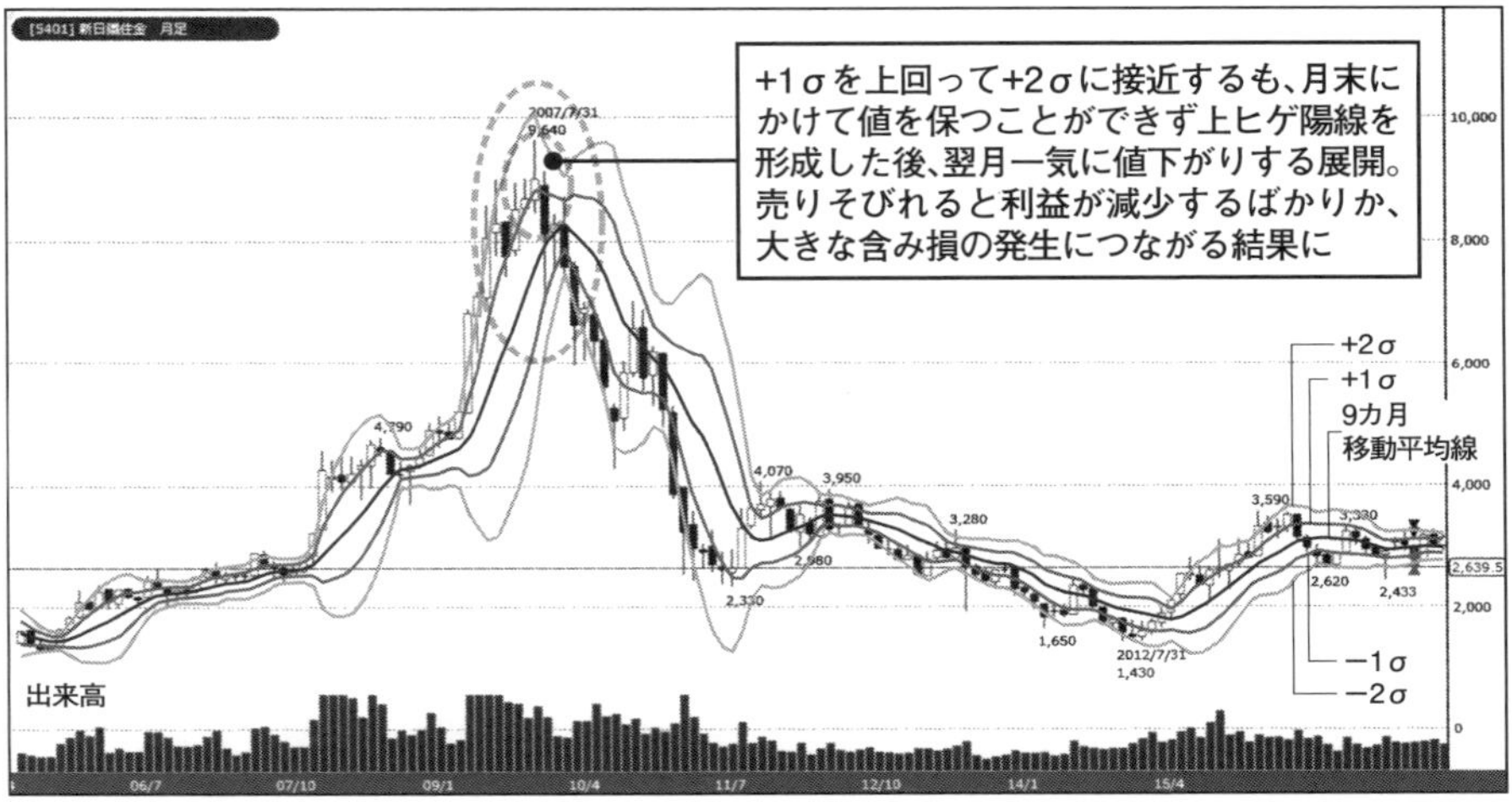

[7-13]中長期投資でのボリンジャーバンド⑤

コスモス薬品(3349)

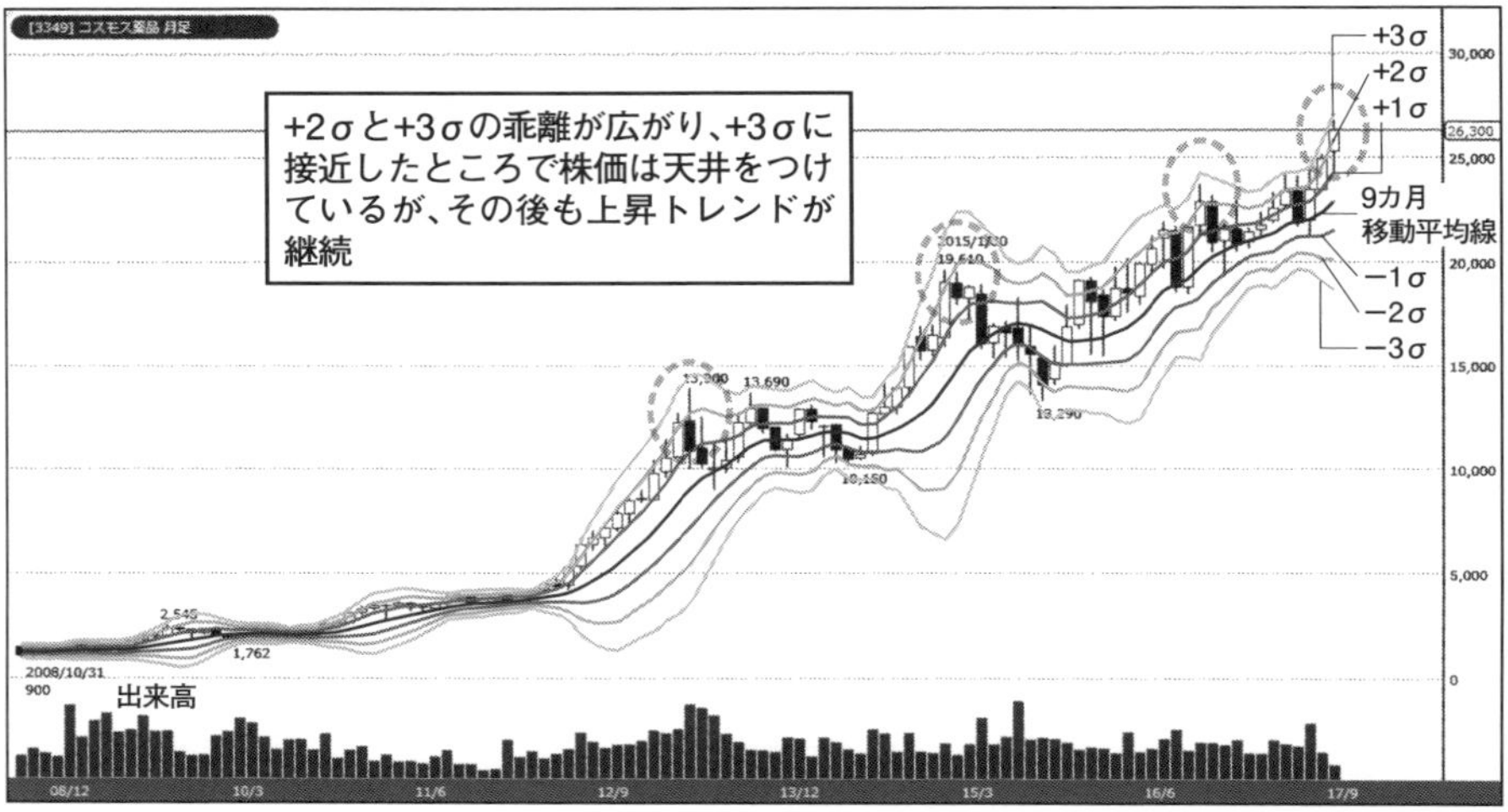

11 中長期投資の場合②

ボリンジャーバンド×MACD×RSI（10カ月）

前出のコスモス薬品（３３４９）のチャートにオシレーター系指標を一緒に表示して確認しましょう。ここではMACDとRSIを活用します。チャート［７－14］を見てください。中段にMACD、下段にRSIを表示しています。ＲＳＩの算出対象期間は10カ月にフィッティングしました。

株価は２０１２年5月ごろから上昇トレンド入り。２０１３年4月にボリンジャーバンドのプラス３σへ最接近して上ヒゲ陰線をつけるまで終値ベースでプラス２σを上回って推移。その後、プラス２σ水準を割り込んだところから一旦調整局面入りしました。

上ヒゲ陰線の局面で2つのテクニカル指標を見るとRSIは１００％に達し、買われ過ぎのシグナルを点灯させています。ＭＡＣＤもヒストグラムがピークをつけており、その後の調整局面を予見しています。

それ以降も、**RSIとMACDは株価の高値・安値と売買シグナルの発生がほぼ一致**しています。強い上昇トレンドが発生している局面でも、トレンド系とオシレーター系の指標をうまく組み合わせて活用することで、中長期投資でもしっかりと売り買いを行いながら利益を確保することができます。

［7-14］中長期投資でのボリンジャーバンド×MACD×RSI（10カ月）①

コスモス薬品（3349）

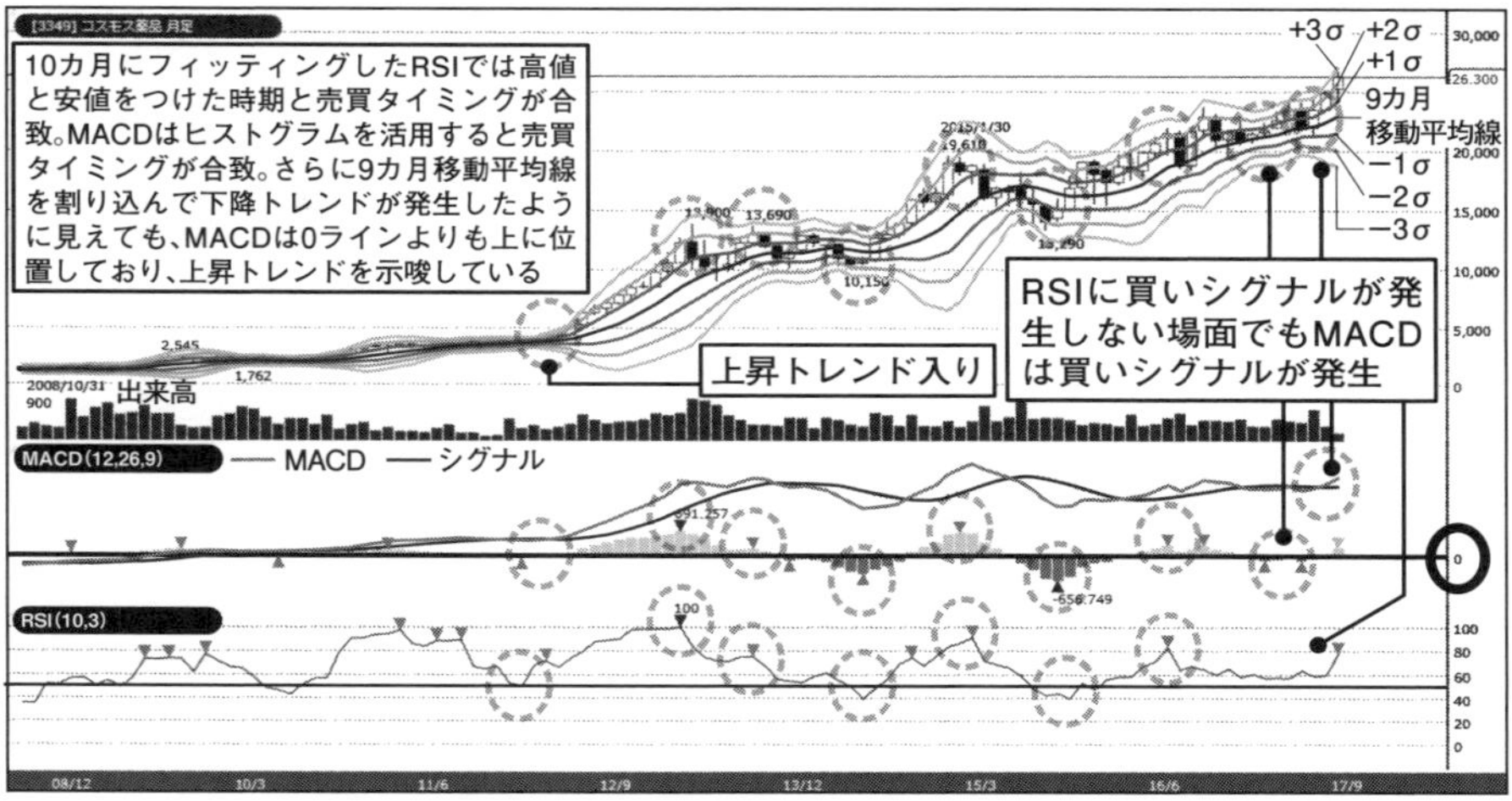

ワンポイントアドバイス

上昇トレンド発生時、ボリンジャーバンドがプラス3σに接近した後RSIとMACDの売りシグナルが一致して点灯したときに売りと判断します。その際、以下の現象にも注意が必要です。

①RSIが50％を割り込まなくなる（＝上昇トレンドの初期段階）

②MACDとシグナルが上昇を続ける（＝本格的な上昇トレンド）

③RSIが買われ過ぎの水準に張りつく（＝上昇トレンドが継続）

④RSIの低下とMACDのヒストグラムのピークアウトがほぼ同時に発生する（＝売りタイミング＝一次的な下落のタイミング）

①～③の順番通りの発生と④の組み合わせの発生に気をつけていれば、RSIだけが買われ過ぎ（売り）のシグナルを発生しても④が起こるまでは保有と判断できます。

12 中長期投資の場合③

ボリンジャーバンド×MACD×RSI（14カ月）

もうひとつ事例を紹介しましょう。チャート［7－15］はたばこの国内製造を独占する日本たばこ産業（2914）の月足です。これまでに取り上げたいくつかの銘柄とは異なり、上昇は比較的緩やか。このため、ボリンジャーバンドのプラスマイナス3σは表示していません。表示しているのはプラスマイナス1σと2σ、それに9カ月移動平均線の5つの線です。

一方、オシレーター系指標はMACD、RSIいずれも初期設定のままにしています。MACDは初期設定のままで問題ないと思われますが、RSIを初期設定（14カ月）のままにしたのには理由があります。期間を短くしたり長くしたり（実際には、9カ月～20カ月の間）とフィッティングを行いましたが、よい結果を得られなかったためです。**売買タイミングがうまく発生しなければ、タイミングをはかるテクニカル指標からRSIを除外する必要もあるでしょう。**

ストキャスティクスでも初期設定（%K9日、%D3日、%SD3日）に対してそれぞれ、%Kは4日から14日、%Dは2日から5日、%SDも2日から5日の範囲でフィッティングを試してみましたが、売買タイミングが株価の高値と安値に合致しませんでした。

［7-15］中長期投資でのボリンジャーバンド×MACD×RSI（14カ月）②

JT（2914）

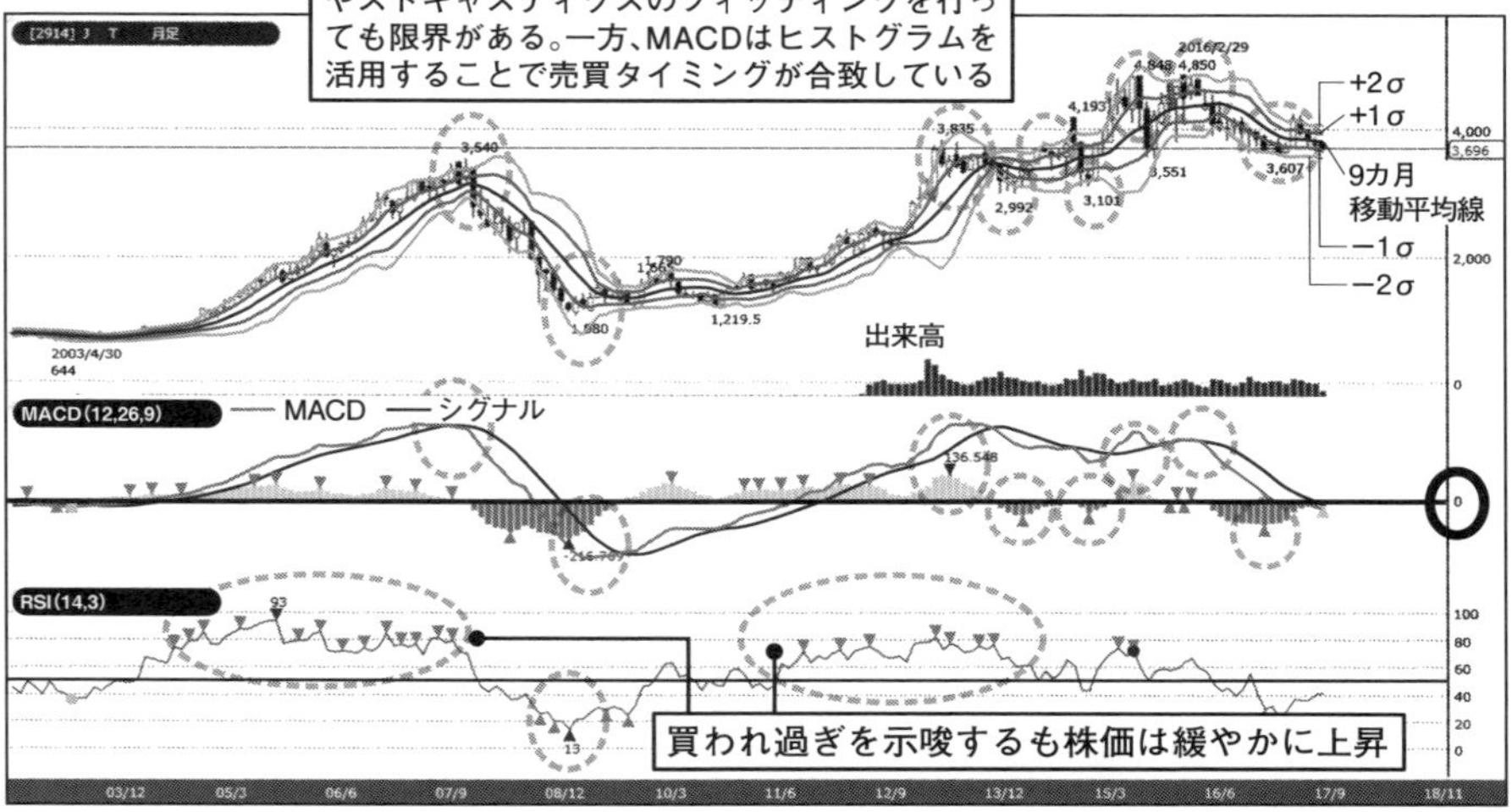

RSIやストキャスティクスはどちらかというと中長期投資の売買タイミング向けではなく、スイングトレード向けのテクニカル指標です。

これに対してMACDは、上昇トレンドが発生し値動きも大きいときにはMACDとシグナル線のクロス、つまり売買シグナルが有効に機能。上昇トレンドの押し目など値動きが比較的小さいときや下降トレンド発生時のリバウンド狙いのときには、ヒストグラムの注意喚起シグナルの活用がパフォーマンスの向上に役立ちそうです。

最後まで本書をお読みいただきありがとうございました。本書で解説した指標はごく一般的なものばかりです。しかし、それらを組み合わせて使いこなすだけで、実践でのパフォーマンスが飛躍的に向上すると見られることがご理解いただけたのではないでしょうか。

さて、「おわりに」は、カバーの表面に掲載の問題の解説で締めたいと思います（問題もここで再掲します）。

これは、日経平均株価が2018年1月23日に高値をつけたときのものです。移動平均線だけでは売り買いの判断が難しいものの、モメンタムと併用することによって売買判断が可能であることを示す問題です。モメンタムの低下によって株価の上昇の勢いがなくなっていたため、売りどきだったと、本書を読まれた方はすぐにおわかりになると思います。

しかし、重要なのは**売りの判断を下落前にできていたかどうか**です。

そこで、1月26日の時点でどのように判断する必要があったのか、当時私が外部のサイトに書いていたテクニカルレポートを紹介します。

＊＊＊

モメンタムについても確認しておきたい。前週は、「値動きを判断するにあたって感覚的には株価

日経平均株価
移動平均線とモメンタム

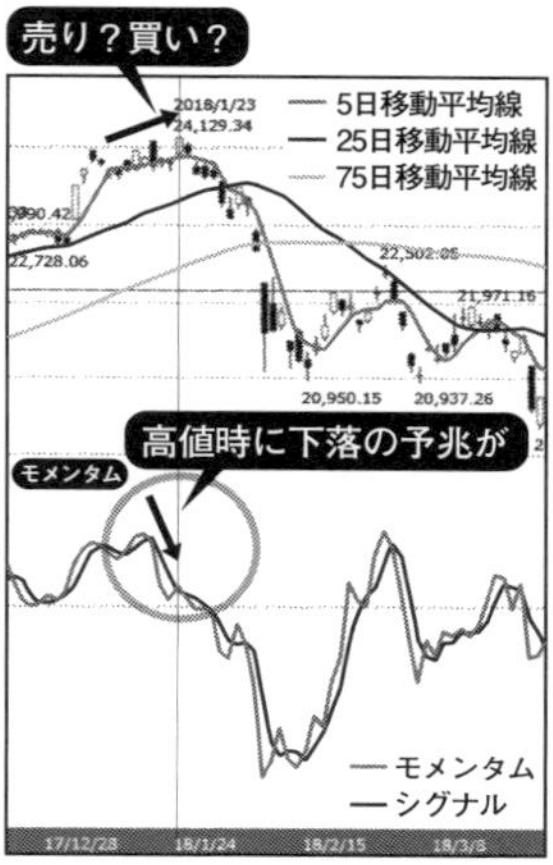

が大きく下げずにもみ合いや保ち合いを形成している場合、勢いは鈍っていないと考えてしまいがちだが、モメンタムを見ると明らかに低下しており、警戒が必要になっているということになる」としたが、この解説がもっとも当てはまっているのが、1月23日にこの日のほぼ高値で取引を終えた場面だ。

この場面の株価水準とモメンタムを比較してみたい。株価は高値を更新しているものの、モメンタムの上昇は限定的でほとんど勢いが出ていないのが分かる。

このような状況が前述の説明に当てはまる場面であり、注意しなければならないポイントになるのだ。

したがって、株価が上昇する場面があっても、モメンタムの上昇が限定的な場合、23日の翌営業日のように株価が伸び悩んだところで利益を確定するのがセオリーとなり、少なくとも高値づかみや売りそびれを避けるといった判断に結びつくことになる。

一方、今週についてだが、モメンタムがわずかだが上昇と下落の勢いの分かれ目となる0ラインを割り込んで終えていることから、モメンタムが0ライン上を回復できるかが重要なポイントとなる。

仮に0ライン上を回復できなかったり、低下が続いたりするようだと、下落が継続することへの警戒が必要になるため、押し目買いは控えるか、慎重に行う必要がありそうだ。

＊＊＊

日経平均株価が大幅に下落する直前の時点で、利益確定を優先させること、押し目買いを控えること、高値づかみや売り逃しを避ける必要があること、を指摘しているのがご理解いただけるでしょう。自慢する意図でレポートを引用したのではありません。テクニカル分析が、「近い将来を予測するために有効な分析ツールである」ことを証明するひとつの実例としてお考えください。さらにいえば、レポートの内容は予言といった類の怪しいものでもなんでもなく、テクニカル指標のごく基本的な使い方に加え、本書で紹介した組み合わせ術を活用することで誰にでも想定できたことなのです。

本書に書かれていることをしっかりマスターすれば、パフォーマンスの向上につながると思われます。ぜひいつも手元に置いて確認するようにしてください。また、何度も読み直して、「この局面ではこの指標の組み合わせが有効だ」というイメージがすぐに湧くようにトレーニングしてください。

本書が皆さんの投資に役立つことを切に願っております。

２０１８年５月

福永博之

・本書の内容は、すべて筆者の個人的な見解です。所属する団体の見通しや意見とは関係がありません。
・本書は特定の金融商品・投資手法の推奨や投資勧誘を意図するものではありません。最終的な投資の判断は、最新の情報を確認し、ご自身の判断と責任で行ってください。
・本書を利用したことによるいかなる損害などについても、筆者・所属する団体および出版社はその責を負いません。
・本書に記載した情報・データなどは２０１８年5月現在のものに基づいています。

【著者略歴】
福永 博之（ふくなが　ひろゆき）
株式会社インベストラスト代表取締役
国際テクニカルアナリスト連盟　国際検定テクニカルアナリスト

勧角証券（現みずほ証券）を経て、DLJdirectSFG証券（現楽天証券）に入社。投資情報室長、経済研究所チーフストラテジストを経て独立。2007年11月、株式会社インベストラストを設立。現在は投資教育サイト「itrust　アイトラスト」を主宰、総監修と講師を務める。

テレビ東京「モーニングサテライト」、TokyoMX「東京マーケットワイド」、日経CNBC「朝エクスプレス」など株式関連のテレビ番組のレギュラーコメンテーターとして活躍するほか、ラジオNIKKEI「ウイークエンド株！」「スマートトレーダーPLUS」でもレギュラーパーソナリティを務める。「会社四季報オンライン」や「ダイヤモンドZAI」など連載も多数。またビジネス・ブレークスルー大学で資産形成力養成講座の講師を務めるほか、証券会社、証券取引所、銀行などが主催する数多くのセミナーで講師を務め人気を博している。

著書に『ど素人が読める株価チャートの本』（翔泳社）、『新取引ルール対応　信用取引の基本と儲け方ズバリ！』（すばる舎）、『FX一目均衡表ベーシックマスターブック』（ダイヤモンド社）など多数。ほかに監修を務める年度版の『INVESTORS HANDBOOK株式手帳』（エイチスクエア）がある。

独自開発したチャートソフト「アイチャート」の「注意喚起シグナル」（売買シグナル表示）でテクニカル指標の特許取得。

URL：www.itrust.co.jp

テクニカル分析 最強の組み合わせ術

2018年6月18日　1版1刷
2024年6月5日　　7刷

著　者———福永 博之
©Hiroyuki Fukunaga, 2018
発行者———中川ヒロミ
発　行———株式会社日経BP
日本経済新聞出版
発　売———株式会社日経BPマーケティング
〒105－8308　東京都港区虎ノ門4－3－12

印刷・製本——中央精版印刷

ISBN978-4-532-35759-7
Printed in Japan